本书受到浙江点金律师事务所
"破产法修订下的公司治理问题研究"项目
(项目编号:14600-412321-25095)的资助

PUBLIC CREDIT GOVERNANCE
Legal Logic and Chinese Solutions

公共信用治理
法律逻辑和中国方案

虞李辉 ◎著

北京大学出版社
PEKING UNIVERSITY PRESS

图书在版编目(CIP)数据

公共信用治理：法律逻辑和中国方案 / 虞李辉著.
北京：北京大学出版社，2025.6. -- ISBN 978-7-301-36407-9

Ⅰ.D922.282.4

中国国家版本馆CIP数据核字第20256EY946号

书　　　　名	公共信用治理：法律逻辑和中国方案 GONGGONG XINYONG ZHILI: FALÜ LUOJI HE ZHONGGUO FANG'AN
著作责任者	虞李辉　著
责任编辑	李小舟
标准书号	ISBN 978-7-301-36407-9
出版发行	北京大学出版社
地　　　　址	北京市海淀区成府路205号　100871
网　　　　址	http://www.pup.cn　　新浪微博：@北京大学出版社
电子邮箱	zpup@pup.cn
电　　　　话	邮购部 010-62752015　发行部 010-62750672　编辑部 021-62071998
印　刷　者	北京溢漾印刷有限公司
经　销　者	新华书店
	730毫米×980毫米　16开本　19印张　264千字 2025年6月第1版　2025年6月第1次印刷
定　　　　价	88.00元

未经许可，不得以任何方式复制或抄袭本书之部分或全部内容。
版权所有，侵权必究
举报电话：010-62752024　电子邮箱：fd@pup.cn
图书如有印装质量问题，请与出版部联系，电话：010-62756370

谨以此书献给我的父母和妻子,感谢他们为我撑起蓝天、带来阳光。

序

在数字文明重构社会治理范式的今天,公共信用治理已成为国家治理体系现代化的核心命题。虞李辉博士的《公共信用治理:法律逻辑和中国方案》一书,以其深邃的学术洞察与深切的实践关怀,为这一领域贡献了兼具理论创新性与实践指导性的智识成果。作为长期关注信用法治的学者,我欣喜地看到,此书以"法律逻辑"为经、"中国方案"为纬,系统回应了公共信用治理中的制度困境与价值冲突,为我国公共信用治理提供了颇具建设性的解决方案。

本书的核心贡献在于以法治思维重构了公共信用治理的理论框架与实践路径。作者敏锐地指出,公共信用治理的本质是"法律实施的强化机制"与"公权运行的规范机制"之统一体。这一论断深刻揭示了信用治理的双重面向:既需通过信用评价提升法律遵循度,又须以法治原则约束政府权力的行使边界。

在"信息归集"与"共享开放"两章中,作者既强调公共信用信息的公共属性,又保障个人信息的自决权。这一设计呼应了我主张的"信用信息分类治理"理念——公共信用信息应以公共利益为导向有限共享,市场信用信息则需遵循契约自由与竞争中立原则。尤为可贵的是,作者创造性提出借鉴"信义义务"来规制权力部门。不仅要求权力部门不能与信用主体产生利益冲突,更提出对信用信息的及时、准确的调整要求。

"失信惩戒"与"退出机制"两章则集中体现了对信用权力滥用的制度防范。作者正面辩驳了"行政处罚论",并提出"比例原则"的规范要求,与我倡导的"合法、关联、正当"三原则高度契合。书中对"信用修复"的论述则更凸显法治温度:通过"行为矫正"与"社会谅解"的双重标准,既维护法律权威,又给予失信者重归诚信社会的制度通道。这种平衡惩戒与教育的制度设计,恰是信用治理"良法善治"的生动注脚。

本书的理论突破集中体现为对信用治理两大法理难题的回应:

第一,信用与法律的关系重构。作者系统论证"信用是法律实施的延伸而非替代",明确失信行为必须具有"违法性"或"违约性"基底,坚决反对将道德评价泛化为信用惩戒,强调"法益衡量原则",为遏制信用治理的道德化倾向提供了法理支撑。

第二,公法与私法的协同治理。通过"地方立法"章节的实证分析,作者揭示出信用立法中"中央统筹"与"地方创新"的张力,主张平衡"大一统"和"小快灵"的立法模式,回归技术理性,既承认地方试点的制度价值,又强调防止信用惩戒措施的碎片化。

本书更深层的价值在于构建了中国特色信用法治的话语体系。作者以"公共信用"为核心概念,既区别于西方的"市场征信"模式,又超越传统的"道德教化"路径,开创了"法治化信用治理"的新范式。这种理论自觉体现在三方面:

第一,制度基因的本土性。通过历史梳理揭示中国"礼法共治"传统与现代信用法治的内在关联,证明信用治理的"中国方案"具有深厚的文化根基。

第二,价值目标的复合性。将信用治理定位于"优化营商环境""推进依法行政""培育诚信文化"的三维目标,体现了治理工具理性与价值理性的统一。

第三,全球治理的贡献度。针对西方对中国信用治理的误读,作者以"权利保障"与"效能提升"的平衡实践,为全球信用治理提供了东方智慧。这种学术自信,正是构建中国法学自主知识体系的典范。

虞李辉博士的著作,是对既有研究的系统性超越,更是面向未来的开拓性探索。书中对公共信用治理前沿问题的前瞻性思考,展现了青年学者的问题意识与学术勇气。当然,信用法治的完善永无止境,例如信用评价的标准化建设和国际化接轨等议题仍需持续深耕。

法治是信用治理的基石,信用是市场经济的血脉。本书来源于作者的博士论文,以严谨的学理分析、创新的制度设计与深切的人文关怀,为中国信用法治建设提供了理论镜鉴与实践指南。期待此书的出版,能推动学术界与实务界形成更大共识,共同书写中国式信用治理的法治新篇章。

是为序。

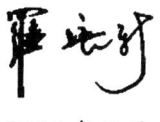

2025 年 5 月

目录 Contents

第一章 绪论：公共信用治理的前世今生 1
  第一节 公共信用治理的起源与因应 1
  第二节 公共信用治理的立法与实践 8
  第三节 涉及信用的法律法规 16

第二章 公共信用治理的基础理论 24
  第一节 信用治理的核心概念 24
  第二节 域外信用治理模式的比较与启示 35
  第三节 我国公共信用治理的逻辑、演进与选择 47
  第四节 我国公共信用治理的研究价值和现实困境 67
  本章小结 81

第三章 公共信用治理中的信息归集 83
  第一节 公共信用信息归集的理论与困境 83
  第二节 公权力部门和信息主体之间的法律关系剖析 86
  第三节 公共信用信息的属性分析和价值选择 92
  第四节 公共信用信息归集的理论指引和制度建设 101
  本章小结 111

第四章　公共信用治理中的共享开放　113
第一节　公共信用信息共享开放的争议及逻辑　114
第二节　公共信用信息共享开放的价值评估　121
第三节　公共信用信息共享开放的规范思路　130
本章小结　137

第五章　公共信用治理中的失信惩戒　139
第一节　失信惩戒的实践检视和现实困境　140
第二节　比例原则融入失信惩戒机制的法理和逻辑　146
第三节　比例原则融入失信惩戒机制的路径选择　158
本章小结　165

第六章　公共信用治理中的退出机制　167
第一节　被遗忘权融于公共信用体系的法理和逻辑　169
第二节　被遗忘权在公共信用体系中的具体表现形式　179
第三节　被遗忘权在公共信用立法中需要注意的问题　184
本章小结　189

第七章　公共信用治理中的地方立法　191
第一节　立与不立的问题　191
第二节　地方信用立法的价值选择问题　196
第三节　地方信用立法的技术理性问题　201
本章小结　206

代结语	208
附　录	211
全国公共信用信息基础目录（2025年版）	211
全国失信惩戒措施基础清单（2025年版）	237

第一章

绪论:公共信用治理的前世今生

本章导读

近些年我国信用治理的话题如火如荼,不少文件和地方信用法规已然出台。我国社会信用体系与西方的不同之处在于,我国立法者突出了公共信用的内容,强调以信用治理作为社会治理的重要手段,不单着眼于金融领域的市场信用,这也是学界通常认为的创制性立法。但部分民众对相关概念、政策和法律还处于一知半解的状态,这也成为阻碍信用治理工作顺利推进的重要原因。鉴于此,本书有必要在绪论部分对公共信用治理的起源、发展和现状进行简要阐述,便于后续讨论的展开。

第一节 公共信用治理的起源与因应

一、对信用观的引经据典

诚信是人安身立命之本。《论语·为政》有言:"人而无信,不知其可也。大车无輗,小车无軏,其何以行之哉?"意思是诚信犹如车之輗軏(古代车辕与横木相连接的销钉),失之无法行走。人如果不讲信用,没有信誉,那他什么都做不了。孔子强调把诚信品德作为培养教育学生的重要内容。

诚信是治理者为政之要。《论语·颜渊》有言:"自古皆有死,民无信不立。"意思是一个国家如果不能得到老百姓的信任就会垮掉。后引申出"故为政者,宁死而不可失信于民,则民亦宁死而不失信于我矣",说明诚信是治国之本。

诚信是社会的交互之道。孔子及其弟子都以诚信为交友的原则,忠实地践行诚信之德,用诚信之心获取对方的诚信。"为人谋而不忠乎?与朋友交而不信乎?"曾子忠信于人,勤勉于己,通过尽心尽力地为朋友做事,获取诚信之友。"与朋友交,言而有信",子夏同朋友交往恪守信用,通过言行一致的诚信行为结交诚信之友。

我国有不少关于信用的典故,本书择其要者,简述如下:

商鞅变法——战国时期,商鞅在秦孝公的支持下主持变法。为了树立威信、推进改革,商鞅下令在都城南门外立一根三丈长的木头,并当众许下诺言:谁能把这根木头搬到北门,赏金十两。起初并没有民众相信如此轻而易举的事会得到如此高昂的奖赏,因而无人愿意出手一试。商鞅便将赏金提到五十两,便终于有人愿意将木头扛到了北门。商鞅立即赏了他五十金。商鞅这一举动,在百姓心中树立起了威信,使他接下来的变法很快就在秦国推广开来。新法使秦国渐渐强盛,最终统一了中国。

烽火戏诸侯——西周末年,周幽王有个宠妃叫褒姒,为博取她的一笑,周幽王下令在都城附近20多座烽火台上点起烽火。烽火是边关报警的信号,只有在外敌入侵需召诸侯来救援的时候才能点燃。诸侯们见到烽火,率领兵马匆匆赶到,在弄明白这是君王为博妃一笑的花招后愤然离去。褒姒看到平日威仪赫赫的诸侯们手足无措的样子,终于开心一笑。五年后,犬戎族大举攻周,幽王再燃烽火而诸侯不到,因为谁也不愿再上第二次当了。结果周幽王被逼自刎,身死国亡,而褒姒也被俘虏。

一诺千金——秦朝末年,在楚地有一个叫季布的人,性情耿直,为人侠义好助。只要是他答应过的事情，无论有多大困难，都会设法办到，受到了大家的赞扬。楚汉相争时，季布是项羽的部下，曾几次献策，使刘邦的军队吃了败仗。刘邦当了皇帝后，想起这事，就气恨不已，下令通缉季布。这时敬慕季布的人，都在暗中帮助他。不久，季布经过化装后到山东一家姓朱的人家当佣工。朱家明知他是季布，仍收留了他。后来，朱家又到洛阳去找刘邦的老朋友汝阴侯夏侯婴说情。刘邦在夏侯婴的劝说下撤销了对季布的通缉，还封季布为郎中，不久又改封为河东太守。《史记》有言："得黄金百斤，不如得季布一诺。"

曾子烹彘——春秋末年，曾子的妻子到集市去，孩子边跟着她边哭，于是她哄孩子说："你先回去，等我回家后再杀猪给你吃。"妻子从集市回来后，曾子想要抓住猪把猪杀了，妻子阻止他说："我只不过是和小孩子开玩笑罢了。"曾子说："我们是不能和孩子随便开玩笑的。孩子什么都不懂，（他们）学习父母的行为，听从父母的教导。如今你欺骗他，就是教他学会欺骗。母亲欺骗孩子，孩子就不会再相信母亲，这不是教育孩子的方法。"

信用文化在我国源远流长，上述典故只是冰山一角。我国建立社会信用体系，推进公共信用治理，具有深厚的土壤基础。诚信是千百年来人们倡导的传统美德，信用观发展至今已有新的内容，即德治。社会治理不仅要依靠法治，也离不开德治。只有两者相辅相成，才能相得益彰。我国立法者正在推动的公共信用治理工作既是"德治"，也是"法治"，是对"法安天下、德润人心"的最好诠释。

二、中央关于公共信用治理的重要论述及相关政策

我国古代的这些典故都充分证明诚信对一个国家的生死存亡至关重要，也给现代治理者提供了不少治国启示。毛主席在延安窑洞时期，面对黄炎培先生关于"政怠宦成""人亡政息""求荣取辱"都没能跳出"其兴也勃、其亡也忽"的历史周期率的疑问，给出了"人民监督"的第一个答案。经

过党的十八大以来新的实践,面对执政、改革开放、市场经济、外部环境"四大考验",以及精神懈怠、能力不足、脱离群众、消极腐败"四个危险",习近平总书记在中共十九届六中全会上给出了"自我革命"的第二个答案。

面对治国理政,诚信的重要性不言而喻。党中央和国务院一直高度重视公共信用治理和社会信用体系建设,也做出了许多关于信用治理的重要论述并出台相关国家政策。本书择其要者,摘录如下:

1. 整顿和规范市场经济秩序,健全现代市场经济的社会信用体系。

——摘自2002年11月党的十六大报告《全面建设小康社会,开创中国特色社会主义事业新局面》

2. 把诚信建设摆在突出位置,大力推进政务诚信、商务诚信、社会诚信和司法公信建设,抓紧建立健全覆盖全社会的征信系统,加大对失信行为惩戒力度,在全社会广泛形成守信光荣、失信可耻的氛围。

——摘自2011年10月党的十七届六中全会《中共中央关于深化文化体制改革 推动社会主义文化大发展大繁荣若干重大问题的决定》

3. 倡导富强、民主、文明、和谐,倡导自由、平等、公正、法治,倡导爱国、敬业、诚信、友善,积极培育和践行社会主义核心价值观。

——摘自2012年11月党的十八大报告《坚定不移沿着中国特色社会主义道路前进 为全面建成小康社会而奋斗》

4. 大力加强社会公德、职业道德、家庭美德、个人品德教育。推动诚信体系建设,以政务诚信带动商务诚信和社会诚信,形成良好的社会风尚。

——摘自2013年3月温家宝总理所作《政府工作报告》

5. 加快建立国家统一的经济核算制度,编制全国和地方资产负债表,建立全社会房产、信用等基础数据统一平台,推进部门信息共享。

——摘自2013年11月党的十八届三中全会《中共中央关于全面深化改革若干重大问题的决定》

6. 加强社会诚信建设,健全公民和组织守法信用记录,完善守法诚信褒奖机制和违法失信行为惩戒机制,使尊法守法成为全体人民共同追求和自觉行动。

——摘自2014年10月党的十八届四中全会《中共中央关于全面推进依法治国若干重大问题的决定》

7. 社会信用体系是社会主义市场经济体制和社会治理体制的重要组成部分。它以法律、法规、标准和契约为依据,以健全覆盖社会成员的信用记录和信用基础设施网络为基础,以信用信息合规应用和信用服务体系为支撑,以树立诚信文化理念、弘扬诚信传统美德为内在要求,以守信激励和失信约束为奖惩机制,目的是提高全社会的诚信意识和信用水平。

加快社会信用体系建设是全面落实科学发展观、构建社会主义和谐社会的重要基础,是完善社会主义市场经济体制、加强和创新社会治理的重要手段,对增强社会成员诚信意识,营造优良信用环境,提升国家整体竞争力,促进社会发展与文明进步具有重要意义。

——摘自《社会信用体系建设规划纲要(2014—2020年)》(国发〔2014〕21号)

8. 建立健全守信激励机制。在市场监管和公共服务过程中,同等条件下,对诚实守信者实行优先办理、简化程序等"绿色通道"支持激励政策。在财政资金补助、政府采购、政府购买服务、政府投资工程建设招投标过程中,应查询市场主体信用记录或要求其提供由具备资质的信用服务机构出具的信用报告,优先选择信用状况较好的市场主体。

建立健全信用承诺制度。全面建立市场主体准入前信用承诺制度,要求市场主体以规范格式向社会作出公开承诺,违法失信经营后将自愿接受约束和惩戒。信用承诺纳入市场主体信用记录,接受社会监督,并作为事中事后监管的参考。

——摘自《国务院办公厅关于运用大数据加强对市场主体服务和监管的若干意见》(国办发〔2015〕51号)

9. 联合惩戒的对象为违背市场竞争准则和诚实信用原则，存在侵犯消费者合法权益、制假售假、未履行信息公示义务等违法行为，被各级工商行政管理、市场监督管理部门（以下简称"工商行政管理部门"）吊销营业执照、列入经营异常名录或严重违法失信企业名单，并在企业信用信息公示系统上予以公示的企业及其法定代表人（负责人），以及根据相关法律法规规定对企业严重违法行为负有责任的企业法人和自然人股东、其他相关人员（以下简称"当事人"）。

本备忘录其他签署部门在履行法定职责过程中记录的，依据法律法规应予以限制或实施市场禁入措施的严重违法失信企业和个人，属于当事人范围，应纳入联合惩戒范围。

——摘自《失信企业协同监管和联合惩戒合作备忘录》（发改财金〔2015〕2045号）

10. 依托国家电子政务外网，建立全国信用信息共享平台，发挥信用信息归集共享枢纽作用。加快建立健全各省（区、市）信用信息共享平台和各行业信用信息系统，推动青年志愿者信用信息系统等项目建设，归集整合本地区、本行业信用信息，与全国信用信息共享平台实现互联互通和信息共享。依托全国信用信息共享平台，根据有关部门签署的合作备忘录，建立守信联合激励和失信联合惩戒的信用信息管理系统，实现发起响应、信息推送、执行反馈、信用修复、异议处理等动态协同功能。各级人民政府及其部门应将全国信用信息共享平台信用信息查询使用嵌入审批、监管工作流程中，确保"应查必查"、"奖惩到位"。健全政府与征信机构、金融机构、行业协会商会等组织的信息共享机制，促进政务信用信息与社会信用信息互动融合，最大限度发挥守信联合激励和失信联合惩戒作用。

——摘自《国务院关于建立完善守信联合激励和失信联合惩戒制度加快推进社会诚信建设的指导意见》（国发〔2016〕33号）

11. 按照依法依规、改革创新、协同共治的基本原则，以加强信用监管为着力点,创新监管理念、监管制度和监管方式,建立健全贯穿市场主体全生命周期,衔接事前、事中、事后全监管环节的新型监管机制,不断提升监管能力和水平,进一步规范市场秩序,优化营商环境,推动高质量发展。

——摘自《国务院办公厅关于加快推进社会信用体系建设 构建以信用为基础的新型监管机制的指导意见》(国办发〔2019〕35号)

12. 加快推进社会信用立法,完善失信惩戒机制。规范失信惩戒对象名单制度,依法依规明确制定依据、适用范围、惩治标准和救济机制,在加强失信惩戒的同时保护公民、企业合法权益。

——摘自2021年1月中共中央《法治中国建设规划(2020—2025年)》

13. 推行破产预重整制度,建立健全企业破产重整信用修复机制,允许债权人等推荐选任破产管理人。建立健全司法重整的府院联动机制,提高市场重组、出清的质量和效率。

——摘自《国务院关于开展营商环境创新试点工作的意见》(国发〔2021〕24号)

14. 推进涉企信用信息整合共享,加快税务、海关、电力等单位与金融机构信息联通,扩大政府性融资担保对小微企业的覆盖面,努力营造良好融资生态,进一步推动解决实体经济特别是中小微企业融资难题。

——摘自2022年3月李克强总理所作《政府工作报告》

15. 要推动有效市场和有为政府更好结合,将碳排放权、用能权、用水权、排污权等资源环境要素一体纳入要素市场化配置改革总盘子,支持出让、转让、抵押、入股等市场交易行为,加快构建环保信用监管体系,规范环境治理市场,促进环保产业和环境服务业健康发展。

——摘自2023年7月习近平总书记在全国生态环境保护大会的重要论述

16. 围绕公务员、律师、家政从业人员、金融从业人员等重点职业人群,探索建立和完善个人信用记录形成机制,及时归集有关人员在相关活动中形成的信用信息。依托全国信用信息共享平台,逐步建立跨区域、跨部门、跨行业重点职业人群公共信用信息的互联、互通、互查机制。

——摘自《2024—2025年社会信用体系建设行动计划》(发改办财金〔2024〕451号)

第二节　公共信用治理的立法与实践

一、我国公共信用治理的现代性背景

改革开放后,我国经济迅速发展。但是,随着城市化的转型升级和大规模的人口迁移,我国社会交往方式发生巨大变化,"信用"在社会交往过程中的价值降低,人口素质与经济发展程度存在脱节,开始出现"信用缺失"的问题。"信用缺失"的表现是多方面的,贪腐滥权现象猖獗在不断地降低公众对政府部门的信任,司法部门的裁判文书难以执行使得司法公信力遭受侵蚀,商事交易过程中的违约、欺诈又让商主体的诚信饱受质疑,可以说我国目前整体呈现出信任感低下、人与人之间互不信任的社会现象。诚实守信本是我国传统美德,"信用缺失"不仅损害了我国文化基石,还影响了我国经济社会的进一步发展。

基于"信用缺失"的问题,我国立法机关从20世纪末就开始对信用立法进行调研,试图将传统道德领域中的"信用"引入现代社会的法律治理机制。根据信用领域的不同,信用治理可以被划分成市场信用和公共信用,前者是指对履约状况的评价,后者是指对守法状况的评价。纵观世界各国的信用立法体例和信用治理模式,大都对市场信用和公共信用有所涉及,其不同主要在于侧重点和主导部门。由于我国人口素质和社会经济发展的频次有所差别,"信用缺失"问题在我国社会生活中较为突出。此外,我国既存法律治理机制出现薄弱和疲软的问题,难以应对"信用缺失"的现

象。因此,我国立法者选择公共信用治理的广度和深度都远超西方国家,部分学者也将我国公共信用立法称为创制性立法。公共信用治理涉及公权和私益,其敏感程度较高,对社会公众的作用力也较大,作为创制性立法,其更需要保持谦抑性。可见,我国公共信用治理的法律问题有较高的研究价值。

国务院在 2014 年出台的《社会信用体系建设规划纲要(2014—2020年)》(国发〔2014〕21 号)是社会信用领域第一份全国性的顶层设计文件,这标志着立法者开始系统性地建立社会信用体系。我国社会信用立法,尤其是公共信用立法,遵循的是地方立法先行先试的模式,这意味着中央层面的公共信用立法并未完全成熟,需要地方立法和实践为其总结经验。2020 年年底出台的《国务院办公厅关于进一步完善失信约束制度 构建诚信建设长效机制的指导意见》(国办发〔2020〕49 号),进一步将公共信用立法的自主权下放至地方,这意味着我国公共信用治理步入了新的阶段,但同时也出现了新的问题。近些年笔者参与了多地地方信用立法的起草工作,发现地方立法和地方实践状况也存在不足之处。公共信用治理虽然带有强烈的公共属性,但游走于公私两域。如何让公共信用治理符合立法本意?如何在公共信用治理的过程中限制公权、保护私益?如何通过公共信用治理弥补法律治理机制的薄弱并提升全社会的信任感?这些都是值得我们思考的问题。

二、中央和地方的信用立法进展

习近平总书记指出,社会主义市场经济是信用经济、法治经济,要完善信用体系等方面的法律制度。《法治中国建设规划(2020—2025 年)》明确提出"加快推进社会信用立法",《法治社会建设实施纲要(2020—2025年)》明确提出"加快推进社会信用体系建设"。为完善社会信用体系,创新社会治理机制,优化营商环境,规范社会主义市场经济秩序,提升全社会诚信意识,弘扬社会主义核心价值观,健全覆盖全社会的征信体系,2022年11月国家发展和改革委员会、中国人民银行牵头起草了《社会信用体系建设法(向社会公开征求意见稿)》,加快了社会信用的立法进程。虽然2023年9月《社会信用建设法》已经被列入十四届全国人大常委会立法规划的第二类项目,但是目前社会信用相关的顶层设计尚未落地,我国信用立法依旧采取地方先行先试的模式。2024年5月印发的《2024—2025年社会信用体系建设行动计划》(发改办财金〔2024〕451号)明确指出,要建立健全信用法规制度,加快推动出台《社会信用建设法》,推动省级信用立法全覆盖。换言之,中央层面信用立法的出台有待时日,我们可以将更多的目光转移至地方信用立法上。

为了对我国地方信用立法有更直观的了解,本书根据"信用中国"网站提供的数据,并以"信用"为关键词在"北大法宝"网站进行搜索,按施行时间的先后,对我国省级信用立法现状做了整理。详情如表1所示。

表1 我国省级信用立法现状(截至2025年1月1日)

名称	施行日期
陕西省公共信用信息条例	2012年1月1日
湖北省社会信用信息管理条例	2017年7月1日
上海市社会信用条例	2017年10月1日
浙江省公共信用信息管理条例	2018年1月1日
河北省社会信用信息条例	2018年1月1日
河南省社会信用条例	2020年5月1日
山东省社会信用条例	2020年10月1日
天津市社会信用条例	2021年1月1日
青海省公共信用信息条例	2021年5月1日
内蒙古自治区公共信用信息管理条例	2021年6月1日
广东省社会信用条例	2021年6月1日
重庆市社会信用条例	2021年7月1日

第一章 绪论：公共信用治理的前世今生

(续表)

名称	施行日期
辽宁省社会信用条例	2022年1月1日
甘肃省社会信用条例	2022年1月1日
吉林省社会信用条例	2022年1月1日
江苏省社会信用条例	2022年1月1日
海南自由贸易港社会信用条例	2022年1月1日
陕西省社会信用条例	2022年3月1日
江西省社会信用条例	2022年3月1日
黑龙江省社会信用条例	2022年7月1日
湖南省社会信用条例	2022年9月1日
山西省社会信用条例	2022年10月1日
云南省社会信用条例	2023年1月1日
贵州省社会信用条例	2023年1月1日
广西壮族自治区社会信用条例	2023年5月1日
四川省社会信用条例	2023年12月1日
宁夏回族自治区社会信用条例	2024年1月1日
内蒙古自治区社会信用条例	2024年9月1日
新疆维吾尔自治区社会信用条例	2024年10月1日

需要说明的是，除港澳台之外，我国一共有31个省级行政区，其中北京市、安徽省、福建省和西藏自治区尚未出台省级地方信用立法。

安徽省在2024年10月23日发布《安徽省社会信用条例（草案征求意见稿）》。北京市经信局于2021年2月24日向社会公开征求《北京市社会信用条例（草案）》的意见之后，尚没有进一步的推进。福建省于2015年出台的《福建省公共信用信息管理暂行办法》属于地方政府规章，表1不将其列入。

陕西省和内蒙古自治区则同时拥有两部省级地方性法规。陕西省分别于2012年1月1日施行的《陕西省公共信用信息条例》以及于2022年3月1日施行的《陕西省社会信用条例》目前处于同时有效的状态。内蒙古自治区分别于 2021 年 6 月 1 日施行的《内蒙古自治区公共信用信息管理条例》以及于 2024 年 9 月 1 日施行的《内蒙古自治区社会信用条例》也处于同时有效的状态。

可以说,除北京、安徽、福建以及西藏之外,我国有 27 个省级行政区正式出台了省级地方信用立法,《2024—2025 年社会信用体系建设行动计划》要求的推动省级社会信用立法全覆盖的任务即将达成。

从地方立法的名称来看,各省级行政区采取的名称并不一致,主要有"社会信用条例""社会信用信息(管理)条例""公共信用信息(管理)条例"等类型。表 2 对上述 27 个省级行政区施行的地方信用立法进行分类整理,从代表地区、立法定位以及主要内容等角度进行比较。

表 2 地方信用立法模式比较

属性		社会信用条例	社会信用信息(管理)条例	公共信用信息(管理)条例
代表地区		上海	湖北、河北	浙江
立法定位		综合全面型立法	社会信用信息管理	公共信用信息管理
主要内容	信用信息边界	社会信用信息	社会信用信息	公共信用信息
	信用信息处理和使用	专章	专章	专章
	信用激励与约束	专章	专章	专章
	信用主体权益保护	专章	专章	专章
	信用服务行业促进与发展	专章	有条款	有条款
	社会信用环境建设	专章	无	无

地方立法名称的差异不仅是因为立法技术的不同,还能体现出不同省级行政区对地方信用立法的立法选择和立法倾向。采取"社会信用条例"类型的省级行政区将市场信用和公共信用都纳入法律的调整范围之内,采

第一章 绪论：公共信用治理的前世今生

取"社会信用信息（管理）条例"的省级行政区更关注信用信息的运用与监管，而采取"公共信用信息（管理）条例"的省级行政区则仅调整公共信用相关的主体和行为，暂且不将市场信用相关的内容囊括于其中。不同的立法选择有不同的实践基础，地方立法的不同势必也会给中央顶层设计带来选择和难题。未来中央层面的社会信用立法究竟采取何种形式？以原则性、指导性为主还是以具体的规范为主？同时涵盖公共信用和市场信用的内容还是将两者分开设计？这些问题还需要时间告诉我们答案。

虽然在《2024—2025年社会信用体系建设行动计划》中并没有明确要求市级信用立法全覆盖，但是随着《国务院办公厅关于进一步完善失信约束制度 构建诚信建设长效机制的指导意见》的出台，越来越多地级市根据地方立法的需要出台相关地方性法规。笔者曾参与多地信用立法工作，在与不少地方立法者沟通过程中也发现了地方信用立法工作中的问题与争议，其中部分问题值得进行探讨和反思。本书根据"信用中国"网站提供的数据，并以"信用"为关键词，在"北大法宝"网站进行搜索，按施行时间的先后，对我国市级信用立法现状一并进行整理。详情如表3所示。

表3　市级信用立法现状（截至2025年1月1日）

名称	施行日期
无锡市公共信用信息条例	已失效
泰州市公共信用信息条例	2016年10月1日
厦门经济特区社会信用条例	2019年6月1日
南京市社会信用条例	2020年7月1日
台州市企业信用促进条例	2020年7月1日
哈尔滨市社会信用体系建设促进条例	2021年2月1日
四平市社会信用条例	2021年5月31日

（续表）

名称	施行日期
大连市社会信用条例	2021年7月1日
汕尾市企业信用促进条例	2021年12月1日
宿迁市社会信用条例（2021年修订）	2022年1月1日
杭州市社会信用条例	2022年7月1日
邢台市社会信用促进条例	2022年7月1日
克拉玛依市社会信用条例	2023年1月1日
深圳经济特区社会信用条例	2023年3月1日
宁波市社会信用条例	2023年7月1日
张掖市社会信用体系建设促进条例	2024年1月1日
沈阳市社会信用条例	2024年1月1日
唐山市社会信用建设促进条例	2024年3月1日
承德市社会信用促进条例	2024年5月1日

截至目前，我国已有19个设区的市出台市级地方信用立法。需要说明的是，《无锡市公共信用信息条例》于2016年3月1日起施行，属于全国最早出台的地市级社会信用立法，但已于2022年1月18日失效。《宿迁市社会信用条例》于2019年3月5日起施行，后在2021年进行修订，修订后的条例于2022年1月1日起施行。此外，《福州市社会信用管理办法》等文件由于其属于地方政府规章，因此不列入表3。

以上对我国省、市两级地方信用立法的进展做了系统性的梳理，让地方立法先行先试的成果和经验更为直观。目前，省级信用立法工作已经趋于完善，省级信用立法全覆盖的目标即将实现。市级信用立法工作也在不断尝试，其既要遵守"下位法不能逾越上位法"的规制，又要在国务院49号文的指导下开展本地信用实践，实属不易。各省之间的信用立法也尚未完全做好制度衔接，不少制度内容甚至存在矛盾。对此，本书将在信用治理几个环节中进行探讨，也会着重分析地方信用立法工作中存在的问题。本

第一章 绪论：公共信用治理的前世今生

章为绪论，在此不再赘述。

三、《全国公共信用信息基础目录》和《全国失信惩戒措施基础清单》

由于我国信用立法工作采取地方立法先行先试的模式，为了避免地方公共信用治理出现偏差，国家发展和改革委员会、中国人民银行发布《全国公共信用信息基础目录》以界定公共信用信息的纳入范围，防止信用信息的不必要归集；同时发布《全国失信惩戒措施基础清单》规范界定失信惩戒措施的种类及其适用对象，避免权力的滥用。可见，《全国公共信用信息基础目录》和《全国失信惩戒措施基础清单》是继中央和地方信用立法进展之后，需要重点了解的制度文件。

为贯彻落实党中央、国务院关于推动社会信用体系高质量发展的决策部署，按照《中华人民共和国国民经济和社会发展第十四个五年规划和2035年远景目标纲要》《关于推进社会信用体系建设高质量发展促进形成新发展格局的意见》《国务院办公厅关于进一步完善失信约束制度 构建诚信建设长效机制的指导意见》要求，进一步明确公共信用信息纳入范围，规范失信惩戒措施，保护信用主体合法权益，国家发展和改革委员会、中国人民银行会同国务院社会信用体系建设部际联席会议成员单位和其他有关部门（单位），严格以法律、行政法规和党中央、国务院政策文件为依据，编制基础目录和基础清单。

国家发展和改革委员会、中国人民银行发布的《全国公共信用信息基础目录》和《全国失信惩戒措施基础清单》为全国范围内的公共信用信息归集工作和失信惩戒工作提供了制度基础，以目录、清单的形式避免公共信用信息的滥用。需要注意的是，目录和清单并不会限制地方自主权的行使。根据《国务院办公厅关于进一步完善失信约束制度 构建诚信建设长效机制的指导意见》（国办发〔2020〕49号）的精神，各地可依据地方性法规，参照《全国公共信用信息基础目录》的制定程序，制定适用于本地的公共信用信息补充目录。国务院 49 号文是对地方信用信息目录制定程序的明确,地方可以参照全国目录的制定程序,制定本地的补充目录。关于地方目录的内容,并非毫无限制。地方目录的定位属于补充目录,即地方需要在全国目录的基础上,编制本地补充目录,不能完全跳脱于全国目录的范围。

截至 2025 年,国家发展和改革委员会、中国人民银行一共发布过四版基础目录和基础清单,分别是 2021 年、2022 年、2024 年和 2025 年。以《全国公共信用信息基础目录(2025 年版)》为例,其中共纳入 13 类公共信用信息,包括登记注册基本信息、司法裁判及执行信息、行政管理信息、职称和职业信息、经营(活动)异常名录(状态)信息、严重失信主体名单信息、合同履行信息、信用承诺及履行情况信息、信用评价结果信息、遵守法律法规情况信息、诚实守信相关荣誉信息、知识产权信息和经营主体自愿提供的信用信息。有关机关根据纪检监察机关、检察机关通报的情况或意见,对行贿人作出行政处罚和资格资质限制等处理,拟纳入公共信用信息归集范围的,应当征求有关纪检监察机关、检察机关的意见。以《全国失信惩戒措施基础清单(2025 年版)》为例,其中共纳入 3 类 14 项失信惩戒措施,包括由公共管理机构依法依规实施的减损信用主体权益或增加其义务的措施、由公共管理机构根据履职需要实施的相关管理措施以及由公共管理机构以外的组织自主实施的措施。

由于基础目录和惩戒措施的内容较多,本书择 2025 年版置于附录之中。

第三节 涉及信用的法律法规

信用理念和信用制度已逐步深入至我国现行各类法律和行政法规中。据不完全统计,已有百余部法律、行政法规专门设列信用条款,并且主要集中在民商法、行政法和经济法中,主要具有强调诚信的制度化建设、强调构建行业信用体系、强调信用手段规范运用等特征。目前我国关于信息、信用或信用信息的法律规定,散见于若干法律法规之中,本书结合《全国公共信用信息基础目录(2025年版)》择其要者,简述如下:

一、《企业信息公示暂行条例》

第6条:工商行政管理部门应当通过企业信用信息公示系统,公示其在履行职责过程中产生的下列企业信息:

(一)注册登记、备案信息;

(二)动产抵押登记信息;

(三)股权出质登记信息;

(四)行政处罚信息;

(五)其他依法应当公示的信息。

前款规定的企业信息应当自产生之日起20个工作日内予以公示。

二、《中华人民共和国反不正当竞争法》

第26条:经营者违反本法规定从事不正当竞争,受到行政处罚的,由监督检查部门记入信用记录,并依照有关法律、行政法规的规定予以公示。

三、《中华人民共和国反垄断法》

第64条:经营者因违反本法规定受到行政处罚的,按国家有关规定记入信用记录,并向社会公示。

四、《中华人民共和国食品安全法实施条例》

第66条:国务院食品安全监督管理部门应当会同国务院有关部门建

立守信联合激励和失信联合惩戒机制,结合食品生产经营者信用档案,建立严重违法生产经营者黑名单制度,将食品安全信用状况与准入、融资、信贷、征信等相衔接,及时向社会公布。

五、《中华人民共和国安全生产法》

第 40 条:生产经营单位对重大危险源应当登记建档,进行定期检测、评估、监控,并制定应急预案,告知从业人员和相关人员在紧急情况下应当采取的应急措施。

生产经营单位应当按照国家有关规定将本单位重大危险源及有关安全措施、应急措施报有关地方人民政府应急管理部门和有关部门备案。有关地方人民政府应急管理部门和有关部门应当通过相关信息系统实现信息共享。

六、《中华人民共和国市场主体登记管理条例》

第 35 条:市场主体应当按照国家有关规定公示年度报告和登记相关信息。

七、《企业名称登记管理规定》

第 23 条:使用企业名称应当遵守法律法规,诚实守信,不得损害他人合法权益。

人民法院或者企业登记机关依法认定企业名称应当停止使用的,企业应当自收到人民法院生效的法律文书或者企业登记机关的处理决定之日起 30 日内办理企业名称变更登记。名称变更前,由企业登记机关以统一社会信用代码代替其名称。企业逾期未办理变更登记的,企业登记机关将其列入经营异常名录;完成变更登记后,企业登记机关将其移出经营异常名录。

八、《中华人民共和国政府采购法》

第77条：供应商有下列情形之一的，处以采购金额千分之五以上千分之十以下的罚款，列入不良行为记录名单，在一至三年内禁止参加政府采购活动，有违法所得的，并处没收违法所得，情节严重的，由工商行政管理机关吊销营业执照；构成犯罪的，依法追究刑事责任：

（一）提供虚假材料谋取中标、成交的；

（二）采取不正当手段诋毁、排挤其他供应商的；

（三）与采购人、其他供应商或者采购代理机构恶意串通的；

（四）向采购人、采购代理机构行贿或者提供其他不正当利益的；

（五）在招标采购过程中与采购人进行协商谈判的；

（六）拒绝有关部门监督检查或者提供虚假情况的。

供应商有前款第（一）至（五）项情形之一的，中标、成交无效。

九、《中华人民共和国兵役法》

第57条：有服兵役义务的公民有下列行为之一的，由县级人民政府责令限期改正；逾期不改正的，由县级人民政府强制其履行兵役义务，并处以罚款：

（一）拒绝、逃避兵役登记的；

（二）应征公民拒绝、逃避征集服现役的；

（三）预备役人员拒绝、逃避参加军事训练、担负战备勤务、执行非战争军事行动任务和征召的。

有前款第二项行为，拒不改正的，不得录用为公务员或者参照《中华人民共和国公务员法》管理的工作人员，不得招录、聘用为国有企业和事业单位工作人员，两年内不准出境或者升学复学，纳入履行国防义务严重失信主体名单实施联合惩戒。

十、《保障农民工工资支付条例》

第48条:用人单位拖欠农民工工资,情节严重或者造成严重不良社会影响的,有关部门应当将该用人单位及其法定代表人或者主要负责人、直接负责的主管人员和其他直接责任人员列入拖欠农民工工资失信联合惩戒对象名单,在政府资金支持、政府采购、招投标、融资贷款、市场准入、税收优惠、评优评先、交通出行等方面依法依规予以限制。

拖欠农民工工资需要列入失信联合惩戒名单的具体情形,由国务院人力资源社会保障行政部门规定。

十一、《物业管理条例》

第32条:从事物业管理活动的企业应当具有独立的法人资格。
国务院建设行政主管部门应当会同有关部门建立守信联合激励和失信联合惩戒机制,加强行业诚信管理。

十二、《医疗保障基金使用监督管理条例》

第33条:国务院医疗保障行政部门应当建立定点医药机构、人员等信用管理制度,根据信用评价等级分级分类监督管理,将日常监督检查结果、行政处罚结果等情况纳入全国信用信息共享平台和其他相关信息公示系统,按照国家有关规定实施惩戒。

十三、《社会保险经办条例》

第45条:国务院人力资源社会保障行政部门、医疗保障行政部门会同有关部门建立社会保险信用管理制度,明确社会保险领域严重失信主体名单认定标准。

社会保险经办机构应当如实记录用人单位、个人和社会保险服务机构及其工作人员违反社会保险法律、法规行为等失信行为。

十四、《对外劳务合作管理条例》

第37条:国务院商务主管部门会同国务院有关部门建立对外劳务合作不良信用记录和公告制度,公布对外劳务合作企业和国外雇主不履行合同约定、侵害劳务人员合法权益的行为,以及对对外劳务合作企业违法行为的处罚决定。

十五、《中华人民共和国基本医疗卫生与健康促进法》

第93条:县级以上人民政府卫生健康主管部门、医疗保障主管部门应当建立医疗卫生机构、人员等信用记录制度,纳入全国信用信息共享平台,按照国家规定实施联合惩戒。

十六、《中华人民共和国证券法》

第215条:国务院证券监督管理机构依法将有关市场主体遵守本法的情况纳入证券市场诚信档案。

十七、《中华人民共和国期货和衍生品法》

第113条:国务院期货监督管理机构依法将有关期货市场主体遵守本法的情况纳入期货市场诚信档案。

十八、《中华人民共和国标准化法》

第37条:生产、销售、进口产品或者提供服务不符合强制性标准的,依照《中华人民共和国产品质量法》、《中华人民共和国进出口商品检验法》、

《中华人民共和国消费者权益保护法》等法律、行政法规的规定查处，记入信用记录，并依照有关法律、行政法规的规定予以公示；构成犯罪的，依法追究刑事责任。

十九、《中华人民共和国海洋环境保护法》

第32条：国务院生态环境主管部门会同有关部门和机构建立向海洋排放污染物、从事废弃物海洋倾倒、从事海洋生态环境治理和服务的企业事业单位和其他生产经营者信用记录与评价应用制度，将相关信用记录纳入全国公共信用信息共享平台。

二十、《中华人民共和国个人所得税法》

第15条：公安、人民银行、金融监督管理等相关部门应当协助税务机关确认纳税人的身份、金融账户信息。教育、卫生、医疗保障、民政、人力资源社会保障、住房城乡建设、公安、人民银行、金融监督管理等相关部门应当向税务机关提供纳税人子女教育、继续教育、大病医疗、住房贷款利息、住房租金、赡养老人等专项附加扣除信息。

个人转让不动产的，税务机关应当根据不动产登记等相关信息核验应缴的个人所得税，登记机构办理转移登记时，应当查验与该不动产转让相关的个人所得税的完税凭证。个人转让股权办理变更登记的，市场主体登记机关应当查验与该股权交易相关的个人所得税的完税凭证。

有关部门依法将纳税人、扣缴义务人遵守本法的情况纳入信用信息系统，并实施联合激励或者惩戒。

二十一、《私募投资基金监督管理条例》

第43条：国务院证券监督管理机构应当将私募基金管理人、私募基金托管人、私募基金服务机构及其从业人员的诚信信息记入资本市场诚信数据库和全国信用信息共享平台。国务院证券监督管理机构会同国务院有关部门依法建立健全私募基金管理人以及有关责任主体失信联合惩戒制度。

国务院证券监督管理机构会同其他金融管理部门等国务院有关部门和省、自治区、直辖市人民政府建立私募基金监督管理信息共享、统计数据报送和风险处置协作机制。处置风险过程中,有关地方人民政府应当采取有效措施维护社会稳定。

二十二、《中华人民共和国土壤污染防治法》

第 80 条:省级以上人民政府生态环境主管部门和其他负有土壤污染防治监督管理职责的部门应当将从事土壤污染状况调查和土壤污染风险评估、风险管控、修复、风险管控效果评估、修复效果评估、后期管理等活动的单位和个人的执业情况,纳入信用系统建立信用记录,将违法信息记入社会诚信档案,并纳入全国信用信息共享平台和国家企业信用信息公示系统向社会公布。

二十三、《中华人民共和国土地管理法实施条例》

第 50 条:县级以上人民政府自然资源主管部门应当会同有关部门建立信用监管、动态巡查等机制,加强对建设用地供应交易和供后开发利用的监管,对建设用地市场重大失信行为依法实施惩戒,并依法公开相关信息。

第二章

公共信用治理的基础理论

本章导读

信用并非专属于东方的产物,从中西方不同的文化语境和学科维度去理解信用的概念,能让读者对信用有更加深刻的认识。讨论"公共信用",必然绕不开"社会信用"和"市场信用"。这三组概念以及"信用"和"信用信息"之间存在一定的交叉情形,不能混淆。目前,域外信用治理模式大致可分为市场驱动型模式、政府主导型模式以及行业协会型模式,梳理、整合域外信用治理的制度和实践,有助于我国找寻适合本国国情的信用治理模式。城市化转型升级给我国社会带来的挑战和数字化治理带来的机遇让信用治理具有必要性和可行性。

第一节 信用治理的核心概念

任何法律制度或研究领域的逻辑起点都源自核心概念的辨析,因此在信用治理领域,我们对"信用"及其延伸概念,例如对"信用信息"的分析界定以及对"市场信用"和"公共信用"的比较研究,定能为后续的法律制度研究提供坚实的基础。

第二章　公共信用治理的基础理论

一、信用的概念及中西方起源

古今中外,不论对人性持性善论还是性恶论观点的人,都会把信用看作人与动物的本质区别,都认为信用是个人安身立命的根本。[①] 学者对信用问题的研究和探索都带着强烈的政治色彩,也有着浓厚的理想主义和现实主义的关怀。信用一词,在其概念和起源方面的内涵都相当丰富。人们对信用的理解大致有两个层面:第一层面是在道德领域,信用是一种被人们普遍接受并且具有一定约束力的行为规范;第二层面是在经济领域,信用是通过履行承诺而获取相对方的一种信任。[②]

(一)传统中国视野下的信用

诚实守信是中国千百年流传的美德,孔子曾说:"人而无信,不知其可也。"民间也存在"一诺千金""抱柱之信"的佳话。《说文解字》中说:"信,诚也,从人言。"这句话的意思是,所谓诚信就应当恪守诺言、言行一致,这种信用是社会交往过程中的信用。《左传》有言:"人之所以立,信、智、勇也。"这是把信用看作人之所以为人的根本。而《论语》中记载的"民无信不立"更是把信用提升到了治国理念这一层面。孔子认为,信用是比粮食和兵将更为重要的立国之本。由此可见,传统中国对信用的理解往往是指对某种信念、制度的忠诚,是对作出的承诺的一种遵守。这不仅仅是普遍被社会接受的道德规范,更是一直被统治阶层弘扬的治国理念。

(二)西方文化语境中的信用

和传统中国一样,西方世界也早对信用一词有相对应的表达,其中包括但不限于"trust""good faith""integrity"等。[③] 除了传统中国认为的人与

[①] 参见罗云:《变化社会中的信用:马克思现代性的视角》,中国社会科学出版社2018年版,第3页。
[②] 参见车耳、王涛:《高信用社会:信托与信用制度》,人民邮电出版社2020年版,第5页。
[③] 参见翟学伟:《诚信、信任与信用:概念的澄清与历史的演进》,载《江海学刊》2011年第5期。

人之间产生的互相信任的社会关系之外，西方认为的信用还包括在处理债务时表现出来的受信任的品质，以及在购买商品或者服务的时候支付对价的商事制度。《牛津法律大辞典》和《布莱克法律词典》都有类似的解释，我们可以将此理解成商业市场、金融市场形成的一种信任纽带。[①] 古希腊时期，苏格拉底坚守与城邦之间的契约，宁死不逃亡。巴伦支为领袖的荷兰商队也在16世纪就用行动坚守信用，并赢下了"海上马车夫"的称号。对西方世界而言，它们是将信用看作比生命更高、更重要的一种品质。

二、信用的多维度理解

信用问题的研究不仅涵盖法律制度的设计，还是政治经济领域和社会生活领域的重点研究方向。许多学者认为，信用问题是一个多维度的问题。例如，王淑芹就认为，信用包括了经济、政治、道德、社会、法律等多方面的内容。[②] 王伟也认为，信用多维度的理解有利于对整体价值观进行立法表达。[③] 在多领域理解信用之外，吴晶妹还从诚信度、合规度、践约度三个维度提出了三维信用论的观点。[④] 可以说，学界对信用的多维度理解、多角度剖析是达成共识的，信用这一话题也逐渐成为跨学科研究的产物。

（一）经济政治领域的信用

几个世纪之前的人类对信用的理解较为浅薄，对当时的信用表现形式局限于借贷问题。之后随着古典政治经济学的发展，人类对信用问题的研究面开始扩大，但也没有形成完整的体系，研究程度也不够深。近代的自然法学派、社会契约论学者用契约的观点论证了国家的起源、作用等问题，让契约的思想上升到了新的层面。例如，霍布斯认为，在订立信约之后，失

---

① 参见〔英〕戴维·M.沃克主编：《牛津法律大辞典》，光明日报出版社1988年版，第225页。
② 参见王淑芹等：《信用伦理研究》，中央编译出版社2005年版，第15—24页。
③ 参见王伟：《公共信用的正当性基础与合法性补强——兼论社会信用法的规则设计》，载《环球法律评论》2021年第5期。
④ 参见吴晶妹：《三维信用论》，当代中国出版社2013年版，第28—37页。

约就是不义的表现。而所谓的非正义,其实就是不履行信约。① 社会契约论的信仰者对国家起源和社会契约的这番高论将信用问题延伸至现代社会民主政治的话题,他们认为民众和政府之间存在的关系也是一种信用关系,而政府需要做的就是对民众做到守信履约。在此基础上,开始有学者将商品经济集中化,凝结成资本主义的信用问题。例如,韦伯在 20 世纪初就认为现代的资本经济不同于传统的商品经济,其不仅有理性化的行为方式,更能体现出资本主义特有的一种信用意识。② 韦伯提到的资本主义精神不仅仅是个人的信用问题,而是整个行业、整个市场、整个社会的信用问题。这种整体的信用理念可以推动经济社会的发展并引发社会变革,形成信用经济模式。

(二)社会道德领域的信用

除了经济政治领域的信用问题之外,也有学者对国家社会、道德伦理方面进行了相关研究。福山认为,信用作为一种良好品质,对国家和社会的现代化发展起到了非常大的作用。国家和社会的核心竞争能力或者能给民众带来的红利是在于社会生活中的信用,不同国家都有自己根深蒂固的道德伦理观念,信用对人类现代社会而言是不可或缺的。③ 正如福山所言,中国作为传统的以血缘关系作为社会建立基础的国家,在国家社会发展和现代化进程中曾经产生过信用危机。改革开放以来,我国经济高速发展,社会制度建设却存在脱节的情况。从大量国企的信用债违约,企业欠薪不还,到个人拒不执行生效法律文书,不论是政府信用、企业信用还是个人信用,信用缺失问题可以说涵盖着我们社会生活的方方面面。从政治经济领域的信用问题到如今民众能切实感受到的社会道德方面的信用问题,

---

① 参见〔英〕霍布斯:《利维坦》,黎思复、黎廷弼译,商务印书馆 1985 年版,第 108—109 页。
② 参见〔德〕马克斯·韦伯:《新教伦理与资本主义精神》,于晓、陈维纲等译,生活·读书·新知三联书店 1987 年版,第 33—34 页。
③ 参见〔美〕弗兰西斯·福山:《信任——社会道德与繁荣的创造》,李宛蓉译,远方出版社 1998 年版,第 12—15 页。

信用危机正在一步步蚕食我们经济社会发展的根基。社会转型导致社会信用建设面临诸多新挑战。

（三）现代法律领域的信用

随着社会的发展和进步，信用的含义变得更为广泛。在商品经济的作用下，西方学者将信用和经济、管理、文化等社会的方方面面结合起来，通过制度设计，让信用的执行和落实有了法律基础。例如，美国在1968年就出台了《诚实信贷法》（Truth in Lending Act），用来帮助与贷款人、债权人存在借贷关系的借款人，其中涉及要求贷款人必须在为借款人提供信贷之前披露的年利率、贷款期限以及总成本之类的信息。两年之后出台的《公平信用报告法》（Fair Credit Reporting Act）更是真正意义上的信用法案，其将收取消费者信用信息和获取消费者信用报告的方式都规范化，并能够让征信机构的信用报告做到公平、准确和隐私化。[①] 我国在20世纪末便提出社会信用体系的概念。随着近些年社会信用问题加剧，出于国家社会治理的需要，在党的十八大关于"加强政务诚信、商务诚信、社会诚信和司法公信"精神的指导下，我国的信用建设问题不再局限于传统的经济领域，更在于社会生活的方方面面。国务院在2014年正式出台了第一份全国性的顶层设计文件《社会信用体系建设规划纲要（2014—2020年）》（以下简称2014年《纲要》）。截至2025年5月1日，我国已有27个省级行政区出台省级地方信用立法，并有19个设区的市出台市级地方信用立法。可以说，我国的社会信用立法也早已步入轨道，正在积极构建全国的社会信用法律框架。

从上述不同维度我们可以看到，信用是多样的也是多方面的。信用源于个人信任，在生产经营的过程中形成了商品经济关系，其本质上是对经济利益的获取，信用和经济社会发展成正比；[②] 在社会交往过程中，信用本

[①] See Neil O. Littlefield, Parties and Transactions Covered by Consumer-Credit Legislation, *Boston College Law Review*, Vol. 8, No. 3, 1967.

[②] 参见吴晶妹：《市场经济是信用经济》，载《新视野》2002年第3期。

质上是社会公众对主体的认可度和看法;①在国家治理中,根据社会契约论的原理,民众将部分权利给让渡了出来,使意志公共化以形成公共权利,并委托给政府为代表的公权力部门进行支配,其本质上也是源于个人对统治者的信任。② 这种信用不仅仅是严格的道德伦理上的要求,也是现代社会伦理规范的要求,其在为社会的繁荣稳定发挥作用的同时,也需要优良的法律制度为其提供保障。

三、信用与信用信息的双重分类及其概念辨析

(一)信用的分类及其内涵

在对信用有了多维度理解之后,便需要针对现代法律意义中的信用进行深入研究。目前学界主流观点将我们一直在讨论的社会信用分成市场信用(也可称为经济信用)以及公共信用。信用是一种状态,是对相关主体的评价。市场信用较好理解,是指市场领域、经济领域的一种履约状态,相关主体如若履约,表明其市场信用呈现正面状态,反之则呈现负面状态。但是,学界对公共信用的内涵却有不同的观点。

第一种分类观点是,公共信用与市场信用之所以需要区分,是因为其主体不同。市场信用的主体是狭义的市场主体,例如企业、自然人等;而公共信用的主体是政府等公权力部门,公共信用是指政府等公权力部门集资或者发行债券时的状态。政府如若能到期向持有人清偿债务就表明政府的信用良好,如若不能清偿到期债务则表明政府信用不佳。③ 这种区分模式仅从信用主体入手,没有对行为或者需要评价的信用状况进行区分,导致其所认为的市场信用和公共信用实质上是一致的,都是指信用主体的履

---

① 参见卢代富、刘云亮:《社会信用体系属性的经济法认知》,载《江西社会科学》2018年第5期。
② 参见〔法〕让-雅克·卢梭:《社会契约论》,黄卫锋译,台海出版社2016年版,第42页。
③ 参见林钧跃:《社会信用体系原理》,中国方正出版社2003年版,第25—28页。

约状况,评价的对象都是经济领域的信用状况,即是否能及时支付对价。

第二种分类观点是,公共信用之所以区别于市场信用,是因为其考察的是信用主体的守法状况,而非通过主体进行分类。该观点认为,如若信用主体守法就代表其公共信用状况良好,如若信用主体违法则表明其公共信用状况不佳。在这种观点下,守法与否是判断信用主体公共信用状况的唯一标准。

截至目前,许多地方立法都采用第二种分类观点。以《上海市社会信用条例》为例,其就是对信用主体的履约状况和守法状况进行分类。① 笔者也赞同第二种分类观点,因为该观点真正注意到了信用背后的法益。市场信用背后的法益是市场秩序,如若信用主体的市场信用状况不佳,破坏的是市场秩序和其个人在市场中的声誉、地位和影响力,对该信用主体的相对方而言,可以通过司法救济的形式维护自身合法权益。与此相对的是,公共信用背后蕴藏的法益在于社会稳定和法律尊严,如若信用主体的公共信用状况不佳,影响的是社会秩序以及法律效用。对统治者而言,需要通过公共信用治理对其进行引导和处罚。

相较于第一种观点,第二种观点更深入地剖析了法律制度设计的目的,便于统治者进行国家治理以促进社会稳定、维护法律尊严,能让公共信用的存在发挥更多的作用。国家市监局和国家标准委发布的国家标准 GB/T22117—2018 关于信用术语的定义就采纳了第二种观点,认为信用是指个人或组织履行承诺的意愿和能力,承诺包括法律法规和强制性标准规定的、合同条款等契约约定的、社会合理期望等社会责任的内容。②

(二)信用信息的分类及其来源

如前所述,信用是指主体对于履约的意愿、能力或者一种状态,是社会

---

① 《上海市社会信用条例》第 2 条第 1 款规定:"本条例所称社会信用,是指具有完全民事行为能力的自然人、法人和非法人组织(以下统称信息主体),在社会和经济活动中遵守法定义务或者履行约定义务的状态。"

② 《信用 基本术语》,标准号:GB/T22117—2018。

第二章 公共信用治理的基础理论

对信用主体的评价。由于信用是看不见摸不着的,因此其无法直接被运用于法律制度之中。意图让信用得到运用就需要信息的加持,信用信息是信用的一种载体或者表现形式,能够让权力部门或者社会公众对信用主体有一个具象化的认识,是能够反映或者识别信用主体信用状况的一种客观数据。信用信息以数据的形式通过互联网、云存储等技术对信用状况进行具象,并依照法律法规设计的模式进行运作。

学界对信用有市场信用和公共信用的区分,对于信用信息自然也有市场信用信息和公共信用信息的分类。

对于两类信用信息的分类,学界主流观点认为其区分标准在于信用信息的来源不同。① 具体而言,市场信用信息是指市场上的信用服务机构或者其他市场信用信息提供单位在生产经营过程中产生、采集或者获取的能够反映或者识别信用主体信用状况的数据或者资料;公共信用信息是指公权力部门②在履行职责、提供公共服务过程中产生或者获取的能够反映或者识别信用主体信用状况的数据或者资料。同样以《上海市社会信用条例》为例,其便是通过信用信息的来源不同对信用信息进行分类。③ 该种分类方式从源头区分信用信息,通过信用信息的来源划分类别,让信用信息后续的运作制度变得更为清晰,避免出现信用信息来源不明的情形,同时能够让相关制度予以落实,真正地发挥信用信息的反映、识别信用主体的作用。

对于市场信用信息而言,国家向市场开放征信的权利,让市场中的信

---

① 参见罗培新:《遏制公权与保护私益:社会信用立法论略》,载《政法论坛》2018年第6期。
② 公共信用信息的来源包括行政机关、司法机关、法律法规授权的具有管理公共事务职能的组织以及公共企事业单位、群团组织等,本书为论述便利之需要,便以公权力部门一词予以概述。
③ 《上海市社会信用条例》第8条第2、3款规定:"公共信用信息是指行政机关、司法机关、公共企业事业单位等公共信用信息提供单位,在履行职责、提供服务过程中产生或者获取的社会信用信息。市场信用信息是指信用服务机构及其他企业事业单位等市场信用信息提供单位,在生产经营活动中产生、采集或者获取的社会信用信息。"

用服务机构能够依照规定对相关市场主体的信用状况进行征集,在对信用状况作出评价之后形成信用信息,再投放到市场之中,让其他市场主体可以通过适当的方式获取信用信息,减少双方之间的信息不对称,让其他市场主体基于信用信息从而对信用主体作出自身的判断,进而决定自身的市场行为。一般而言,如若市场主体信用状况良好,愿意与其发生市场行为的其他市场主体就多,该市场主体的经营状况就会越来越好;反之,愿意与其发生市场行为的其他市场主体则会变少,该市场主体的经营状况就会越来越差。市场经济就是信用经济,可以说,市场信用信息的存在能让市场变得更为活跃,能将市场管理得更有秩序。

2015年,中国人民银行批准了八家商业征信机构①进行个人征信试点,但由于征信业务刚起步不久,许多具体操作不符合规范,不久之后中国人民银行就暂停发放征信牌照,这意味着这八家机构成为我国首批商业征信机构。2024年11月11日,中国人民银行发布公告,批准钱塘征信有限公司个人征信业务许可。钱塘征信成为继百行征信和朴道征信后的第三家持牌个人征信机构。钱塘征信的设立,将进一步扩大个人征信服务的覆盖范围,缓解缺少信贷记录或"薄"信贷记录人群征信服务不足的问题,满足个人消费者、个人工商户、小微企业主等不同客户群体多元化的征信需求。

对于公共信用信息而言,国家授权有关部门(实践中多由发改委牵头),由其开展和负责公权力部门在履行职责和提供公共服务时的信用信息的运作工作。在发改委的牵头下,相关部门进行配合工作,搭建地方公共信用信息的服务平台,具体落实地方公共信用信息的运作。不同于征信机构对市场信用信息的采集运用,公共信用信息平台归集公共信用信息是

---

① 中国人民银行于2015年1月印发《关于做好个人征信业务准备工作的通知》,其中八家征信机构包括:芝麻信用管理有限公司、腾讯征信有限公司、深圳前海征信中心股份有限公司、鹏元征信有限公司、中诚信征信有限公司、中智诚征信有限公司、拉卡拉信用管理有限公司、北京华道征信有限公司。

为了完善社会治理工作。具体而言,公共信用信息平台利用公职部门的合法途径将信息主体的信用信息纳入数据库,通过信用清单形式对信息主体的信用行为、信用状况作出评价,再依据法律规定对此采取一定措施,以达到社会治理的目的。与市场信用信息不同的是,公共信用信息的归集主体是公权力部门,其作为国家机器有强制力作为后盾。一般而言,如若信息主体信用状况良好,公权力部门则会在职权范围内对其予以激励;反之,对于不符合信用状况的信息主体,公权力部门则能够运用信用惩戒的形式对其进行处罚。在博弈论的作用下,信息主体往往会自觉保持良好的信用状况,以获得更多的行政便利。

(三) 信用和信用信息在双重分类下的异同

信用和信用信息有各自的分类,就名称而言,都能体现出市场和公共的两种属性,但是各自看似相同的分类却有不同的内涵。具体而言,市场信用不同于市场信用信息,公共信用和公共信用信息也有所区别。

1. 双重分类的差异

一是概念存在差异。不管如何分类,信用和信用信息之间都存在差异。如前所述,信用指的是信用主体履约的能力、意愿或者状况,其中履约包含法律法规的强制性规定、合同契约的约定以及社会期望的社会责任。而信用信息是信用的一种载体、媒介,是让信用主体具象化的客观数据和资料,对于信用信息所指向的主体,我们以信息主体对其进行表述会更为恰当。

二是内容存在差异。反映市场信用的信息并不只是市场信用信息,体现公共信用的信息也并不完全是公共信用信息,同一行为可能存在交叉纳入的情形。例如,信用主体在纳税过程中存在偷漏税行为,欠缴相关的税费、社保等费用。这种行为既会被纳入公共信用信息平台,因为偷漏税行为涉及公共利益,公权力部门能够以职权对其进行查处,也会被市场征信机构纳入其中,因为偷漏税行为也是市场主体在交易过程中需要考察相对方的重要因素。同样地,市场信用信息在一定条件下也会被公共信用信息平台纳入。例如,市场主体违反合同约定不支付对价,也拒不执行法院生效裁判文书。前者是典型的市场信用信息,后者在满足一定条件之后,进入公权力部门的职责范围之内,影响司法权威、损害社会公共利益时,则转化成公共信用信息。

据此,我们不能简单地将市场信用等同于市场信用信息,将公共信用等同于公共信用信息,而是需要依照具体情况进行分析讨论。

2. 双重分类的相通

信用与信用信息虽然有诸多不同,但也存在相通之处。两者的前置定语所附随的属性是一致的。

市场信用和市场信用信息都带有市场属性,都是对市场主体、市场行为的规制,市场信用和市场信用信息是市场信用体系的重要组成部分。在市场信用体系下,我们通过征信机构对市场信用信息的采集、运作来弥补市场经济中信用缺失的问题。其余市场主体通过对征信报告的获取来降低信息不对称所带来的市场风险,这能提高市场交易效率和安全性,对市场经济的繁荣稳定起到至关重要的作用。

公共信用和公共信用信息则都带有强烈的公共属性,是对信用主体在社会交往过程中信用状况的评判和识别,公共信用和公共信用信息是公共信用体系的重要组成部分。在公共信用体系下,公权力部门通过公共信用信息平台对公共信用信息的归集推进了各项工作的落实,加强了对国家和社会的治理。其余公权力部门能依据公共信用信息平台提供的公共信用信息对相关主体作出判断,以便各自职权的落实。[1] 更重要的是,在博弈论的加持之下,公共信用体系的运行可以引导民众诚实守信、遵纪守法,让社会生活变得更为和谐稳定。[2]

---

[1] 参见王征:《论重复博弈与诚信机制的建立》,载《理论学刊》2006年第5期。
[2] 参见张维迎:《博弈论与信息经济学》,上海人民出版社1996年版,第89—115页。

第二章　公共信用治理的基础理论

至此,笔者厘清了信用的概念和起源,从多维度的视角对信用进行跨学科分析,并对信用信息这一信用载体做了深度的探讨。概念的辨析有利于研究的精准落实。目前,我国市场信用和市场信用信息在概念、范围、合法性基础等方面的争议不大,而公共信用和公共信用信息所带来的合宪性基础、概念范围、具体制度操作有着颇大的争议,所以学界普遍认为后者的学术研究价值更高。本章开篇陈词部分解决了绪论中遗留的问题,即公共信用和市场信用的区别,也借此对公共信用治理的相关理论基础作了铺垫,后面也将针对公共信用体系中公共信用信息的运作问题开展深入研究,为我国公共信用信息的实际运作打下坚实的研究方向和制度基础。

第二节　域外信用治理模式的比较与启示

社会信用体系分为市场信用体系和公共信用体系,学界普遍认为两元化的信用体系属于我国的创制性立法。在我国信用制度逐步开始发展时,他山之石早已屹立百年之久。博采众长,吸收借鉴域外先进制度的优点才能健全和完善在我国土壤中孕育和发芽不久的信用制度。笔者在搜集和梳理域外信用制度建设的情况之后,大致将其分成三类:市场驱动型模式;政府主导型模式;行业协会型模式。其中部分国家的信用建设制度并非单纯的某一种模式,而是存在多种模式的集合体,笔者也会在后面详细阐明。

一、市场驱动型模式

(一)美国

美国作为全球征信业最发达的国家之一,其采用的市场驱动型模式极具代表性。由于受到市场化的影响,美国征信机构的运营方式是依据客户的需要,为客户提供相应的征信报告和相关的信用咨询服务,其目的和一般的企业一样,只是为了盈利。美国征信机构在业务方面,有个人和企业的两大业务方向。

在个人征信领域,依据《社会保障法》(Social Security Act)的相关规定,每一个美国公民、永久居民、临时居民都有专属的一组九位数字的社会保障号码(Social Security Number,SSN),用来追踪其个人的赋税状况。随着美国信用制度的发展,SSN 几乎将个人的银行卡号、信用卡号、医疗社保号等都绑定在一起,每个人都可以查询到自身的姓名、性别、出生日期等基础资料,也可以查询到教育经历、工作情况以及银行、税务等部门的信用状况。美国个人信用消费的理念一直超前,MasterCard 和 Visa 等组织的建立既促进了个人信用消费,也带动了个人征信业的蓬勃发展。美国公民或居民的个人信用记录伴随着信息主体,消费、经营、寻求工作等社会生活的方方面面都会受到个人信用记录的影响。就现阶段而言,受到市场化的影响,美国个人征信机构已从2000余家企业减少至400余家,最大的三家个人征信机构为益博睿(Experian)、艾克菲(Equifax)和环联(Trans Union)。①

在企业征信领域,美国的征信机构又可以细分成两类,第一类是给资本市场信用进行评估的机构,如标普(Standard & Poor's)、穆迪(Moody's)、惠誉(FitchRatings),这些资本市场信用机构主要是对政府、银行、券商、基金、债券以及上市公司的信用进行评级。② 第二类是对普通企业进行信用评级的机构,最具代表性的就是邓白氏(Dun & Bradstreet),其主要为企业在日常商业交易或者向银行贷款时提供信用评价报告。据统

---

① 参见《美国三大个人征信巨头是如何运作的?》,https://www.sohu.com/a/121976326_515996,2022年3月12日访问。
② 参见张铁男、马涛、魏升军:《发达国家诚信体系建设经验分析及借鉴》,载《学术交流》2007年第8期。

计,邓白氏的征信数据库早已采集了全球超过5700万家企业的信用信息。① 美国的征信机构在20世纪80年代就开始布局中国市场。例如,邓白氏早在1981年就进入中国市场。2017年,邓白氏成为我国首家经央行备案的外资征信机构。2021年,邓白氏通过"信息安全等级保护三级"认证测评。2022年,邓白氏落户海南,服务自贸港建设。2023年,邓白氏作为海南首家企业通过国家网信办数据出境安全评估。

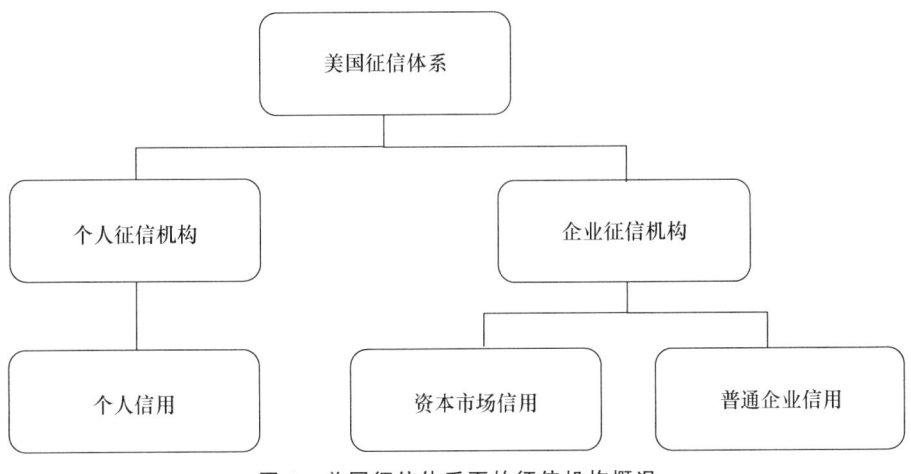

图 1 美国征信体系下的征信机构概况

（二）英国

同样是市场驱动型模式,英国征信机构出现的时间甚至早于美国。② 英国政府认为,市场长期处于信息不对称的状态,贸易壁垒、信息壁垒问题突出,金融服务机构尤其是新型金融机构难以获得有效信息,并以此作出判断、展开商业行为,这种现象提高了企业融资成本,市场中的资本利用率也较为低下。为了解决这个问题,英国政府认为征信机构的引入能让信贷

---

① 参见本书编写组:《社会信用体系与诚信建设读本》,中共中央党校出版社2018年版,第98—99页。
② 参见林钧跃:《社会信用体系:中国高效建立征信系统的模式》,载《征信》2011年第2期。依照文中的数据,英国征信机构出现的时间为1830年,而美国则为1841年。

市场充满活力，能优化信息不对称带来的信息壁垒问题。[①] 英国的征信机构在市场化的经营下，对消费者的基础信息和信用信息进行采集。由于英国没有像美国一样有统一的SSN或者其他的ID来识别信用主体，因此在英国的征信体系下，只是通过基础信息来甄别消费者的身份。这些信用信息主要来自公共部门以及私人部门两个方面。

在公共部门方面，根据英国政府对于中小企业信息共享计划（Commercial Credit Data Sharing，CCDS）的部署，以及《中小企业雇佣管理条例》（The Small Business, Enterprise and Employment Act 2015）的相关要求[②]，英国政府对征信机构和金融机构在主体层面上都进行了指定，并要求进行双向输送、共享。具体而言，在满足中小企业（信息主体）授权同意之后，指定银行需要向指定的征信机构提供信用信息，指定的征信机构在一定时间内对信用信息进行整合处理之后，也需要向指定的金融机构提供信用信息。[③]

在私人部门方面，依照意思自治的原理，信用信息的具体采集事宜都由征信机构和信息主体、信息提供者进行商讨确定。截至目前，英国政府指定的征信机构共有四家，指定的银行共有九家。[④] 它们的存在改善了中小企业的营商环境和经济状况，在促进了信息共享的同时也完善了征信体系。

[①] 参见吴杰：《英国〈2015年中小企业信用信息条例〉解析及对我国的启示》，载《武汉金融》2018年第5期。

[②] See The Small Business, Enterprise and Employment Act 2015, Part1 Access to Finance, Financial Information about Businesses, 4. Small and Medium Sized Businesses: Information to Credit Reference Agencies, https://www.legislation.gov.uk/ukpga/2015/26/section/4/enacted, accessed July 17, 2024.

[③] 参见王静：《英国CCDS应对中小企业融资启示》，载《中国金融》2019年第14期。

[④] 四家征信机构为：艾克菲（Equifax）、益博睿（Experian）、邓白氏（Dun & Bradstreet）、信用安全（Creditsafe Business Solutions）；九家银行为：联合爱尔兰银行（Allied Irish Bank）、爱尔兰银行（Bank of Ireland）、巴克莱银行（Barclays Bank）、克莱德斯戴尔银行（Clydesdale Bank）、北方银行（Northern Bank）、汇丰银行（HSBC）、劳埃德银行集团（Lloyds Banking Group）、苏格兰皇家银行集团（Royal Bank of Scotland Group）、英国桑坦德银行（Santander UK）。

第二章　公共信用治理的基础理论

（三）丹麦

北欧是世界上公认的生活幸福感最高的地区，除了得天独厚的自然环境之外，也与其社会治理体系密切相关。国内近些年兴起的无人售卖的超市其实对于丹麦民众而言早就习以为常，诚信观念早已深入丹麦民众的内心，也变革了丹麦许多的工作方式。在丹麦，与信用挂钩的地方更多，上到去金融机构融资贷款，下到缴纳水电生活费。不论是自然人还是法人，都有各自的信用状况。对于个人而言，丹麦民众有身份信息号码（CPR Number）进行身份识别，这与银行卡、信用卡、电话号码、医疗健康卡等个人利益密切相关的信息都绑定在一起，可以用来看病、接受政府公共服务、开银行账户、拿薪水、购买房产、买保险以及缴纳水电费用等。①

和美国、英国一样，丹麦的征信机构采纳的也是市场驱动型模式，由征信机构从银行、政府部门、医院、保险公司、商户等信用信息提供者采集基础信息和信用信息，通过征信机构内部的系统进行处理之后，做出信用评价，形成信用报告，再提供给市场上的需求者。丹麦的信用市场也有百年的发展历程，从1870年起至今，经过100多年的发展，丹麦的征信体系已经处于成熟的市场化状态。

现阶段，在丹麦活跃的征信机构主要是RKI和DBR，前者是益博睿的子公司，在多年前被收购。这两家主要的征信机构对丹麦而言是相当具有权威的，其出具的信用报告高度独立、中立并且公正，除了对银行、保险公司以及任何根据意思自治愿意将信用信息提供给征信机构的商户进行信用信息采集之外，还对政府部门例如税务部门公开的信用信息进行采集。② 由于丹麦采用的是市场驱动型模式，征信机构在法律规制下对采集完毕的信用信息进行数据分析和处理，再投放到市场之中，交由市场进行运作，让信用信息处于良性循环状态，最终形成完善的征信体系。

---

① See CPR Number, https://www.fyidenmark.com/CPR.html, accessed March 17, 2022.
② 参见杨敬忠、宣敏：《丹麦："世界最诚信国家"是怎样炼成的》，载《经济参考报》2013年8月27日第5版。

二、政府主导型模式

（一）法国

与英美不同的是，法国的征信体系是典型的政府主导型模式。在法国，征信机构是国家运营的，而非私营。法国的征信机构隶属于法国的中央银行（Banque de France），由其建立，并在其监管下向银行采集信用主体的信用信息。法国的信用体系的建立主要是为了防范系统性金融风险，中央银行下的信贷系统是用于金融监管、落实货币政策以及控制商业银行的信贷风险。一般而言，中央银行下的信贷系统被用于查询个人信用状况的条件较为苛刻，只有部分被授权的职员才能使用该系统，这种制度规定也在一定程度上保障了信用信息的安全，防止信用信息遭到泄露和滥用。[①]

法国信用体系虽然是政府主导型模式，但法国信用体系建立或者征信机构设立的目的还是着眼于金融领域。法国的信用登记系统主要是为银行、金融机构以及相关的监管部门提供信用主体的负债情况，这是为了保护贷款人利益而设计的。通过信用登记系统，贷款人能更加全面地了解借款人和其他潜在客户，降低了信息不对称，对于整个金融体系而言，也预防了系统性的金融风险。法国中央银行对企业征信和对个人征信是分成两个单独的系统的，自1984年起，法国的企业信用登记系统就对国内的各类金融机构开始采集信用信息，其中包括具有正面评价和负面评价的信用信息。该系统对采集来的信用信息通过内部系统处理后，将其汇总并储存于数据库中以便调用。

此外还有个人信用登记系统，只采集个人的不良信用信息，对具有正面评价的信用信息不予采集。因为该系统采集了所有不良贷款的信用，所以法国的各大金融机构都需要向该系统获取相关的不良信息，以便发放贷款时使用。法国没有像英美那样活跃的征信机构，就拿购房领域来说，根

[①] 参见胡博峰：《法国：政府主导信用体系建设》，载《经济日报》2014年5月22日第13版。

据法国不动产服务公司的说法,假设个人想要申请抵押贷款,则需要三个月的银行对账单、相关文件来证明自己的收入状况,以及提供婚姻状况的证明文件和销售合同。对于银行而言,其会仔细查看借贷人的信用状况和财务状况,要求借贷人支付最少15%的首付,并在额外收取7%的费用之后才会发放贷款。①

(二) 德国

德国的信用体系有多种模式的影子,既有依托中央银行建立的以信贷系统为主体的政府主导型模式,市场中又有活跃的私营征信机构。德国将两种信用体系发展模式结合起来,在保障征信强制力的同时也兼顾了市场化带来的竞争优势。虽有两种模式的结合,但德国总体上还是以政府主导为主,所以本书将其归纳至政府主导型模式之中。

在德国信用体系运行过程中,信用信息按来源分类,大致可分成公共信用信息和市场信用信息。前者的来源是以中央银行为首的信贷登记中心系统和各地法院的信用信息库,其中包括但不限于工商信息、破产信息和债务信息等。这些公共信用信息被归集之后,一般会应用于银行以及金融机构的日常业务中,同时也会依照法律规定合法合理地对外界开放。

如前面对信用和信用信息双重分类差异的论述一样,德国的公共信用信息也是私营征信机构的主要信息来源,即征信机构采集的市场信用信息也会在一定条件下反映出信用主体的公共信用状况。而对市场信用信息来说,德国各类私营征信机构在信用评级、信用保险、资产保理、资信调查等业务开展的过程中会采集到各类信用信息,将其入库之后通过处理再输送到市场中,为市场主体提供私营征信机构的信用服务。

目前,德国市场信用信息的采集、整理、评估主要是由私营征信机构完成的,其均为独立的第三方,能保证公平、公正,例如通用信用保险保护协

---

① See Christopher Curley, Many Countries Don't Use Credit Scores Like the Us-here's How They Determine Your Worth, https://www.businessinsider.com/credit-score-around-the-world-2018-8%3Famp, accessed March 16, 2022.

会(Schufa)、信用改革联合会(Creditreform)。① 这些征信机构能够采集个人的基本信息、租房记录、财务状况、负债情况以及消费信息等,然后通过算法对信用信息进行分析评估并对处理完的信息归档以形成数据库。据悉,Schufa已经拥有6770万人和600万企业的信用记录。② Schufa在信用评级中给出评分较低的信用主体,在德国基本上是很难找到工作、租赁房屋以及获取银行贷款的。德国私营征信机构的实质和英美市场驱动型模式的信用体系并无差异,但是受到《联邦数据保护法》(Federal Data Protection Act,FDPA)和《通用数据保护条例》(General Data Protection Regulation,GDPR)的影响,欧盟国家对个人信息、数据、隐私的重视程度非常高③,立法上的限制也提高了德国的私营征信机构的运营成本,并导致德国的征信市场不如英美发达。④

三、行业协会型模式

日本在信用体系建设上有着明显区别于前两者的特征,既不是完全的市场化道路也不是由政府部门主导,而是依托发达的行业协会,由其建立信用信息平台,为协会内的成员提供信用信息服务。随着日本《分期付款销售法》《贷款业规制法》《行政机关保有的电子计算机处理的个人信息保护法》《个人信息保护法》等相关法律的出台,日本信用信息体系不断完善。⑤ 现阶段,从营利性质上看,日本的行业协会属于无偿性质,在行业内的成员缴纳会费进入协会之后,该行业协会将对采集来的信用信息进行加

---

① 参见文史哲、饶博:《德国:法制健全 信用体系完善》,载《经济参考报》2013年8月27日第5版。
② 参见青木、齐业、刘晨、李珍:《面对"老赖"现象,国外是如何治理的?》,载《环球时报》2019年11月8日第7版。
③ See Tal Zarsky, Incompatible: The GDPR in the Age of Big Data, *Seton Hall Law Review*, Vol. 47, No. 4, 2017.
④ 参见后梦婷:《社会信用建设的模式比较》,载《重庆社会科学》2011年第12期。
⑤ 参见孙红、金兵兵:《日本征信市场的特点及启示》,载《征信》2015年第6期。

工、处理,并为各成员提供其所掌握的所有信用信息。各成员获取该行业协会内的信用信息是无偿的,只需缴纳协会信用信息平台运行的基本费用。

目前,日本主要有三大征信机构,即隶属于消费信贷业协会、服务消费者金融方面的株式会社日本信息中心(Japan Information & Culture Center,JICC)、隶属于信用产业协会,在个人征信方面数据最多、业务最广泛的信用信息中心(Credit Information Center,CIC),以及由日本各银行业协会下属的信用信息平台组建而成的个人信用信息中心(Personal Credit Information Center,PCIC)。以 PCIC 为例,在银行向个人发放贷款时,会要求个人提供真实的信用信息,然后再将所有信用信息传输至 PCIC 的数据库中,经过 PCIC 的处理加工对个人信用状况给出评级,可供协会内的各成员无偿获取,以防信用等级不匹配导致的银行贷款无法收回所形成坏账。虽然大部分学者认为日本的征信体系是无偿的行业协会型模式[①],但还是有部分学者认为这些征信机构的经营管理行为无法遮盖背后的营利性。他们认为,JICC 和 CIC 这类征信机构的组织形式是株式会社,株式会社的形式必然导致其股东和其他普通企业的股东一样是追求营利的,只不过这种获得利润的方式变得更为隐蔽了,是通过行业协会内成员缴纳的会费、消费者确认自身信用信息时缴纳的费用和征信机构在互换信用信息时所产生的费用而获得利润的。[②]

总而言之,不论日本的征信机构是盈利的还是无偿的,都可以说受到了日本行业协会在日本社会的巨大影响,主导日本信用体系建立的主体不

[①] 参见李家勋、李功奎、高晓梅:《国外社会信用体系发展模式比较及启示》,载《现代管理科学》2008 年第 6 期;本书编写组:《社会信用体系与诚信建设读本》,中共中央党校出版社 2018 年版,第 107—109 页。

[②] 参见池凤彬、刘力臻:《日本征信业的历史沿革及运营机制分析》,载《现代日本经济》2018 年第 5 期。该文对 JICC 和 CIC 近些年的经营状况做了统计,其利润是逐年剧增的,该数据可以更加直观地论证该学者的观点。

再是政府或者市场中的资本巨擘,而是受信赖的行业协会,因此可以将日本的信用体系模式认定为不同于英美和法德的第三种模式。

四、对比:域外信用治理模式的内容与优劣

各国信用治理的模式都有其优点也有其不足,我们在梳理域外信用制度建设模式之后,大致可以从发展模式、主导机构和制度目的这三个层面进行对比,为解决我国在现代性背景之下的信用问题给出一定的启示和选择方向。

(一)信用治理模式的内容对比

首先,从发展模式看,域外信用体系有市场型和公共型两大类,两者有较大区别。市场型是由私营征信机构在商业化、市场化的运作模式下开展业务的,通过市场经济的调节让征信机构处于高度竞争的状态,最终实现优胜劣汰。而公共型一般是由该国的中央银行也就是金融监管机构设立的。在中央银行的指导下,公共信用信息平台对职权范围内的信用信息进行归集,以降低信息的不对称性和减少金融风险发生的可能性。

其次,从主导机构看,域外信用体系除了在全球有超大影响力的私营征信机构之外,还包括政府主导型国家的中央银行和行业协会型国家的行业协会。可以说,主导机构的差异主要是每个国家的制度基础不同所导致的,私营经济发达、市场化思想成熟的国家必定会被私营征信机构所主导,监管者强势的国家必然会由中央的金融监管部门所主导,而社会对行业协会高度信赖的国家也自然会围绕着行业协会建立自身的信用体系。

最后,从制度目的看,各国的信用体系建立有两方面主要目的:其一是考虑商业化运作下市场和市场主体对信用产品、信用服务的需要。随着经济社会的发展,新型金融产品层出不穷,金融市场的稳定性也受到了冲击。在这种大环境下,需要信用市场的发展和成熟,需要信用机构为市场提供

相对应的信用产品满足市场的需求。这实质上就是市场信用的演化,在市场经济的作用下,对市场主体的履约、守约状况作出评判,降低市场上的信息不对称,给相对方提供获得预判的机会,降低交易成本,减少交易风险。正如哈耶克所说,在连续交易过程中,市场主体会根据市场检验结果对相对方的能力、守信程度作出正确的认识,从而影响自己后续的行动。[①] 其二是出于金融监管的需要,对金融活动中的信用信息进行归集,从而达到对整个金融市场以及市场上风险一定程度的掌控。在政府强有力的支撑下,从信息归集、信息处理、信息应用到信息退出等各个阶段都可能产生事半功倍的效果,至少从短期来看,在制度尚未完善之时,集中信息资源建立信用信息平台和数据库能对国家金融安全和金融市场的繁荣发展起到重要作用。[②]

(二) 信用治理模式的优劣对比

三种信用治理模式存在区别,其实质在于背后所蕴含的法益不同。

以英美为典型的市场驱动型模式由于资本在征信领域活跃一定时间后产生了制度基础,对整个征信领域的渗透性较高,在市场经济的作用下,会触发竞争机制,实现征信市场的资源配置。该种模式的优点在于竞争性能保障征信机构足够勤勉、活跃,信用信息产品和服务的质量较高,能够满足市场需求。但是,该种模式缺点在于需要漫长的时间来实现成熟的征信市场,以及需要完善的法律制度的支撑。竞争是伴随着时间和资本的,随着时间和资本的长期投入,高质量的征信机构才会浮出市场的水面,并站稳于整个征信市场。市场化的信用体系离不开健全的法律制度,这不仅涉及信息主体的隐私问题、信息安全问题,还涉及信息监管问题。

[①] 〔英〕弗里德利希·冯·哈耶克:《自由秩序原理》,邓正来译,生活·读书·新知三联书店1997年版,第279—295页。

[②] 参见任兴洲:《建立社会信用体系的模式比较》,载《重庆工学院学报》2003年第1期。

与此相对，以法德为代表的政府主导型模式也已经被证明是有效的，政府和国有资本在征信领域大量投入建立起来的信用体系对信用信息进行把控，再通过制度安排让信用信息应用到经济、社会生活等多个领域，兑现制度红利。该种模式的优点在于通过中央银行的强制力让金融机构向其提供信用信息，可以更大范围地获取私营征信机构难以获取的信用信息。此外，短时间内依托公权强制力的作用，能迅速建立起较为完善的操作系统、数据库等。① 通过公权力部门牵头设立的信用信息平台在安全性方面更强，其可以在一定程度上避免信用信息的泄露，以保障金融安全。但是，该种模式的劣势也较为明显。随着信用体系的长时间发展，政府主导型模式下的征信机构在提供信用产品和服务方面很难竞争过市场化的成熟的征信机构，其所依靠的公权力部门也会在一定程度上造成不公平竞争，整个征信市场的发展规模也会小得多。②

以日本为代表的行业协会型模式和其他部分国家所采用的混合驱动模式，在实质上也逃脱不了市场驱动和政府主导的影子，只不过在表现形式上略有差异。虽然日本征信市场是以三大行业协会主导的三大征信机构为主，但也存在许多商业化的征信机构。行业协会型模式虽然在行业范围内能集中资源对信用信息进行优化配置，同时具备了市场驱动和政府主导的部分优点，但是行业协会所形成的信用信息垄断也必然会导致行业之间存在信息不对称，即只是打破了小范围的限制，这些行业内部之间的共享、共赢的思想始终无法穿透行业壁垒。

---

① 参见李家勋、李功奎、高晓梅：《国外社会信用体系发展模式比较及启示》，载《现代管理科学》2008 年第 6 期。
② 参见李炳春等编著：《共享信用：共享信用产业攻略》，经济日报出版社 2018 年版，第 33—35 页。

表 4　域外信用治理模式的优劣对比

	优势	劣势
市场驱动型模式	竞争机制促使的高质量服务	耗时长;对法律制度要求高
政府主导型模式	短时间健全高效;信息安全性较高	公平性较差;发展规模较小
行业协会型模式	行业范围内能集中资源进行配置	难以突破行业壁垒

第三节　我国公共信用治理的逻辑、演进与选择

制度经济学认为,制度的竞争比行为的竞争更能降低交易成本。诚然,当今国际社会间的竞争早已变成各国制度之间的竞争。[①] 在制度竞争策略的选择上,我国作为发展中国家面临着许多经济社会问题。[②] 制度是统治阶级理性的结晶,优越的理性并不能导致制度的优越,但是缺乏理性必然会导致制度存在不足。以下,本书将从公共信用治理的逻辑入手,梳理 20 世纪末起,我国公共信用治理的演进与变化,并给出如今我国公共信用治理的选择。

一、逻辑:治理现代化背景下的"信用入法"

随着我国经济发展的深入,全面深化改革的总目标早已变成"推进国家治理体系和治理能力现代化"[③]。创新社会治理作为推进国家治理体系和治理能力现代化的重要内容,要求我们把握其功能定位和价值目标,并以此探寻符合我国国情的实施战略。[④]

[①] 习近平总书记于 2019 年 10 月 31 日在党的十九届四中全会第二次全体会议上的讲话中指出:"制度优势是一个国家的最大优势,制度竞争是国家间最根本的竞争。制度稳则国家稳"。
[②] 参见魏冰:《国际制度竞争、利益分配与国际秩序转型》,载《国际展望》2022 年第 2 期。
[③] 《中共中央关于全面深化改革若干重大问题的决定》,人民出版社 2013 年版,第 3 页
[④] 参见姜晓萍:《国家治理现代化进程中的社会治理体制创新》,载《中国行政管理》2014 年第 2 期。

在社会治理当中,古往今来各国的治理都离不开法治和德治这两种模式,也有学者将其称为正式规范和非正式规范。① 法治和德治是共存并且互动的,从没有哪一个国家只用法治或者德治就实现了对整个社会的治理。信用一词颇具道德色彩,信用立法背后的信息、数据、隐私等议题又格外敏感,由此我们必须首先思考"信用入法"的逻辑。

(一)"信用入法"的前因及合宪性基础

人类对自己精神上的自律是道德的基础。关于道德法律化、"信用入法",学界存在着以下两点争议:

其一,道德所展现的主观性较强。由于社会成员有不同的成长环境,所受到的文化教育程度也并不相同,因此人们对同一问题往往有不同的看法,对于是非、善恶的判断标准也并不相同。具体而言,对于同一行为,部分民众也许认为是失信行为,对该类行为感到不齿,心中对行为人的评价也有所降低;而部分民众却认为这还谈不上失信行为,对该类行为不表示反对,心中对行为人的评价也并不受其影响。道德标准的不统一,使得道德作为社会治理的手段之一,难以在实践中具体操作和落实,因此人们更向往那种可预见的、具有确定性的规则。

其二,道德不具有强制性。这里的强制特指行为上的强制,而非精神上的强制。在道德观念强的时代或者社会里,道德对人们有精神上的强制力,那些将信用看得比生命更重要的人自然会诚实守信,珍惜自己的信用。自然也有不守道德的人,这些人并不会感受到信用对其产生精神上的强制力。从人治走向法治,统治者把法律看作最低限度的道德,也是人们最低标准的行为准则。虽然立法者一直试图重提道德在社会治理中的重要性,但是可以说我国当今社会对道德观念的重视早已大不如前。没有强制力

---

① 参见戴昕:《理解社会信用体系建设的整体视角 法治分散、德治集中与规制强化》,载《中外法学》2019 年第 6 期。

作为后盾，信用仅靠个人自觉和社会舆论便会显得苍白无力、毫无意义。①

以上两点关于信用作为一种道德在治理方面的争议，给出了"信用入法"的前因，以下将讨论"信用入法"的合宪性基础。

拉德布鲁赫曾说，道德是法律的目的，也是法律约束效力的基础。②对于"信用入法"，尤其是公共信用法治，我们讨论的核心在于公权力对私权益的限制问题。③信用的载体是信息，"信用入法"势必会归集信用主体的信用信息，也不可避免地对信用主体的信息权益产生影响。研究数据法和信息归属问题的学者们总会提到个人信息权或者信息自决权的概念，他们试图通过构建数据或者信息权利，以回应当今社会中错综复杂的数据、信息和隐私的问题。④支持信息自决权的学者从保护私权益的角度出发，认为应当将信息自决权引入我国的基本权利清单。⑤但是，我国《民法典》第111条只规定了"自然人的个人信息受法律保护"，并没有在形式上明确给出个人信息权的说法。立法者似乎是考虑到现实跟不上法律的问题，试图给出一些对于"完善个人信息权"呼吁的回应。

正如波斯纳所言，保护个人隐私的法律制度其实并不符合社会对提高经济效率的要求。数据信息能和市场中的其他生产要素结合起来，放大其他生产要素在市场中的价值并随之创造效率。⑥全世界都在努力构建个人信息保护和数据信息规制制度，以GDPR为例，GDPR虽然倾向于保护私主体的合法权益，但是也得给公共利益的考量留有一定空间。GDPR第

---

① 参见徐娟：《论道德法律化的合理性及限度——以"常回家看看"入法为视角》，载《华北水利水电大学学报（社会科学版）》2016年第5期。
② 参见〔德〕G.拉德布鲁赫：《法哲学》，王朴译，法律出版社2005年版，第44—45页。
③ 参见罗培新：《遏制公权与保护私益：社会信用立法论略》，载《政法论坛》2018年第11期。
④ 参见戴昕：《数据隐私问题的维度扩展与议题转换：法律经济学视角》，载《交大法学》2019年第1期。
⑤ 参见姚岳绒：《论信息自决权作为一项基本权利在我国的证成》，载《政治与法律》2012年第4期。
⑥ 参见郑佳宁：《数字财产权论纲》，载《东方法学》2022年第2期。

9章第89条对出于公共利益进行存档、科学研究、历史研究和数据统计的特定目的的行为做出了特殊规定,这些行为可以减损第15、16、18、21条的相关权利,只要是必要的,或者没有造成严重减损即可。一味地重视经济发展和效率提升势必会侵害个人信息和隐私权,过度保护个人信息和隐私权也必然会阻碍经济的高效运转。立法者的最终目的是达到一种平衡,在保护个人隐私的同时也能保障经济效率。所以,"信用入法"看似会影响到个人信息和个人隐私,但只要在制度设计时让两者保持平衡,就并不违反宪法对于公民基本权利保护的要求。[①]

除了个人信息权等基本权利之外,公共信用法治还涉及自由权的问题。部分对公共信用治理抱有质疑态度的学者往往会认为,公共信用治理下的失信惩戒机制或者俗称的"信用黑名单"法律依据不明确,不符合立法法的要求。他们认为,现在中央没有统一的社会信用法,多地为了推动信用体系的建立,将许多行为与信用挂钩,并借联合惩戒中限制失信被执行人乘坐高铁、飞机等方式来限制失信行为人的人身自由。这种观点误解了失信惩戒机制,也对《立法法》第11条的研究存在偏差。《立法法》第11条对只能制定法律的事项作出了规定,其中第5项为"对公民政治权利的剥夺、限制人身自由的强制措施和处罚"。失信惩戒机制中对失信被执行人限制乘坐飞机、高铁的措施并非限制其人身自由,只是对其出入的方式做了限缩,并没有限制到失信被执行人的身体活动自由[②],因而也并不违反《立法法》第11条之规定。这类学者是担心失信惩戒制度有向20世纪劳改制度发展的趋势,但实质上公共信用治理并没有限制公民人身自由,也不违反立法法的相关内容,所以这些担心似乎有些多余。

还有就是平等权的问题。有学者认为,公权力部门在"守信激励、失信惩戒"的机制下,会依照信用主体公共信用状况的不同进行区别对待,这些

---

① 参见朱福惠:《公民基本权利宪法保护观解析》,载《中国法学》2002年第6期。
② 参见江进元:《人身自由的构成与限制》,载《华东政法大学学报》2011年第2期。文中对狭义的人身自由和广义的人身自由做出了详细阐述。

领域包括但不限于税收、食品、环境、卫生、生产等,这种区别对待是与宪法规定的"公民在法律面前人人平等"相矛盾的。这种区别对待实质上损害了公民的平等权,多地的地方信用法规都在政府采购、行政处罚、行政许可等方面做了区别对待的规定,但又并非完全妥当,而是有待商榷。① 对此,笔者认为,宪法中所规定的平等权是指公民在整套法律的体系和规则面前的平等,而非适用法律之后所产生的法律结果的平等。在公共信用治理之下,所有受公共信用法律制度规制的信用主体都是平等的,所有守信主体都能获得相应的守信激励,所有失信主体也会受到对应的失信惩戒。"守信激励、失信惩戒"机制的这种"区别对待"只是法律适用的结果,而非法律制度,所以公共信用治理同样保护了公民的平等权。

(二)城市化转型的挑战和数字化治理的机遇

社会的转型会带动伦理生活的改变。② 不论中外,社会在自然经济状态下向现代经济变革的过程中往往都会遇到信用危机。自改革开放以来,我国的社会环境、经济环境发生了巨大变化,从小规模的熟人社会走向人口流动性大的陌生人社会,从传统的小农经济、自然经济形态走向商品经济、市场经济时代,可以说我国正处于城市化转型升级的过程中。我国历史上一直是以小农经济为基础的熟人社会,生产是以农业耕种为主,男耕女织,延续着传统社会的劳动力安排。在以家庭和村落作为社会生活交往过程中的核心的改革开放前夕,人们之间交往、流动的空间相对狭小,社会生活的交往也停留在熟人和邻里的范围之内。信用作为至关重要的道德形态在这种社会生活的环境下能起到重要的约束力,一旦某个人因信用不佳而被周遭的人熟知,就会对其社会生活状态产生许多负面影响,其失信表现也会被邻里口口相传,直至其自主离开或者被逐出这个熟人社会。

传统思想下,国人讲究安土重迁,一旦离开生长的环境并试图融入新

---

① 参见沈毅龙:《公共信用立法的合宪性考察与调整》,载《行政法学研究》2019年第1期。
② 参见吴忠等:《市场经济与现代伦理》,人民出版社2003年版,"前言"第3页。

的群体是十分困难的,毕竟信用才是熟人社会中进行社会生活交往的基础和前提。我国小农经济和熟人社会的这种形态在法律上也多有体现,像《民法典》就对相邻关系非常重视,立法者试图用法律制度保障一个有利生产、方便生活的团结互助的邻里关系。此外,"枫桥经验"其实在实质上也反映了当初小农经济下熟人社会的形态。[①] 对此,在这种社会形态下,人们失信的成本相当高,虽然并没有健全的与信用相关的法律制度对其进行规制,但是在博弈论的作用下,人们还是会自主考量失信带来的利益和失信所需的成本来约束自己。

随着改革开放和市场经济改革的不断推进,我国社会生活迎来新的阶段,进入了商品经济和市场经济时代。地区之间的人口流动性不断增大,"农民工""外来务工""留守儿童"等话题不断出现在人们眼前。改革开放和市场经济改革彻底打破了我国之前的熟人社会形态,让现代社会具有高度的流动性、开放性和竞争性。现代的生产模式早已突破了血缘、亲情关系,扩张到陌生人之间,形成一种非人际化的生产模式。[②] 人们之间的社会生活交往范围的突破让熟人社会之间所形成的信用的作用力也逐步降低,人们对信用的重视程度也大不如前。即便某个人在之前的社会生活交往范围内失信了,也可以轻松融入一个全新的群体。这已经不仅仅是地域限制的突破,还包括交往人群的扩大。同样,根据博弈论的原理,人们在利益的驱使之下,开始通过失信为自身获取利益,背信弃义的现象也越来越严重。

就如马克思所言,我国正处于那种"生产的不断变革,一切社会状况不停的动荡"[③]的阶段。在剧烈的社会变迁过程中,我国现有法律制度跟不

[①] "枫桥经验"提到:"小事不出村,大事不出镇,矛盾不上交,就地化解。"这其实就是在熟人社会里把矛盾解决的一种社会治理方式。

[②] 参见罗云:《变化社会中的信用:马克思现代性的视角》,中国社会科学出版社2018年版,第91—93页。

[③] 《马克思恩格斯选集》第1卷,人民出版社2012年版,第403页。

第二章 公共信用治理的基础理论

上社会生活发展的节奏,出现规则缺失、信用真空的状态,城市化的转型升级给我国信用治理带来极大的挑战,社会生活形态的变化急需信用治理规则的出台。

城市化转型升级过程中伴随的"信用危机"给社会治理带来极大的挑战,同时现代社会的数字化治理也为信用治理带来一定机遇和技术支撑。数字化治理其实是国家现代化治理的一个缩影,数字化治理具体可延伸成信息化、网络化和透明化。[①] 在小农经济社会,全球社会治理存在技术上的缺陷,没有互联网和信息化的治理手段,信息涵盖面小、信息流通慢,社会治理的过程中无法将信息转化成实效。在经济转型升级的过程中,发展中国家同样面临着技术瓶颈,网络覆盖面小,政务配套设施跟不上治理的需要。而如今,我国已处于城市化加速发展、已实现全面小康的阶段,互联网的普及和网络信息技术设备的配套落实让信用治理看到了新的方向。

数字化治理首先需要信息化。如前所述,信用的载体为信用信息,信用信息作为信用的一种表现形式,能让人们对信用状况有一个具象化的认识,也能作为一种客观数据资料方便储存和传输。公共信用治理需要以信息化的方式推进公共信用治理体系和公共信用治理能力的现代化。信用信息化运用了现代信息技术,使信用刻画得以数字化,形成"用信息决策、用信息治理、用信息服务"的全新治理模式。

数字化治理其次需要网络化。如果说信息化是源头和基础,那么网络化就好比桥梁和渠道,能够连通各区域、各部门之间的信息库,让信息得以流通、得以传播。数字化治理下的信息网络体系可以将原先分散的单体信息组建成一张系统的、科学的信息网络,避免了各区域、各部门分而治之的情况,最终达到"1+1>2"的治理效果。[②] 网络化的核心在于打破壁垒和信息孤岛的局面,信息治理网络化能有效解决城市化转型升级过程中带来

---

① 参见周文彰:《数字政府和国家治理现代化》,载《行政管理改革》2020年第2期。
② 参见藏长征、鲍静:《数字政府治理——基于社会形态演变进程的考察》,载《中国行政管理》2017年第9期。

的高流动性、高开放性的陌生人社会的弊端,还能整合现有资源,以实现跨部门、跨层级、跨区域之间的信用协同治理和信用服务管理。①

数字化治理最后需要透明化。政府服务转型升级的一大特征就是公开化、透明化,让权力在阳光下运行。信用的数字化治理给信用透明化提供了可靠的技术支撑,民众可以通过数字化治理了解到公权力部门在信用治理中的运作机制,包括但不限于信用信息的分类、信用信息的归集范围、信用信息的开放共享标准等。信用的数字化治理能让民众有参与感,能提升整个社会的信任感,其中非常重要的一点就是行政相对人对政府的信任②,只有当民众信任公权力部门时,才会信任整个信用制度,才方便信用治理工作的展开。可以说,信用治理数字化有助于信用治理的具体落实,符合公共信用治理的本质要求,能够迎接城市化转型升级带来的挑战。

二、演进:制度探索过程中的"理念转变"

在信用治理这一问题上,我国经历了从单一化向多元化发展的过程。我国信用制度的建立并非一蹴而就,有着三十余年的摸索过程。改革开放之后,我国市场上便出现了信用交易,也逐步形成规模。伴随着西方征信机构不断进入我国信用市场,国内第一批信用评级机构和征信机构也在20世纪80年代应运而生。之后我国经历了市场经济体制改革,经济迅速腾飞,立法者对信用治理这一话题愈发重视,在20世纪90年代末便开始针对"如何建立国家信用管理体系"这一课题展开研究。③ 从起步到发展,我国信用体系建设和信用治理工作取得了显著成就,回顾和梳理我国信用治理的发展历程能为信用工作的开展总结经验,同时也能让我国公共信用

---

① 参见陈涛等:《推进"互联网+政务服务"提升政府服务与社会治理能力》,载《电子政务》2016年第8期。

② 党的十八大报告提出"加强政务诚信、商务诚信、社会诚信和司法公信建设",其中"政务诚信"被放在首位,正如同古时商鞅变法中的立木建信。

③ 参见林钧跃:《社会信用体系:中国高效建立征信系统的模式》,载《征信》2011年第2期。

治理的方向选择和决策部署更加科学。

（一）我国信用治理的多元化发展脉络

20世纪末，我国借鉴西方国家的征信体系，也涌现出一批方便企业发行债券的信用评级机构，例如中国诚信、上海远东等。从彼时起，信用的概念就不再局限于道德领域，企业和投资者开始接受并试图运用信用在市场中获取利益，这一表现在银行信贷领域尤其突出。与此同时，信用在市场经济中的运用也逐步延伸至担保、保险等领域，新类型的信用中介机构也开始出现，例如中国经济技术投资担保公司、中国出口信用保险公司等。这是我国信用制度发展的第一阶段，也是单一化的信用治理阶段。我国信用治理工作起步于企业征信，从国有资本垄断到民间资本涉足，信用产业的发展不仅缓解了中小企业融资困难的状况，也提高了中小企业信用能力。彼时信用在市场经济中的运用更多是方便企业融资，促进经济发展。多元化发展的第一脉络是从企业征信到个人征信的扩张。

伴随着世纪的跨越，1999年7月上海资信有限公司的设立意味着我国信用产业发展开始走向多元化。上海资信是国内第一家集企业征信和个人征信为一体的征信机构，在信用信息主体层面进行了第一次扩张，将自然人纳入征信范围，对自然人在金融、商业领域的信用信息进行采集。随着2002年党的十六大报告指明健全现代市场经济的社会信用体系，我国的信用治理有了初步的构图，即建立起与我国经济发展相适应的社会信用体系。我国立法者在21世纪初对信用治理的理解主要是市场信用，这一结论可以从中央的相关文件以及学界对信用和信用体系等相关问题的研究方向得出。[①] 例如，党的十六届三中全会就提出，建立健全社会信用体系是建设现代市场体系的必要条件，也是规范市场经济秩序的治本之策。我国从二十世纪八九十年代开始关注信用问题，到逐步建立市场信用

---

① 参见章政、张丽丽：《论从狭义信用向广义信用的制度变迁——信用、信用经济和信用制度的内涵问题辨析》，载《征信》2019年第12期。

体系,信用治理在信用信息主体这一层面得到了多元化的发展,但是彼时的信用治理还局限于市场信用,也就是学者们普遍认为的狭义的信用。

我国信用治理的多元化发展的第二阶段具体有以下两大方面:

其一是信用工作部署方面的多元化。中央对信用工作的部署体现在多个方面,从起步阶段在市场领域大力发展信用经济、扶持产业到 2006 年中央提出"政务诚信、商务诚信和社会诚信建设"的发展目标,呼吁全社会要增强诚实守信的意识,中央对信用工作的部署开始转向政务和社会生活领域。工作部署的转变并非空穴来风,21 世纪初我国经济腾飞的同时面临着公民不信任政府、公民之间互不信任的两对矛盾。之后,我国在司法领域贪腐状况严重,同时还出现了许多"执行难"的现象,各地法院也都做了许多专项行动来整治这些问题,意图挽救司法机关在民众心中的信任。对此,党的十八大就在之前的发展目标上加了"司法公信建设"的目标。《论语·子路》有曰:"上好信,则民莫敢不用情。"只有治理者诚信,才能让人民讲真话,行诚信,守法纪。我们可以看出,从单一的推动市场领域的商务诚信,到警示各公职部门要政务诚信、司法公信,再到引导全社会诚实守信,解决扰乱社会生活秩序的不诚信痼疾,我国信用工作部署在多元化发展过程中有很强的针对性。[1]

其二是信用调整对象方面的多元化。信用调整对象多元化的过程并非一帆风顺,经常有学者对我国社会信用体系尤其是失信惩戒机制提出批评。部分学者认为,社会信用就应当是金融领域的信用,信用主体是否违反法律规定不需要信用进行调整,征信扩大化的局面会造成信用治理的泛化和道德档案的滥用。[2] 与此相对,不少学者通过对西方信用体系的仔细研究,开始认为西方国家的信用治理并不仅仅局限于市场金融领域,也对社会生活领域有重要影响。他们将信用的调整对象进行了多元化的扩张,

---

[1] 参见陈楠:《政府在社会信用体系建构中的责任研究》,吉林大学 2005 年博士学位论文。
[2] 参见傅蔚冈:《"征信"扩大化,或变身"道德档案"》,载《华夏时报》2016 年 4 月 15 日第 3 版。

在包含市场信用的基础之上还纳入了公共信用,这也就是广义信用的诞生。① 理解和接受广义信用这一概念是开展公共信用治理、健全我国社会信用体系的前提和基础,也让我国信用制度建设有了新的发展方向。

(二)我国信用治理的系统化建设历程

我国公共信用治理在单一化向多元化发展的同时,也有简单化向系统化发展的趋势。自党的十八大以来,我国信用体系建设、信用治理工作的力度明显加大。除了出台例如 2014 年《纲要》等开展信用工作的指导文件之外,社会信用体系建设在"十三五"规划、"十四五"规划等体现我国未来阶段性发展目标的重要文件中都有所体现。就公共信用治理系统化构建历程而言,大致有组织工作系统化和具体工作系统化两大方面可循。

组织工作系统化主要体现在中央与地方、牵头部门和配合部门之间。2007 年,中央成立了社会信用体系建设部际联席会议,成员单位共有 35 个部委。该部际联席会议的成员单位从党组到政府、从行政到司法,涉及公安、民政、财政、教育等多个重要部门。可以说从那时起,中央已经有专门的组织形式来开展社会信用体系建设工作,也能看出在那时中央就对社会信用体系建设工作画好了蓝图。公共信用治理工作在交由地方之后,当时多地地方党委、政府对社会信用体系建设工作的重要性认识不深,对中央下达的信用工作任务推动不够,很长一段时间,地方信用工作的开展都比较缓慢,也没有实质性的起色。

随着 2014 年《纲要》的出台,中央再一次表明了建立我国社会信用体系的决心。2014 年,社会信用体系建设部际联席会议到各省市开展督导工作,将中央的政策、决心和对信用治理的理解传达到地方。伴随着地方立法者的研究和信用工作的深入,多地信用立法的积极性高涨。

笔者在实际调研过程中发现,不少地方立法者出于上级领导的要求,

---

① 参见吴晶妹:《从信用的内涵与构成看大数据征信》,载《首都师范大学学报(社会科学版)》2015 年第 6 期;孙智英:《信用问题的经济学分析》,中国城市出版社 2002 年版,第 9 页。

对信用治理和信用立法工作开始变消极为积极,甚至都不约而同地想依托本地特色,制定出符合本地实情、国内一流的地方性法规。不论是省级还是市级,许多地方在地方立法先行先试精神的指导下,都制定了社会信用法规,建立了公共信用信息平台,各项信用治理工作都在积极开展,与2014年之前简单化的公共信用治理形成了鲜明对比。但随之也产生了不少地方信用立法的问题,本书将在后面集中讨论。

除了中央与地方之间在信用治理工作中更具有系统性之外,各部门之间的配合协作也更加系统化。为了建立守信联合激励、失信联合惩戒的制度,2016年国务院便出台相应的指导意见,对重点领域和严重失信行为进行联合惩戒,真正地将公共信用治理工作落到实处。自2016年以来,国家发展和改革委员会、中国人民银行、公安部等多部委就针对金融、税收、财政、统计等重点领域开展了严重失信行为的联合惩戒,多部委之间签署联合惩戒的合作备忘录,实现分工合作、互相配合、资源共享的公共信用治理局面。此外,多地媒体、网络平台也加大信用治理工作的宣传报道,积极通过舆论引导来吸引公众的关注。多个事业单位、社会群体也在积极开展信用治理工作的教育和宣传,大幅度和高频率的宣传让社会公众对公共信用治理更加了解、更加关注,这也是系统化发展的成因之一。

具体工作系统化则有以下多项具有全局性意义的重大进展:

其一是社会信用代码的普及。开展信用治理工作的前提是对信用主体进行统一的管理,需要准确识别信用主体,这是信用治理工作的基础性难题。我国在借鉴西方国家信用治理工作的先进经验之后,经过长期的研究、协调,参照美国SSN的使用,在2015年实现社会信用代码工作的突破性进展,对存量的相关证件进行改革、归类,最终实现了工商营业执照、税务登记证、社会保险登记证、组织机构代码证、统计登记证的"五证合一、一照一码",让法人和非法人组织拥有统一的证照编号和社会信用代码,解决了"多码共存"的难题,也为我国商事登记制度改革奠定了实践基础。除赋予法人统一的社会信用代码之外,在自然人公共信用治理方面,立法者利用身份证号的唯一性这一优势,将个人社会信用代码与身份证号绑定重合,即个人身份证号就是个人社会信用代码。通过法人、非法人组织与自然人社会信用代码的普及,我国构建起系统性的公共信用档案,也为公共信用治理奠定了基础。[1]

其二是信用信息归集、共享、开放的逐渐深入。之前我国公共信用治理处于简单化状态,国家对公共信用信息的管理总体呈现分散化、低效率的现象。2015年,在国家发改委的牵头下,全国信用信息共享平台建立。该平台和多个部门以及所有省、自治区、直辖市的公共信用数据库相连,负责所有公共信用信息的归集、共享、开放工作,为部门之间、各区域之间的信用信息打通输送共享的渠道。在此基础上,国家发改委指导国家公共信用信息中心设立"信用中国"网站,对各地区、各部门的公共信用信息进行整合,方便民众查询相关信息。全国信用信息共享平台的建立和"信用中国"网站的便民化服务让信用信息在归集、共享、开放等环节形成数据整合,为系统化治理工作的开展提供了技术支撑和制度保障。

其三是联合激励、联合惩戒机制的广泛运用。自2014年《纲要》出台至今,多地、多部门积极探索联合激励机制,为守信主体提供融资便利,在行政许可、行政检查方面开通绿色通道,通过正向激励来积极引导信用主体诚实守信,获取优惠和制度红利。在运用联合激励机制的同时,各地区、各部门也建立起"信用黑名单",大力推进跨部门之间的失信联合惩戒,例如拒绝失信主体的融资贷款申请以及限制失信主体乘坐高铁、飞机等措施。正是通过守信联合激励、失信联合惩戒的方式,公共信用治理工作才能顺利高效地推进。

此外,我国的信用服务行业也在系统化转型升级,大量信用评级机构、企业征信机构的成立盘活了国内的债券市场,信贷市场有了实质性的突

---

[1] 参见韩家平:《关于加快社会信用立法的思考与建议》,载《征信》2019年第5期。

破。在个人征信方面,2016年国内就有8家个人征信机构得到央行的同意,开始个人征信的准备和试点。2024年11月11日,中国人民银行发布公告,批准钱塘征信有限公司个人征信业务许可。钱塘征信成为继百行征信和朴道征信后的第三家持牌个人征信机构。钱塘征信的设立,将进一步扩大个人征信服务的覆盖范围,缓解缺少信贷记录或"薄"信贷记录人群征信服务不足的问题,满足个人消费者、个人工商户、小微企业主等不同客户群体多元化的征信需求。

综上所述,可以看出我国公共信用治理在三十余年的发展过程中有多元化和系统化的建设历程。从企业征信到个人征信,从狭义信用到广义信用,公共信用治理的概念和范围在不断突破单一化的瓶颈,从组织工作的简单低效到积极重视,从具体工作的杂乱无序到系统全面,公共信用治理工作的开展在逐步建设健全。

三、选择:结合基本国情后的"信用治理"

社会生活的变迁影响着社会制度的变迁,研究制度经济学的学者认为,人们在过去做的选择会决定他们现在可能的选择。[1] 国家的意识形态、制度结构都与该国的基本国情息息相关,正如诺思所言:"一个地区的地理环境资源状况同军事技术水平一起,在决定国家的规模和特征以及经济组织的形式方面起决定性作用。"[2]纵观世界各国的信用治理制度,有其优势也有其不足,但都是在结合各自国情的基础上做出的制度设计,也是当下的最优解。我国信用问题伴随着资本的扩张和道德的流失,是在现代性背景下产生的,我们对信用治理的研究和信用立法的设计也需结合现阶段的基本国情才能做出正确选择。

---

[1] 参见刘和旺:《诺思制度变迁的路径依赖理论新发展》,载《经济评论》2006年第2期。
[2] 〔美〕道格拉斯·C.诺思:《经济史中的结构与变迁》,陈郁、罗华平等译,上海人民出版社1981年版,第71页。

第二章　公共信用治理的基础理论

（一）治理模式下的社会动员机制

"信用入法"这一话题刚在国内兴起之时，很多人就认为这是决策者为了加强社会治理而采取的新的手段、新的方式。一时间类似"信用滥用""道德绑架""社会监视"的舆论和谣言抓住了公众的眼球。[①] 正本清源既有利于公众对制度的了解，也有利于法律的有效实施，在此笔者想要证明"信用治理"是我国的一种治理手段而非统治方式。

罗西瑙认为治理是一种管理机制，与统治相比，治理既包括政府的正式机制，也包括非政府的非正式机制。[②] 罗茨认为的治理包括新公共管理的治理、善治的治理和社会控制体系的治理等多种用法。[③] 可见，"治理"一词在西方世界与"统治"一词的定义有所交叉，却比"统治"多了一层引导的意思。我国的社会信用体系是强调国家治理而非国家统治，从政治学的角度具体有五个层面可以佐证。[④]

其一，权力主体不同。统治带有公权力色彩，一般指的都是政府部门，呈单一化状态。而治理的主体除了政府之外还包括其他主体。我国公共信用治理下，公共信用领域除了行政机关、司法机关之外，还有其他可以归集公共信用信息的公共企业事业单位。从主体上看，我国信用体系下的权力主体是多元化的。

其二，权力性质不同。统治背后有强制性的公权力做支撑，在强制性规范的作用下，被统治者必须为一定行为或者不为一定行为，否则将承担

[①] See Fan Liang, Vishnupriya Das, Nadiya Kostyuk, Muzammil M. Hussain, Constructing a Data-Driven Society: China's Social Credit System as a State Surveillance Infrastructure, *Policy & Internet*, Vol. 10, No. 4, 2018.

[②] 参见〔美〕詹姆斯·N.罗西瑙主编：《没有政府的治理——世界政治中的秩序与变革》，张胜军、刘小林等译，江西人民出版社2001年版，第5页。

[③] See R. A. W. Rhodes, The New Governance: Governing Without Government?, *Political Studies*, Vol. 44, No. 4, 1996.

[④] 参见俞可平：《推进国家治理体系和治理能力现代化》，载《前线》2014年第1期。

相应的不利后果。而治理往往带有一定的非强制性。① 我国公共信用治理下,相关信用法律法规虽然对适格主体都平等适用,但信用主体在失信时遭到的信用惩戒并不会受到强制的实质性影响。换言之,在信用法律法规的作用下,失信主体不会被强制性要求去弥补自身失信行为、挽救失信状态。从这一点看,我国公共信用治理带有非强制性的色彩。

其三,权力来源不同。在现代社会,统治的来源往往是具有强制力的法律法规,而治理的来源除了法律之外还包括许多非强制的契约,例如道德、善良风俗等。我国公共信用治理除了有法律法规之外,也有不具强制力的社会主义核心价值观等国家层面的倡导和指引。可以说,我国公共信用治理的来源也是多元化的。

其四,权力运行的向度不同。统治是统治者自上而下对被统治者的一种控制,而治理不仅可以自上而下,还可以处于平行状态,甚至可以自下而上,是一种全方位的运行。我国的信用体系采取的是地方立法先行先试,在中央尚未出台社会信用相关的顶层设计时基层就已开展相关治理工作,可谓是全方位运行。

其五,权力作用的范围不同。就统治而言,权力所及范围通常是以政府的行政权力为边界,而治理则可延伸至所有公共领域。很多人对我国的公共信用治理有误解,有人认为是行政处罚的二次处罚,实则不然,信用治理不以行政处罚为基础,是一种独立的公共治理方式,范围比通常认为的行政处罚、政府的行政权力边界要宽泛得多。我国公共信用体系是治理而非统治,这一观点也有不少西方学者表示认同。他们认为中国的公共信用治理是一种全新的社会治理模式,有一定的超前性。②

社会信用这一领域是多学科的交叉领域,从社会学的角度看,我国公

---

① 参见虞青松:《算法行政:社会信用体系治理范式及其法治化》,载《法学论坛》2020年第2期。
② See Mario T., The Social Credit System and Governmentality in China, https://soziologieblog. Hypotheses. org/11485, accessed November 18, 2019.

第二章　公共信用治理的基础理论

共信用治理有助于学术研究的全面展开。有学者认为公共信用治理实际上是一种社会动员机制,社会学家对社会动员机制的研究对理解我国公共信用治理也颇有帮助。① 随着社会信用体系建设工作的深入开展,我国公共信用治理愈发呈现出社会动员机制的特征。②

其一,有组织的社会活动。社会动员是在国家、政党或者有关团体的组织下开展的社会活动,有广泛的人民群众作为基础。我国公共信用治理在中央的领导下有序展开,需要所有信用主体进行参与,有广泛的人员基础,是典型的社会动员。

其二,核心目的在于思想动员。社会动员具有目的性,通过对社会成员思想、价值观念上的影响来改变过去的态度和认知,并塑造新的符合社会动员目的的期望。③ 我国公共信用治理的目的在于引导公众诚实守信,打造一个具有信任感的社会,解决过往社会治理过程中的信任问题。

其三,让社会成员协调统一行动。社会动员不仅要让个体行动起来,还要发动和组织所有社会成员参与,形成一种群体协调效应。④ 我国公共信用治理需要全体社会成员共同参与。一般而言,社会公众对失信行为人会有较低的社会评价,信用治理便是通过这种群体协调的方式来发挥相关制度的作用,将公共信用治理落到实处。

对于信用危机的管理和解决,必然需要社会动员机制的支撑。⑤ 相比西方国家,我国有更强的社会凝聚力,以社会动员机制的形式来理解和研究公共信用治理,既有利于加强对信用主体的守信引导,也能够调动公众

---

① 社会动员机制这个观点是笔者受到上海市人大法工委林圻处长的启发,在此表示谢忱。
② 参见甘泉、骆郁廷:《社会动员的本质探析》,载《学术探索》2011 年第 12 期。
③ 有学者认为执政者在宣告道德规范的重要性的同时,更希望借此来加强法律的实施。参见沈岿:《社会信用体系建设的法治之道》,载《中国法学》2019 年第 5 期。
④ 参见翟学伟:《诚信、信任与信用:概念的澄清与历史的演进》,载《江海学刊》2011 年第 5 期。
⑤ 参见龙太江:《从"对社会动员"到"由社会动员"——危机管理中的动员问题》,载《政治与法律》2005 年第 2 期。

的积极性,推动各项信用工作的开展。①

(二) 政府主导下的公共资源配置

世界各国的信用治理模式,各有其优势也有其不足。信用治理在我国仍属于起步发展阶段,我国在选择信用治理模式之时也在不断摸索、不断前进的过程中做了许多尝试。从企业征信到个人征信,伴随着互联网金融的起起落落,监管机制不健全导致的市场化征信机制存在诸多问题,趋利性和技术能力方面的局限没有办法得到有效解决。市场化征信机构的各项业务尤其是个人征信业务遭到了公众的极大质疑。② 个人征信带来的个人信息泄露、隐私遭到侵犯等问题,让政府不得不重新考虑我国信用治理的模式。

从 2015 年央行根据《征信业管理条例》和《征信机构管理办法》要求八家征信机构做好个人征信的准备工作起,我们不难看出中央政府在放缓市场化的节奏,并且转向政府主导的模式。例如,钱塘征信在 2021 年年底被央行受理了个人征信业务之后却没有更多进展,其审批结果迟迟未出。直至 2024 年 11 月 11 日,中国人民银行发布公告,批准钱塘征信有限公司个人征信业务许可,钱塘征信才成为继百行征信和朴道征信后的第三家持牌个人征信机构。

此外,这些开展个人征信业务的征信机构在股权结构上也有较强的国资背景。例如,浙江省旅游投资集团有限公司就对钱塘征信持股 35%,这种股权结构的设计呈现多元化的特点,在推进市场化的同时来保持政府和市场的平衡。我国的信用治理理论和实践经验都相当缺乏,借鉴域外的模式选择之后我们不难发现,政府主导下的信用治理更适合我国这种基本信用体系薄弱、制度空缺的国家。在政府主导下开展信用治理能够依托公权

---

① 参见郑永廷:《论现代社会的社会动员》,载《中山大学学报(社会科学版)》2000 年第 2 期。
② 参见戴昕:《理解社会信用体系建设的整体视角 法治分散、德治集中与规制强化》,载《中外法学》2019 年第 6 期。

第二章　公共信用治理的基础理论

力在短时间内迅速建立起较完善的系统和数据库,既能避免市场化竞争过程中大量时间成本的消耗,又能在规则体系不健全的当下凭借公权力的作用保障个人信息不被泄露、个人隐私不遭受侵犯。可以说,我国信用治理采取的是政府主导下的信用治理模式。①

不少学者认为我国的社会信用法是创制性法律②,而我国的社会信用法与西方国家的信用法律主要区别在于公共信用治理这一领域。我国政府大力推动公共信用治理的原因主要有以下三点:

其一,我国信用法律制度供给不足、执行力不够。现代化进程中的中国正处于其他发达国家曾经在发展过程中必经的制度供给不足的阶段,改革开放和市场经济体制改革以来,我国信用制度存在空缺。自计划经济向市场经济转变以来,原有的公权力进行管理、控制、监管的状态突然从社会生活中消失,适应社会治理的新的管理机制、新的制度规则没有完全建立起来,也无法跟上高速发展的经济。制度环境的急剧变化让立法者对信用主体的失信行为难以规制。信用制度供给是对信用制度需求的回应,徒法不足以自行,法律制度需要相互配合、相互联系才能达到应有的治理效果,制度互补是动态持续的过程。③ 多年前我国信用制度的空缺就验证了这一说法。以拒不执行生效法律文书的被执行人为例,我国迫切想挽救的司法公信问题,除了司法人员的贪污腐败、徇私枉法问题之外,很大一部分来自"执行难"的问题。不少当事人在拿到法院的生效裁判文书之后将其比作一纸空文,执行难以落实,合法权利没法获得保护,便不再信任司法系统,开始通过"私力救济"来维护权益,这也酿出许多"暴力催债"的社会问题。各地法院为了解决"执行难"的问题,在最高法的指导下开展了多个专项行动,都颇有成效。其中将拒不执行生效法律文书的被执行人列入信用

---

① 参见张丽丽、章政:《新时代社会信用体系建设:特色、问题与取向》,载《新视野》2020 年第 4 期。
② 参见韩家平:《关于加快社会信用立法的思考与建议》,载《征信》2019 年第 5 期。
③ 参见韦森:《难得糊涂的经济学家》,天津人民出版社 2002 年版,第 139 页。

黑名单,并对其采取一系列信用惩戒的方式最有成效,在一定程度上弥补了原有诉讼法等法律治理机制相对薄弱的缺点。

其二,政府信用问题的示范性。古人云:"上梁不正下梁歪。"政府是社会的治理机构,政府的信用在很大程度上决定了整个社会的信用。有学者认为,我国政府的信用自新中国成立以来大致有三个阶段。第一阶段是新中国成立初期,政府的信用靠的是公众对于革命领袖的个人魅力和感召力;第二阶段是改革开放到市场经济改革,政府的信用靠的是经济绩效,经济发展得好,公众对政府的信任自然就高;第三阶段是20世纪末至今,政府的信用靠的是公平问题,政府的决策、政策、福利、对待是否公平影响着公众对政府的信任。很多公众对地方政府不信任是长期的不公平对待所导致的。[①] 在社会中,假设政府对待失信主体和其他非失信主体是一样的,则会让非失信主体产生"守信无用"的念头,甚至转而加入失信主体的队列。从这个观点看,我国政府需要通过公平对待相对人才能维持信用,匡正过去政府信用不佳的问题是现阶段的迫切任务。政府是社会治理的风向标,在社会中服务民众时也应当在思想上积极引导民众,政府一旦失信,便会导致整个社会产生严重的信用危机。社会转型升级是国家现代化的必经之路,地方政府正面临着重构公众对政府、对制度信任的重大任务[②],立法者正是意识到政府的信用问题才将"政务诚信"列为诚信建设中的首要目标。我国政府主导的公共信用治理与政府守信互为前提、互为实现路径,与政务诚信紧紧相依。

其三,我国公共资源配置的需要。公共资源有强烈的经济属性,除了自然资源之外,公共设施、公共权力都可以统称为公共资源。公共不同于公有,公共涉及私人利益并带有使用上的竞争性,一旦公共资源只被一部

[①] 参见周治伟:《政治信任研究——兼论当代政府公信力》,中共中央党校2007年博士学位论文。

[②] 参见何显明:《信用政府的逻辑:转型期地方政府信用缺失现象的制度分析》,学林出版社2007年版,第118—120页。

分群体使用,便会妨碍其他群体的使用。① 从广义角度来理解公共资源,可以看出我国公共资源配置的主要问题在于资源搁置。我国的体制和制度结构决定了我国政府的地方治理不应当像西方国家一样追求"无政府治理"的状态。现代国家都在寻求科学合理的多元化治理,于我国而言,国家治理的研究重点更应当放在政府分权和公共资源配置问题上。② 我国政府掌握着大量的公共资源,不论是在政府采购、项目资金支持、办理落户等增益性行为方面,还是在行政检查、行政许可等负担性行为方面,都应当根据信用主体的信用状况在权力范围内作出区分,真正地将公共资源转化成治理实效。③ 各级政府之间、各政府部门之间的体制改革能调动公权力的主动性、积极性和创造性,在公共资源配置过程中提升治理能力,让公共资源转化成治理实效。

第四节 我国公共信用治理的研究价值和现实困境

一、我国公共信用治理的研究价值

我国社会信用体系抑或说公共信用体系属于创制性立法模式①,其特殊性在于我国德治运用的程度远超世界各国,即我国公共信用治理的广度和深度都远超西方国家。对于创制性立法而言,立法者需要保持谦抑性,只有当立法者对公共信用治理有准确的功能定位和价值判断之后,才能进一步推动公共信用治理,否则会造成"公权力滥用、私权益受损"的局面。我国社会信用体系囊括市场信用和公共信用两大部分,市场信用是考察市

---

① 参见韩方彦:《公共资源的经济属性分析》,载《理论月刊》2009年第3期。
② 参见马斌:《政府间关系:权力配置与地方治理——以浙江省、市、县政府间关系为研究案例》,浙江大学2008年博士学位论文。
③ 参见罗培新:《遏制公权与保护私益:社会信用立法论略》,载《政法论坛》2018年第6期。
④ 参见王伟:《公共信用的正当性基础与合法性补强——兼论社会信用法的规则设计》,载《环球法律评论》2021年第5期。

公共信用治理：法律逻辑和中国方案

场经济领域中信用主体的履约状态,而公共信用则是对信用主体关于遵守法律法规、强制性规定的一种评价。公共信用治理伴随的公权强制和对私益限制的特殊性让我们研究公共信用治理更有价值意义。

（一）信息机制与运作机制的关联度较高

如前所述,信用与信用信息的双重分类是存在交叉的,即市场信用信息除了反映信息主体市场信用状况之外,也可能会反映其公共信用状况,例如缴纳税费、社保等情况;公共信用信息除了反映信息主体公共信用状况之外,部分市场信用信息在一定条件下也会转化成公共信用信息,例如合同违约之后,违约方拒不履行生效法律文书,被列为失信被执行人之后便属于公共信用信息。两者虽有交叉,但是各自所产生的法益效果不同。

市场信用信息是市场领域中获得授权的征信机构对企业、自然人的相关信用信息进行采集,市场信用信息被采集之后会进入征信机构的信用评价系统并产生征信报告。征信机构作为市场主体,其出具的信用报告不具强制力,其只是征信报告的产生主体,并没有权力对信用主体作出相应的处罚和激励。市场信用信息或者征信报告的运用需要依靠其他市场主体。具体而言,市场主体向征信机构获取征信报告,并且依据征信报告再做出下一步的商业行为。换言之,市场主体对征信报告的内容有自主选择和自我判断能力。一般而言,市场主体都会选择与信用状况良好的信用主体开展商业活动,而不会选择信用状况不佳的信用主体。[①] 但是,在信息机制与运作机制分离的市场信用体系下,面对信用状况不佳的信用主体,如若其他市场主体选择接受该信用主体并继续与之发生商业行为,则会导致市场信用信息和征信报告的实际效果落空,信用状况不佳并不会对信用主体产生实质上的负面影响。

相反,公共信用体系下的信息机制和运作机制是紧密相连的。公共信

---

① 参见〔英〕弗里德利希·冯·哈耶克:《自由秩序原理》,邓正来译,生活·读书·新知三联书店1997年版,第279—295页。

用信息是由公共信用信息平台进行归集的,被归集的公共信用信息也同样会进入公共信用评价体系而产生信用评价和公共信用报告。不同的是,公共信用报告是带有强制力的,这主要是由于公共信用体系下的信息机制和运作机制是联动起来的。公共信用信息平台是有公权力做支撑的,在联动机制的作用下,公共信用信息或公共信用报告会被相关部门作为依据,进而直接对信用主体作出处罚或者激励。因此,在公共信用体系下不存在选择性接受公共信用信息和公共信用报告的情况,公共信用信息和公共信用报告的实际效果也不会落空,一旦信用主体的公共信用状况不佳,必然会对其产生实质上的负面影响。信息机制和运作机制之间的关联度不同导致各自产生的法益效果也不相同,公共信用治理下信息机制和运作机制的紧密关联,给"公权滥用、私益受损"局面的形成提供了制度土壤,也让对公共信用治理的规制变得更为急迫。

(二)"限制公权、保护私益"的特殊意义

与市场信用体系相比,我国公共信用体系下的信息机制和运作机制有较高的关联性,较高关联性会使得公共信用信息和公共信用报告对信用主体产生较强的实际效果,即可能侵害到信用主体的个人信息和隐私权等。公共信用治理固有的"公权滥用、私益受损"的局面使得我们研究如何规制公共信用治理变得急迫,也让如何推动公共信用治理走向"限制公权、保护私益"的新局面有了特殊意义。①

市场信用体系中赋予信用属性一方或称为管理一方是征信机构,被赋予信用属性或被管理的一方是信息主体,由于征信机构本质上还是法人,是在市场领域对信用信息作出采集和评价,因此征信机构和信息主体之间的法律地位是相对平等的。征信机构的运作有《征信业管理条例》《征信业务管理办法》等法律法规进行规制,信息主体的合法权益一旦遭受侵害,也能对征信机构提起诉讼要求赔偿。不论是从市场信用体系中双方法律地

---

① 参见陈楠:《政府在社会信用体系建构中的责任研究》,吉林大学2005年博士学位论文。

位相对平等,还是从市场信用体系下信息机制和运作机制较低关联度导致的实际效果低来看,市场信用体系中的双方处于利益相对平衡的状态。

而公共信用治理中的治理主体是公权力部门,政府、司法机关等部门是公共信用信息的来源部门,它们依职权获取相关信息之后按照规定将信息传输给公共信用信息平台,这些信息被归集之后便被赋予信用属性,成为公共信用信息,最后进入联动机制进行共享、奖惩乃至退出。在公共信用治理的前段,信息主体是公权力部门的相对人,相较于公权力部门而言,法律地位上并不平等,处于弱势地位。在公共信用治理的后段,信息主体是被治理的对象,与治理主体相比,属于被管理的一方,自然也处于弱势地位。我们可以看出,在整个公共信用治理的流程中,信息主体都处于弱势地位,需要法律的特殊保护。而公权力部门在公共信用治理的流程中一直属于法律地位强势的一方,能够获取、归集信息主体的信用信息,同时也能对其信息赋予相应的信用属性,并可以在联动机制下对信息主体进行奖惩。

制度设计最重要的就是价值判断和利益平衡,"限制公权、保护私益"实际上是个双向目标。立法者在价值判断和制度设计时,需要对公权力部门进行规制,需要对信用主体进行保护。"限制公权、保护私益"符合公共信用治理用来引导公众诚实守信的价值目标,同时也能让公共信用治理工作合法合理地开展,避免公权恣意局面的出现。[①] 从主体之间法律地位不平等的这个角度看,"限制公权、保护私益"目标的实现甚为紧迫,公共信用治理的研究意义也颇为重要。

(三)提高 BR 体系下"金融服务"的指标得分

2021 年 9 月,世界银行结束了旧营商环境的评估规则(DB)与相关数

---

① 参见罗培新:《遏制公权与保护私益:社会信用立法论略》,载《政法论坛》2018 年第 11 期。

第二章 公共信用治理的基础理论

据的发布①,在经历一年多与各经济体政府、私营部门、社会组织以及专家学者的磋商、交流和征求意见之后,新营商环境评估规则(BR)和各项指标于2023年5月问世。② 我国被纳入第二批次测评经济体,测评周期为2023年6月至2025年4月,总历时23个月。

BR评估结果尚未发布,我们不妨先从DB评估结果来分析我国相关指标下的得分状况。DB中有十大指标来分析一个国家营商环境的便利度,并据此为各经济体计算分数、进行排名。随着营商环境报告在全球范围内影响力的扩大,以及我国决策者对营商环境的重视和制度的完善,我国营商环境全球总体排名逐年提升,但其中"获得信贷"这一指标却连续多年下降,从DB2017的第62位下降到DB2020的第80位。信贷是现代企业生存和发展的重要源泉,"获得信贷"就格外值得关注。《营商环境报告》中的"获得信贷"有两组指标,第一组指标是用来衡量担保交易中借方和贷方的合法权利,第二组指标是用来衡量信贷信息的上报。③ 两组指标的共同目的是方便企业获得信贷,根据世行"获得信贷"方法论④,债权人权利受到法律保护的程度越高、信贷信息共享机制越健全,则企业获得信贷的可能性就越大,"获得信贷"指标的得分就越高。⑤

传统的企业意图扩大市场,往往需要杠杆、需要融资。2008年金融危机之后,全球经济形势处于下行状态,企业破产频发、银行坏账积聚,企业

---

① 世界银行于2002年启动面向全球190个经济体进行营商环境的评估,并在近二十年的时间中不断进行评估规则和指标内容的优化。旧营商环境评估规则通称Doing Business,以下简称DB。
② 世界银行于2022年6月发布了第一版新营商环境的评估规则,后于2022年12月进行修订工作,最后于2023年5月发布正式的评估规则。新营商环境评估规则通称Business Ready,以下简称BR。
③ 参见《世界银行〈营商环境报告〉"获得信贷"方法论》,https://chinese.doingbusiness.org/zh/methodology/getting-credit,2021年4月19日访问。
④ See Simeon Djankov, Caralee McLiesh and Andrei Shleifer, Private Credit in 129 Countries, *Journal of Financial Economics*, Vol. 84, No. 2, 2007.
⑤ 参见罗培新:《论世行营商环境评估"获得信贷"指标得分的修法路径——以我国民法典颁布为契机》,载《东方法学》2020年第1期。

若想要进行融资,则必须提供担保,这就意味着交易成本的增加,资产、货币的利用率不高。所谓信贷,就是意图通过信用来代替传统的担保方式,方便企业融资,这也是我国大力推动公共信用体系建设的其中一个目的,即为了给企业进行一定的信用刻画。

关于企业"获得信贷"的信用信息,不仅是银行为代表的金融机构能将其在商业交易过程中获取的信用信息归集给征信机构为代表的市场信用服务机构,还应当包含企业的公共信用信息。市场信用信息很好理解,通过企业的借贷、还贷情况来分析该企业的信用等级,据此做出交易行为,因此在此不予展开。公共信用信息的归集者虽然是公权力部门,所归集的信息没有那么强烈的市场属性,但是也会左右企业获得信贷的能力。在2016年国务院出台的《关于建立完善守信联合激励和失信联合惩戒制度加快推进社会诚信建设的指导意见》中就有提及。第一,鼓励有关部门和单位开发"信易贷"等守信激励产品,引导金融机构和销售机构等市场服务机构参考使用市场主体的信用信息、信用评价结果,给予市场主体优惠和便利;第二,各级政府有关部门应当将诚信的市场主体、优良的信用信息及时在政府网站和"信用中国"网站进行公示,在会展、银企对接等活动中重点推介诚信企业。鼓励开发守信激励产品和这种大力推介诚信市场主体的行为虽然比不上法律效力上的强制力,但可以算得上是公权力部门的"信用背书",银行等金融机构在同等条件下也会愿意把融资机会给到公共信用优良的企业。可以说,公共信用信息归集制度的完善,在服务于整个社会信用体系的同时也能助推营商环境的优化。

同样地,BR评估规则也承继了DB对信贷的重视。世行认为,尽管获得资金对企业的经营和扩张至关重要,并与企业创新呈正相关,但对全世界的企业来说,资金的获取仍然是一个主要制约因素。[①] 获得融资会影响

---

① See Enterprise Surveys, World Bank, https://www.enterprisesurveys.org/en/data/explore-topics/biggest-obstacle, accessed July 18, 2024.

第二章 公共信用治理的基础理论

企业管理不稳定现金流的能力,并直接有助于企业的恢复能力。研究还表明,发展中经济体的私营部门融资具有积极的宏观经济影响,因为公司层面的雇佣往往受益于融资渠道的改善。扩大困难群体(包括妇女)的融资渠道也可以减少贫困和不平等。此外,绿色融资有助于实现经济增长,为企业创造新的机会,并将资本转向符合联合国可持续发展目标的经济部门。

拥有一个能够支持金融服务的提供者,以及加强信息共享的健全且强有力的监管框架,可以增加企业获得融资的可能性。健全的尽职调查法规涵盖反洗钱/打击恐怖主义融资(AML/CFT)的各个方面,并以风险评估为基础,对宏观经济金融的稳定性至关重要。一个有利于绿色融资的监管框架可以促进标准和原则的制定,这些标准和原则可以促进绿色金融市场的发展,并鼓励企业提高环保意识。此外,现代担保交易制度中,流动资产通常作为抵押品,为借款人提供以负担得起的利率获得信贷的渠道。为了实现融资,贷款人需要充分获取借款人的信用信息,以克服信息的不对称。以信用报告的形式共享这些信息,减少了贷款人对借款人总债务敞口的不确定性,增加了信贷的可用性,并降低了利率。可获得的融资对于保持公司的财务稳定也起着重要作用。消除与收付款有关的瓶颈可以进一步增强企业的财务安全性。近年来,无现金交易(包括电子支付)不断增长。然而,经济日益数字化需要对电子解决方案进行规范,以实现技术进步的好处。这将使广泛使用电子支付成为可能,并伴随着减少税收逃漏和私营部门中较低的非正式性。在这种情况下,"金融服务"指标衡量商业贷款、有担保交易、电子支付和绿色金融的监管框架的质量和有效性,同时还衡量信贷基础设施中信息的获取效率以及针对女性的绿色金融和产品的获得效率。此外,该指标还将从企业的角度考虑接收金融服务的效率。

"金融服务"指标衡量五个领域——商业贷款、有担保交易和抵押登记的操作、电子支付、绿色金融、信贷局和注册处的运作,跨越三个不同的维度,世行称之为支柱。支柱Ⅰ评估与商业贷款、有担保交易、电子支付和绿色金融相关的监管框架的有效性,涵盖监管框架的法定特征。支柱Ⅱ通过评估信贷局和注册处的运作、抵押登记处的运作和实际中的绿色融资选择来衡量信贷基础设施信息的获取效率。该支柱还衡量专门针对女性的金融和非金融产品的可用性以及促进女性在金融机构中代表性的相关培训和计划。因此,支柱Ⅱ评估了金融服务的事实和某些法定规定。支柱Ⅲ衡量获得贷款、注册安全利益和进行电子支付所需的时间和成本,以及信贷信息共享的时效性。该支柱还评估了女性在获取正式金融服务和使用电子支付方面的性别差距。每个支柱分了类别,由共同特征而定义,这些特征将其分组到特定类别中,并且每个类别进一步分为子类。每个子类具有多个指标,每个指标又可以有多个构成。每个指标都被赋予相关的分数,并随后汇总以获得每个子类、类别和支柱的得分。

支柱Ⅱ下有一项关于数据覆盖率和获取信贷信息的途径的子类别。信用局和注册机构筹集有关金融体系中借款人(个人和企业)信用状况的信息,并促进债权人之间的信贷信息交换。这通过减少信息不对称来提高贷款过程的效率。通过获取借款人的信用信息,放贷人可以更好地理解与每位潜在借款人相关的贷款风险。这可以促进企业对金融的准入,并有助于维护金融部门的稳定。该子类别下有三项子指标:(1)数据覆盖率和识别,包括分享企业和个人的数据,除了金融机构的数据外,还分享来自零售商或公共事业公司的数据以及跨境信息共享和危机报告。(2)数据范围,包括积极的信用信息和负面信息都要被分享,至少分享两年的历史数据以及分享低于人均收入的1%的贷款金额。(3)附加服务和借款人获取信息的途径,包括依法规定,借款人有权访问该经济体中最大的信用局或注册处的数据,银行和其他金融机构可以在线访问信用信息以及信用局或注册处的信用评分作为增值服务提供,并实际验证借款人的信用信息。

如前所述,信用和信用信息的双重分类是存在交叉现象的,部分公共

第二章　公共信用治理的基础理论

信用信息也会被市场征信机构采集,成为信用主体征信报告的一部分。公共信用信息平台作为公共信用信息的信用赋予机构,影响着信用报告框架的质量。公共信用治理下高效率的信用服务能引导金融机构对信用等级较高的企业加大融资支持力度,打通企业的融资渠道、降低融资成本,提高世行 BR 评估规则下的指标得分。

至此,我们从信息机制和运作机制之间的关联度、"限制公权、保护私益"的特殊意义以及提高 BR "金融服务"指标得分三个角度分析了公共信用治理的研究价值。我国社会信用的创制性立法特征让我国公共信用治理的广度和深度都远超西方国家,理论基础上的薄弱和域外制度借鉴的缺乏,让我国公共信用治理的法律规制相较于市场信用领域而言更加具有急迫性。

二、我国公共信用治理四大运作机制的制度空缺

治理工作的开展离不开运行机制的落实,公共信用信息是公共信用治理和公共信用体系的核心要素,从公共信用信息运作的全流程看,我们可以大致将其分作四个阶段,也分别对应四个运作机制:信息归集、信息共享开放、信息奖惩以及信息退出。

首先,掌握相关信息的公权力部门依职权将信息传输给负责公共信用信息具体运作的公共信用信息平台,由其对归集来的信息赋予信用属性,并整合入库。其次,公共信用信息平台对数据库里的信息分类进行共享和开放,在合作备忘录的基础上将其与各部门进行信息共享、资源整合,为后续联合惩戒的落实打通信息渠道。除了对公权力部门进行信息共享之外,公共信用信息平台还有向社会公众进行信息开放的渠道,通过合理的信用信息规范查询制度让信息主体能够对相关信用信息进行查询、获取。再次,各权力部门在共享公共信用信息之后会依照信息评级、分类,根据相关制度规定对信息主体进行"守信激励、失信惩戒",将公共信用信息落实运

用,达到公共信用治理的真实效果。最后,对应信息准入机制,公共信用信息平台还存在信息退出机制。由于公共信用信息是对信息主体的一种信用刻画,是对信息主体人格利益上的一种减损①,加之为了引导公民诚实守信,会让公众能够积极主动地弥补失信状态,因此当满足一定条件时,公共信用信息会退出公共信用信息平台,不再对信息主体产生负面影响。我国公共信用治理的广度和深度远超西方国家,相关制度设计也有所滞后,目前正处于地方立法先行先试的探索过程中。从近几年的地方立法和地方实践来看,公共信用治理的四大运作机制存在诸多制度空缺以及制度不合理的问题,这使得公权力部门在开展治理工作时没有制度的指引和制约,也导致公众的合法权益遭受损害,这些问题亟须我们在方法论层面予以补足,为地方公共信用治理工作的开展和中央公共信用立法的顶层设计提供理论基础。

(一) 公共信用信息的归集

公共信用治理运作机制的第一阶段在于信息归集,信息归集是信用体系和运作机制的基础。② 在信息归集阶段,我们需要解决的问题包括但不限于:归集的权力主体是谁? 归集的对象是什么? 归集的边界在哪?

公共信用治理突出的是公共属性,归集的权力主体自然具有公共属性。从图 2 可知,归集机制作为运作机制的前置程序,可分为信息提供和信息归集,依职权掌握信息主体相关信息的公权力部门将信息提供给公共信用信息平台,再由公共信用信息平台对信息赋予信用属性。在这一过程中,公权力部门属于信息的提供者,公共信用信息平台属于信息的归集者。归集的对象是信用体系中的核心要素,即公共信用信息,其中包括信息主体的基本信息,例如姓名、年龄、性别、身份证号码等能够识别信息主体的信息。此外,信息归集的对象还包括信息主体的守信信息和失信信息,公

---

① 刘俊海教授认为,信用责任有人格信用减损性。参见刘俊海:《信用责任:正在生长中的第四大法律责任》,载《法学论坛》2019 年第 6 期。

② 参见虞李辉:《公共信用信息归集制度的理论探析》,载《征信》2021 年第 8 期。

第二章 公共信用治理的基础理论

```
         公权力部门
             │
             │ 归集
             ▼
     公共信用信息平台 ──退出──→ 退出机制
       │         │
   共享│         │开放
       ▼         ▼
   公权力部门    社会公众
       │
   奖惩│
       ▼
   联动奖惩机制
```

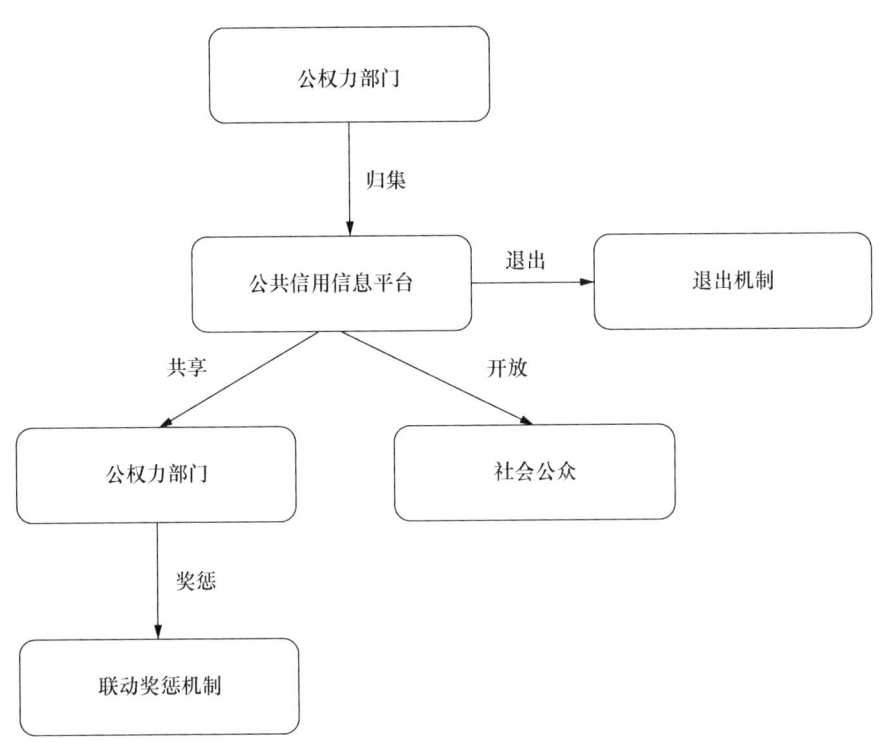

图 2 我国公共信用信息运行机制流程图

共信用信息平台在赋予信用属性的基础上对信息做出价值判断,并进一步对信息进行分类。信息归集阶段,最重要的问题在于信息的归集边界,哪些信息应当归集、哪些信息不该归集,这也是实践中亟须解决的问题。

哈耶克认为,政府没有办法控制对权力的贪婪。[①] 他认为,政府每一项行动都会干涉这样或那样的事,所以政府的一切行动都需要提前制定规则并被规则所束缚。[②] 目前地方立法对公共信用信息的实质要件把握不足,归集的信息没有实质性标准,存在泛化现象,违反了法律的明确性原

---

① 参见〔英〕弗里德里希·奥古斯特·冯·哈耶克:《通往奴役之路》,王明毅、冯兴元等译,中国社会科学出版社 1997 年版,第 86—114 页。
② 参见沈俊、高照明:《哈耶克法治思想研究——读〈通往奴役之路〉有感》,载《长春理工大学学报(社会科学版)》2015 年第 2 期。

则。而地方实践在信息归集工作方面也颇为混乱,公权力的滥用引发了不少公众对信用信息归集的质疑。

(二)公共信用信息的共享开放

公共信用治理中运作机制的第二阶段则是共享开放,共享开放是信用体系和运作机制的脉络,承接信息归集和联动奖惩机制。当下,共享开放与信息归集之间存在一些制度衔接的问题。在共享开放阶段,我们需要解决的问题包括但不限于共享开放的合法性问题。换言之,共享开放的依据是什么?如何提高公权力部门对公共信用信息共享开放的积极性?在地方立法先行先试的阶段,如何解决各地区之间共享开放标准不统一的问题?

共享开放机制实质上是分别面向公权力部门和信息主体的两套机制,共享是公权力部门之间的资源互通,目的在于资源整合,提高公共治理的能力和效率。开放是指把闭塞的信息、专有的信息向社会公众开放,让社会公众在满足一定条件下合法合理地获取该信息,目的在于信息透明化,防止公权力部门的权力滥用和权力腐败,并间接地促使公众参与到整个治理过程中来。

共享和开放都涉及信息保护、隐私安全和数据机密的问题。首先,需要解决合法性问题,在此基础上,哪些信息该共享开放、哪些信息不能共享开放,也需要价值判断和技术指引。其次,信息共享过程中,由于牵扯到多个部门的利益和权力,实践中许多掌握信息的公权力部门都不愿意将"专属"于自身部门的信息和资源进行共享,这就导致公共信用治理的实际效果不佳,也是当前我国公共信用治理面临的主要问题之一,促进资源共享、资源互通是共享开放过程中至关重要的路径。最后,地方立法先行先试导致各地区、各部门之间没有统一协调的共享开放机制。公共信用信息的传输、互通并非仅仅局限于单独的行政区域内,一定存在区域之间、部门之间的跨越,共享开放标准的不统一会阻碍中央在全国层面推进公共信用治理工作的开展。除了标准不统一之外,各地区、各部门在共享开放工作能力上的差异也亟待解决,基础能力的相差甚远让公共信用治理在跨区域层面的协同发展变得更为缓慢。

（三）公共信用治理的奖惩

信用治理、信用入法之所以不同于传统道德对公众的规制,主要是因为法律强制力的作用,而强制力的体现则在于制度落实,也就是公共信用治理中的联动奖惩机制。[①] 所谓联动奖惩,是指信用部门联合其他公权力部门进行协同联动,用于兑现公共信用信息的治理效能。我国联动奖惩的具体内涵被表述为"让守信者处处受益,让失信者处处受限",在公共信用信息互联互通、共享开放的基础上为守信者提供行政便利和重点支持,对失信者进行重点审查、监管,在合理的范围内对其进行限制。不少学者认为联动奖惩是政府公权扩张的又一表现,其实不然,联动奖惩的真实目的在于通过资源的调配来引导公众诚实守信,而非通过信用入法的形式对公权进行进一步扩张。

当然,这些学者的担忧也并非毫无道理,实践中的联动奖惩机制确实存在不少问题,其中包括但不限于:部分地方失信惩戒机制的落实与公共信用治理的原则相违背,以及失信惩戒措施与失信程度不相符合。[②] 由于缺乏理论指导,不少地方将失信惩戒看作是信用领域的行政处罚,在价值选择过程中存在实质性偏差,不仅没有正确引导公众诚实守信,甚至出现侵害信用主体合法权益、侵犯基本人权的情形,最关键的是许多地方官员甚至还没意识到这个问题。此外,失信惩戒还存在惩戒措施与失信程度不相匹配的情形。虽说信用惩戒不是行政处罚,更不是二次惩戒,但是行政处罚中一直贯彻的比例原则对失信惩戒同样适用。[③] 实践中,不少地方在

[①] 参见虞李辉:《论比例原则融入失信惩戒机制》,载《判解研究》2021年第3期。
[②] 参见王锡锌、黄智杰:《论失信约束制度的法治约束》,载《中国法律评论》2021年第1期。
[③] 参见贾茵:《失信联合惩戒制度的法理分析与合宪性建议》,载《行政法学研究》2020年第3期。

失信惩戒过程中没有认识到比例原则的重要性,更没有理解公共信用治理的真实目的,对失信程度轻微的失信主体也采取了较为严重的惩戒措施,导致惩戒权力过度扩张,造成失信泛化的局面。可见,如何在失信惩戒过程中贯彻比例原则、如何选择对失信主体侵害最小的方式进行惩戒是我们需要探讨的又一重要话题。

(四) 公共信用信息的退出

退出机制在许多制度领域中都存在,其在制度功能上与准入机制相对应,主要起到制度完善、利益平衡等作用。在公共信用治理中,信息归集是准入机制,为了保障信息主体的合法权益,自然也需要设计完善的退出机制。

信用入法是在法律强制力作用下对信息主体的一种信用刻画,其中的失信信息会对信息主体产生强大的负面作用,如若失信信息没有适当的渠道退出,则其会一直伴随信息主体,这并不符合公共信用治理关于引导公众诚实守信的治理目的。[1] 在公共信用治理下,我们清楚地认识到失信行为给社会带来的危害远不如刑事犯罪那么恶劣,所以在退出机制的设计上也分两种:第一种是积极退出,失信主体通过积极弥补之前的失信行为从而达到恢复信用状况;第二种是消极退出,出于保护失信主体的隐私权等人格利益,公共信用信息平台在披露失信信息一定时间之后让社会公众不再能查询、获取该失信信息。

这两种制度设计都符合公共信用治理的治理目的,能够让失信主体尽快恢复信用状况、被社会再次接纳。但是,纵观各地地方立法和地方实践,公共信用信息退出机制仍存在不少问题,其中包括但不限于:部分地方立法没有明确退出机制,退出机制存在空缺;失信信息披露的起算时间和披露期间的标准不统一导致失信信息退出的时间不一致;各地对失信信息退出机制所采取的后续处理方式不同,存在转档保存和彻底删除等不同做

---

[1] 参见虞李辉:《论被遗忘权融入社会信用体系》,载《法治研究》2022年第2期。

第二章　公共信用治理的基础理论

法。在地方立法中全面覆盖退出机制，统一退出机制的具体操作标准，有利于保护信息主体的合法权益。信息披露的起算时间、披露期限的设计其实反映出地方对退出机制的理解程度是不同的，而标准不统一会使得区域之间的规范性和可操作性变得薄弱。至于对失信信息退出机制究竟应当采用哪种后续处理方式，是需要价值判断和技术选择的。我们从这些具体问题可以看出，公共信用治理下的信息退出机制尚存许多实操问题没有细究。为了在实践中统一操作规范，退出机制的设计需要法理和逻辑支撑，具体问题也亟待研究和解决。

本 章 小 结

本章主要介绍了公共信用治理的基础理论，为后续研究的推进做好铺垫。研究公共信用治理的法律问题，必然会涉及信用这一核心概念。本章解决了绪论部分遗留的问题，对"公共信用""市场信用"和"社会信用"这三组概念进行展开讨论，避免混淆。首先，本书开宗明义，从中西方不同的文化语境和学科维度去理解信用的概念，对信用有了更加深刻的认识。面对实践中信用与信用信息的分类，本书对学界不同观点进行评析，并从其本质入手，得出信用与信用信息的双重分类存在交叉情形这一结论，即部分公共信用信息会被市场征信机构采集、纳入信用评价体系，部分市场信用信息在一定条件下也会转化成公共信用信息。至此，本书解决了公共信用治理的基础概念辨析，将信用、信用信息及其各自分类都阐述清楚，避免了概念混淆、概念模糊等问题的出现。其次，本书对域外信用制度、信用模式进行梳理整合，归纳出三种信用治理模式，分别是市场驱动型模式、政府主导型模式以及行业协会型模式，在对三种模式以及各自代表国家的信用制度进行简单介绍的同时，对域外信用治理模式的内容和优势、劣势进行对比，为我国信用治理模式提供一些借鉴及启示。再次，制度的设计需要结合我国基本国情。本书对我国公共信用治理的逻辑进行分析,从"信用入法"的前因及合宪性基础分析,我国为什么需要"信用入法",以及"信用入法"是否合法合宪,又在结合国情的基础上分析城市化转型升级给我国社会带来的挑战和数字化治理带来的机遇,需要并可以让我国在公共信用治理的广度和深度上远超西方国家。打通治理逻辑之后,本书梳理我国公共信用治理在探索过程中的理念转变以及具体发展,让制度探索的经历更加鲜明、更加具体,并且从社会学、政治学等多角度分析得出我国公共信用治理的本质和特征,以便更好地帮助公众理解公共信用治理的目的。最后,本书从信息机制与运作机制之间的关联度问题来对比市场信用和公共信用,也从研究公共信用对"限制公权、保护私益"的特殊意义以及对提升BR评估规则中"金融服务"指标得分的作用等多角度阐明公共信用治理的研究价值,并提出了公共信用治理的四大运行机制在理论和实践中的问题所在,为后面的分析讨论做好铺垫。

第三章

公共信用治理中的信息归集

本章导读

信息归集是信用信息运作机制的第一个环节,如同整个公共信用体系的基石,归集制度的合法合理是所有运行机制运作的前提。归集和采集不同,在法律法规和相关政策文件中,前者指向公共信用信息,后者则指向市场信用信息。学界对信息归集环节批评较多的内容主要是信息归集边界不清晰,导致信息归集过多。作为一项基础性、前端性的工作,公权力部门进行信息归集需要对信息主体负有信义义务,并以公共性为导向,从正反两个方面探索信息归集目录。公权力部门在信息归集过程中需要做的就是贯彻落实最小必要原则,并且在信息主体的相关信息被归集之后要赋予并保障其知情权和异议权。

第一节 公共信用信息归集的理论与困境

一、公共信用信息归集的基础理论

运行机制是保障公共信用治理过程中各系统协调运行的制度基础,而信用信息是公共信用体系顺利运作的核心要素，在整个公共信用体系运行过程中，信用信息大致会经历归集、共享开放、奖惩、退出等阶段。要想完善和健全我国公共信用体系，首先需要面对的就是信用信息的归集问题。信用信息归集如同整个体系的基石一般，只有归集时契合法理和逻辑，信用信息在后续阶段才有合法合理的可能性和分析讨论的必要性。

从学理层面看，根据信用信息归集来源的不同，可以将社会信用信息分成公共信用信息和市场信用信息。具体而言，由行政机关、司法机关以及法律法规授权的具有管理公共事务职能的组织、公共企事业单位和群众团体组织等所归集的，能够反映具有完全民事行为能力的自然人、法人和非法人组织信用状况的数据和资料，都可统称为公共信用信息。①

从政策层面看，自国务院印发2014年《纲要》开始，我国逐步建立社会信用体系。但与西方以征信为核心的信用治理模式不同，我国信用治理模式中对德治运用的广度和深度远超西方国家，即除了发展存在通过降低信息不对称来解决交易安全、效率问题的市场信用体系之外，还十分重视包含着解决社会行为规范、社会诚信问题的公共信用体系。公共信用治理不仅关乎我国的社会治理问题，也是我国未来发展和建设的重要目标，这在《中华人民共和国国民经济和社会发展第十四个五年规划和2035年远景目标纲要》第二十章中就有明确表述。

结合以上分析，我们可知，公共信用信息归集是指负责公共信用信息归集的相关部门或者平台对有关部门、组织、单位所提供的公共信用信息依法进行归集的工作。② 公共信用信息归集是我国公共信用信息体系建设的基础性、前端性工作，是保障公共信用信息体系良好运行和助力社会信用治理工作得以全面展开的重要环节。

---

① 参见罗培新：《遏制公权与保护私益：社会信用立法论略》，载《政法论坛》2018年第6期。
② 由于我国社会信用立法采取地方立法先行的模式，各地对公共信用信息归集的主管部门规定都不一致，具体可参照各地的相关法规、规章。例如，北京市由市经济信息化部门负责全市的公共信用信息归集工作，而上海市由市信用平台进行统一归集。

二、公共信用信息归集的制度困境

随着公共信用信息归集工作的展开,我们通过立法、制度安排和机构协调,解决了公共信用信息的提供者、归集者这两个问题,但依旧不可避免地面临着何种公共信用信息需要归集这一问题。也就是,公共信用信息归集的边界在哪？信息归集的边界问题可分为信息归集过多以及归集过少两种情形,但根据实践中民众的反应和学者的批判,我们发现,当前信息归集的问题主要是公共信用信息的边界不清晰导致信息归集过多。

在梳理各地信用法规、规章之后,我们认为需要归集的公共信用信息大致包括基础信息、失信信息和守信信息。[①] 基础信息是指能够识别特定自然人、法人或者非法人组织身份的信息,例如自然人的身份证号码、法人和非法人组织的社会信用代码等；守信信息是指自然人、法人和非法人组织受到政府部门、群团组织等提供公共信用信息的主体所授予的表彰、奖励等信息；失信信息是指欠缴税费、骗取社保、提供虚假材料等损害公共利益的行为信息。

基础信息是对信息主体身份的确认,能保障信息归集不存在偏差,守信信息是对信息主体的增益,能让信息主体因信用而获取便利,原则上这两类信息都不存在过多的争议。相反,失信信息是信息主体具有负面社会评价的信息,而掌握失信信息的主体是公权力部门,会与信息主体之间存在利益冲突。

当前问题在于,我们过于虚化"公共信用信息"这一概念,各地在对失信信息做列举式规定时,往往会在具体条款后加上兜底条款,例如"法律法规规定的其他失信信息"等表述。虽说法律法规需要为未来的社会实践留有制度空间,但是在公权力部门和相对人这样不平等的法律关系中,兜底

[①] 部分地方立法表述为基础信息、失信信息和其他信息,其他信息中包含着守信信息以及尚不能直接作出价值判断的信用信息。

条款的存在极易造成公权力滥用和私权益受损。此外,还有学者认为,能反映信息主体信用状况的数据和资料,这一公共信用信息的要件还是相对模糊,违反了法律的明确性原则,没有实质标准,存在泛化现象。[①] 当前,我国公共信用信息归集所引发的争议虽然还没有像市场征信那样激烈,但也需要从理论和制度层面进行分析完善,防患于未然。公共信用治理和公共信用体系的建立不仅仅是通过信用信息的归集来教化民众、引导民众诚实守信,营造良好的社会氛围,更是通过明确信用信息归集的范围来约束政府等公权力部门所做的失信惩戒和守信激励。[②]

第二节　公权力部门和信息主体之间的法律关系剖析

一、公共信用治理下两者法律关系的特殊性

信用信息归集过程中主要涉及三方主体,即信息提供者、信息归集者和信息主体。信息归集是信息归集者对信息主体直接作出的法律行为,实践中看似进入公共信用信息的运行机制,进行后续信息共享、信息应用、信用奖惩等活动的是信息归集者,但从机构设置上来看,信息归集者只是进行技术操作的信用信息管理平台或其下属部门。信息提供者虽然往往只与信息归集者存在直接互动,但真正影响信息主体、发生利害关系的还是信息提供者。信息归集者是把信息提供者提供的信息进行归集并赋予信用属性。信息提供者、信息归集者都属于公权力部门,理论上在其内部并不会存在利益纷争或决定冲突。为了方便分析表述,笔者将信息提供者和信息归集者统称为公权力部门,下面也将围绕公权力部门和信息主体展开分析。

[①] 参见沈毅龙:《公共信用立法的合宪性考察与调整》,载《行政法学研究》2019年第1期。
[②] 罗培新教授在2021年4月2日"公司法疑难案件审判实务"这一讲座上提及了类似观点。

第三章　公共信用治理中的信息归集

如前所述,之所以需要讨论公权力部门和信息主体之间的法律关系,是因为在公共信用信息体系下的这两者是不同于市场信用信息体系下的信息服务机构和信息主体。在市场信用信息体系下,以征信机构为代表的信息服务机构和信息主体之间处于相对平等的法律地位。而在公共信用信息体系下,公权力部门与信息主体之间的法律地位由于受到公权力的影响,必然存在不平等的现象。所以,有必要从这两者之间的法律关系出发,分析公权力部门对信息主体负有的义务来避免公权力的滥用。

二、信义义务与两者的契合

在探寻法律规范中的各项义务之后,笔者认为,在公共信用治理下,信义义务(fiduciary duty)最能代表公权力部门和信息主体之间的法律关系,借鉴信义义务能够解决公权力部门与信息主体之间法律地位不平等的问题。信义义务在我国确立于《信托法》,开始主要是对信托受托人的规制,后来又逐步发展到公司中的董事、高管以及证券投资过程中的相关主体等领域。目前,我国在公共信用治理过程中尚未提及信义义务,但是根据信义义务的发展历程和实践中对该义务的需求,我们可以看出,信义义务存在普遍化和统一化的发展趋势。[①] 信义义务不应当局限于信托、公司和证券投资领域,其内在蕴意对公共信用治理也有极大的借鉴意义。

我国对信义义务的理解大体是学习美国的做法,通常采用忠实义务和勤勉义务的两分法[②],但是其概念是相对笼统的。信义义务在美国也是一个由成千上万的判例所组成的、提炼出来的义务的集合,其概念也是相对模糊的。[③] 可以说,信义义务的核心要素是,A 对 B 的事务或者利益享有一定的裁量处分权,为了防止 B 利益的受损,A 对 B 负有信义义务,即 A

[①] See Tamar Frankel, *Fiduciary Law*, Oxford University Press, 2011, p.5.
[②] 参见朱锦清:《公司法学》(下),清华大学出版社 2017 年版,第 59 页。
[③] See Deborah A. DeMott, Beyond Metaphor: An Analysis of Fiduciary Obligation, *Duke Law Journal*, Vol.37, No.5, 1988.

需要为了 B 的利益而做出相应的行为。这种义务的来源虽然形式上是根据约定而产生的,但实质上是一种法定的义务。例如,证券投资人与管理人签订合同进行证券投资,双方也因为合同才产生法律关系,但是立法者出于维护投资人利益,在法律层面进行信义义务的规定。所谓的合同只是一种载体,信义义务本质上还是一种法定义务,正如伊斯特布鲁克和菲舍尔所认为的那样,我们只不过是用信义义务取代了详细的合同条款。[1]

将信义义务扩张到公共信用治理中,我们可以看到,公权力部门就代表了传统的信托受托人、公司董事及证券投资管理人,信息主体则代表了传统的信托委托人、公司股东及证券投资人。公权力部门能够归集信息主体的信用信息的前提是,信息主体将自己的信用信息提供给公权力部门。虽说公权力部门归集信用信息的权力是法律赋予的,但是立法本就是多数人意志的集合和体现,归集信用信息本身也代表和符合最广大人民的利益。在法律授权的基础上,公权力部门归集信息主体的信用信息。具体而言,公权力部门有权决定何种信息需要归集,即确定信息归集的边界在哪里。信息归集是为了共享、开放、奖惩、退出等后续工作的展开,这是公权力部门自身权力的体现。虽然信息归集对多数人(守信主体)而言是利益共同体,但在理论上,如果掌握不好权力的边界,信息归集权力的行使是和信息主体个体利益(失信主体)冲突的,即权力行使越多,个体利益受损越严重。公权力的行使绝对不是为了损害私权益,相反,应当是为了保护私权益。因此,为了防止信息主体利益的受损,我们需要公权力部门在保护信息主体合法利益这一目的的前提下行使信息归集权。

---

[1] See Frank H. Easterbrook, Daniel R. Fischel, Contract and Fiduciary Duty, *The Journal of Law & Economics*, Vol. 36, No. 1, 1993.

三、公共信用治理下信义义务的展开

（一）公共信用治理下的忠实义务

在两分法的信义义务下，忠实义务是基础，没有履行忠实义务就没有必要考虑勤勉义务。忠实义务的核心就是忠实、忠诚，这本身就具有强烈的道德属性，负有忠实义务的人需要对相对人忠实、忠诚。在信义法律关系中，双方法律地位往往是不平等的，一旦存在利益冲突，弱势方的利益就很容易被强势方所侵害，所以需要通过忠实义务对强势方进行规制。[①] 就传统观念而言，通常我们会认为，忠实、忠诚仅仅是下级对上级所需要的优良特性，其实不然。实践中，公权力部门强势是不争的事实，因而很多人不理解为什么公权力部门需要对信息主体忠实、忠诚。但是，根据社会契约论，公权力部门所行使的公权力是社会组成人员让渡出来的，并非一开始就存在的。[②] 公权力部门的存在是为了服务于广大人民，如若任其滥用公权力，侵害私权益，就会酿成公私之间的对抗和冲突。正如古人云："君者，舟也；庶人者，水也。水能载舟，亦能覆舟。"[③] 所以，公权力部门服务于信息主体，对信息主体负有忠实义务是符合法理和逻辑的。

将忠实义务具象之后，我们发现这其实就是双方利益的处理问题。在公共信用治理过程中，学界大致有两种观点。第一种观点是唯一利益说，即公权力部门行使公权力进行信用信息归集时需要以信息主体的利益作为唯一利益进行考量，其中不能添加自身利益或者其他第三方利益；第二种观点是首要利益说，即允许公权力部门行使公权力进行信用信息归集时考虑包括自身利益在内的其他方面的利益，但是当双方或者多方利益发生

[①] See Meinhard v. Salmon, 249 N. Y. 458；164 N. E. 545 (1928).
[②] 参见〔法〕让-雅克·卢梭：《社会契约论》，黄卫锋译，台海出版社2016年版，第42页；恩格斯：《家庭、私有制和国家的起源》，人民出版社2018年版，第63—82页。
[③] 此句出自《荀子·哀公》，在《贞观政要》中也有类似观点。

冲突时,需要把信息主体利益放在首要位置。① 第一种观点很容易推翻,因为信息主体可以事前授权或者事后追认公权力部门在行使权力过程中考虑其他利益,只要将自身利益放在首要位置即可。换言之,唯一利益说和首要利益说是包含和被包含的关系,只要符合首要利益说,哪怕不是唯一利益也并不妨碍公权力部门行使信息归集权。

公共信用信息的归集对于公权力部门而言是职责也是权力,是后续信用工作开展的基础。如若信用信息归集多了,那么公权力部门可以依照所归集的信用信息进行共享、开放、奖惩等一系列权力的范围就会变广,而信息主体的隐私权、个人信息可能会因此遭受损失,并且所受到的信用惩戒的可能性就会变大;如若信用信息归集少了,公权力部门可以依照所归集的信用信息进行共享、开放、奖惩等一系列权力的范围就会变窄,而信息主体自身的隐私权、个人信息遭受损失的可能性会减少,并且受到信用惩戒的概率也会降低。国家推进公共信用治理和公共信用体系的建立是为了引导民众诚实守信,营造良好的社会氛围,绝不是公权力部门用来惩戒民众的新手段和新方式。忠实义务的存在将会规制公权力部门信用信息归集权的行使,让公权力部门将信息主体的利益放在首要位置,不能单纯为了自身公权力的行使而损害信息主体的利益。只有在保障信息主体合法利益的前提下,公权力部门才能出于打造诚信社会这一目的,开展信息归集等一系列信用工作。

(二) 公共信用治理下的勤勉义务

公权力部门对信息主体除负有忠实义务之外,还负有信义义务两分法下的勤勉义务,也叫注意义务。如果说忠实义务是信义义务的核心和基础,那么勤勉义务就是实现信义义务的方式和途径。② 之所以强势方对弱

---

① See Tamar Frankel, *Fiduciary Law*, Oxford University Press, 2011, p. 108; Deborah A. DeMott, Breach of Fiduciary Duty: On Justifiable Expectations of Loyalty and Their Consequences, *Arizona Law Review*, Vol. 48, No. 4, 2006.

② 参见王莹莹:《信义义务的传统逻辑与现代建构》,载《法学论坛》2019 年第 6 期。

势方负有信义义务,是因为在双方法律关系中,弱势方需要依托强势方的地位、知识、经验、技能,而不是单纯因为强势方需要对弱势方忠实而忠实,勤勉义务才是负有信义义务的诱因。勤勉义务的关键在于,义务人作为一个谨慎的人以自己合理的注意、技能来为权利人利益实现最大化。在公共信用治理过程中,公权力部门负有勤勉义务也很好理解。信息主体的信用信息被公权力部门进行归集。换言之,信息主体需要依托公权力部门,而公权力部门在人员配置、信息技术、法律地位等方面都强势于信息主体,能实现信息主体利益最大化的要求。

传统观念认为,勤勉义务只适用于义务人通过专业服务为权利人管理金钱、财产。但有学者认为,实践中的许多案件会涉及较为敏感的个人信息,那是因为信义关系的核心在于使用和交换信息的信任关系,故而义务人将会经手和处理权利人的个人信息。对于从权利人处获取的个人信息,义务人有义务为权利人的利益而使用该信息,而不是使用该信息去损害权利人的利益。① 在公共信用治理过程中,受到归集的公共信用信息与特定的自然人、法人或非法人组织将一一对应起来,加之公共信用带有强烈的社会评价,左右着信息主体的社会生存方式,所以被公权力部门归集的信用信息自然是敏感的,公权力部门自然也得对信息主体负有勤勉义务。当然,此处我们讨论的权利人是指所有信息主体,是一个整体的概念,是要求公权力部门要为所有信息主体的利益而使用信用信息,毕竟公共信用治理过程中一定存在对特定个人利益的减损。② 至此,公权力部门对信息主体负有勤勉义务也是符合法理和逻辑的。

在得出公权力部门负有勤勉义务这一结论之后,我们再将勤勉义务进行具象。公共信用体系下的勤勉义务本质上是对公权力部门信息归集工

---

① See Jack M. Balkin, Information Fiduciaries and the First Amendment, *U. C. Davis Law Review*, Vol. 49, No. 4, 2016.
② 刘俊海教授认为,信用责任有人格信用减损性。参见刘俊海:《信用责任:正在生长中的第四大法律责任》,载《法学论坛》2019 年第 6 期。

作的具体要求,信息归集工作的核心内容和实践难题在于准确归集和及时归集。① 准确归集代表着实体层面,是指将属于公共信用治理和公共信用体系管理范畴内的公共信用信息归集进来,将不属于公共信用治理和公共信用体系的其他信息排除在外,这要求公权力部门做到事先能确定一个归集标准,可以是概括式、列举式或者两者相结合。在此基础上,归集工作的展开需要严格执行归集标准,保证信用信息归集是准确合理的。及时归集则代表程序层面,是指公权力部门在归集信用信息时需要按照法定程序,在法定期限内归集信用信息,防止信息归集不及时导致信息主体利益受损以及信用体系运行不畅。对此,应当通过立法对公共信用信息归集的期限作出规定。②

综上所述,适当扩张信义义务的适用范围,在公共信用治理过程中和公共信用体系建设过程中借鉴信义义务,有助于我们分析理解公权力部门与信息主体之间的法律关系,把握公共信用信息归集的边界,同时也能为公共信用信息归集制度的完善提供理论指导。

第三节　公共信用信息的属性分析和价值选择

公共信用信息在公共信用治理过程中的运行逻辑大致是,公权力部门通过对信息主体相关的信用信息进行归集,加之后续的共享开放、奖惩等阶段,让信息主体和一个充满了社会评价的信用图像、信用刻画关联起来。公共信用治理抑或是公共信用体系建立的核心在于信用信息。为了正确指引我国公共信用信息归集制度的建立,有必要从公共信用信息的权属和

---

① 参见叶湘榕:《公共信用信息归集和使用的地方规则比较研究》,载《征信》2014 年第 11 期。

② 例如,《浙江省公共信用信息管理条例》第 13 条要求,省公共信用工作机构应当在收到省公共数据工作机构提供的公共信用信息后五个工作日内,完成信息的比对、整合,形成或者更新信息主体的信用档案。此外,上海、北京等地的公共信用信息管理办法也都要求进行动态管理。

第三章　公共信用治理中的信息归集

价值两个层面进行分析研究,以保障信息主体的合法权益,推进公共信用治理工作的开展,促进诚信社会的有序建立。

一、公共信用信息的属性

近年来,个人信息保护问题已经成为国内乃至全球的热点话题。随着2021年《个人信息保护法》的制定和公布,信息和隐私保护的话题在国内愈演愈烈,我国对个人信息的使用将逐步合理化、规范化。公共信用信息带有强烈的识别性,每一条公共信用信息都对应特定的自然人、法人和非法人组织。虽然《个人信息保护法》中的"个人"仅指自然人,不包括法人和非法人组织,但是这对公共信用治理和公共信用体系的建立也有很强的借鉴意义。作为我国的创制性立法,立法者大力推进公共信用治理的目的就是引导民众诚实守信,提升整个社会的信任感。自然人、法人和非法人组织虽然有较大区别,但是法人和非法人组织背后的实际控制者归根到底也是自然人,所以有必要明晰公共信用信息的属性。

(一)人格属性

公共信用信息带有人格属性这一点很好理解,公共信用信息大致可分成守信信息、失信信息和其他基础信息,这就是立法者在整合社会生活规律、传统道德观念和现代社会法则之后,将多数人的选择作为一个衡量标准,来看待信息主体的相应行为。例如,我国《民法典》第1024条第2款将信用这一社会评价归作人格权中的名誉权。① 虽然人不应该被分为三六九等②,但是国家在公共信用治理过程中不可避免地会给失信行为人带来减益并造成人格上的负面影响。③

---

① 《民法典》第1024条第2款规定:"名誉是对民事主体的品德、声望、才能、信用等的社会评价。"
② 参见罗培新:《不能以信用管理为名把人分为三六九等》,载《中国市场监管报》2020年9月12日第4版。
③ 参见王锴:《论宪法上的一般人格权及其对民法的影响》,载《中国法学》2017年第3期。

人格属性有助于我们理解公共信用信息归集的范围。我们可以进行反向推理,公共信用信息具有人格属性,因而不具有人格属性的信息不属于公共信用信息,不应当被归集到公共信用信息体系中,在一定程度上缩小了公共信用信息归集的范围。[①] 然后就是人格属性的强烈程度。美国在1974年通过的《隐私法案》(Privacy Act)对公权力部门归集信息主体的个人信息时所负的义务作出了明确规定:(1)公权力部门只能在执行职务时对相关和必要的个人信息进行归集;(2)当公权力部门归集不利于信息主体的个人信息时,最大程度地让信息主体自身来提供;(3)告知要求其提供信息的每个人,用于收集信息的表格或该人可以保留的单独表格;(4)公权力部门归集个人信息,建立个人信息数据库时,需要向社会发出公告;(5)公权力部门必须保证个人信息的准确性、真实性、完整性,保障信息安全,以确保对个人的公正性。虽然这是对隐私权的规制,但是所谓的公共信用信息首先是信息主体的个人信息,进而才是信息主体的公共信用信息。所以,美国《隐私法案》对我国公共信用信息的归集也有很强借鉴意义,作为公权力部门归集工作的原则性指引,我们认为只能对相关、必要的信用信息进行归集。

(二)社会属性

公共信用信息和个人信息之间的公约数是人格属性,而公共信用信息自身的特性就是社会属性。显而易见,"公共"和"信用"两个关键词都是社会的表现方式。公共与私人相对,有权属和用途两方面的区别。目前信息权属争议较大,公共信用信息与信息主体紧密相连,但同时也为公权力部门归集、共享,有一定的信息赋权和信息加工。《民法典》和《个人信息保护法》都尚未对信息权属作出规定,只是用权益作了代替。在所有权尚未明朗的情况下,可以暂时搁置这一问题,将问题重点回到用途之上。公共是

[①] 参见杨惟钦:《价值维度中的个人信息权属模式考察——以利益属性分析切入》,载《法学评论》2016年第4期。

第三章 公共信用治理中的信息归集

指公用的,不论公共信用信息权属为何,公共信用信息需要为公用,即出于公共利益的目的而使用,不能以私人利益为目的而使用。信用是人与人之间所形成的一种相互信任、相互信赖的生产关系和社会关系。在社会交往中,信用可以是信守承诺;在经济生活中,信用可以是等价交换;在法律语境下,信用可以是诚实不欺。我们可以看出,信用价值的体现一定是在人与人之间的,如若将信用局限于个人,那么信用将毫无价值,只有将信用放在社会中,供他人使用和参考,当他人认可自身信用时,信用才有价值和意义。社会的组成就是基于人与人之间的交互关系,因此公共信用信息具有强烈的社会属性。

一个国家的法律制度一定植根于该国的思想观念、历史文化和法律传统,源于该国社会的经济、政治、文化的需要。[①] 中国向来主张和倡导集体主义,即将公共利益放在个人利益之上,是"舍小家为大家"的思想。在当前社会生活中,出于诚信社会的建设目的,我们在推进公共信用治理时,需要归集公共信用信息。公共信用信息的归集意味着信息的让渡,被归集的信用信息会进入后续的共享开放、奖惩等阶段。虽然对于公共社会而言,公权力部门归集公共信用信息有利于法治、诚信,但是对于信息主体个人而言,公权力部门获得信用信息必然将导致信息主体本身权益遭受不同程度的约束和限制。信用信息的归集,除了要在尊重私法自治的基础上,还要在出于保护公共利益的前提下。[②] 如若对"公共利益"和"合理"的定义不清楚,实质上会对侵犯个人私权益留下空间。对此,立法者在公共信用信息归集制度的设计过程中,需要合理地界定这些概念,通过原则性的指引和具体性的规定维护信息主体的合法权益。

[①] 参见邓红蕾:《对峙·对话·合流·和谐——中国法律思想史轨迹回顾及现代启示》,载《法学评论》2003年第4期。

[②] 参见《个人信息保护法》第13条。

二、公共信用信息的价值

分析完公共信用信息的属性之后,我们再来看待价值问题。毋庸置疑,公共信用信息是有价值的,而价值存在高低,也有不同的选择方向。价值的高低往往是将事物放在完全竞争的市场之中,衡量其对相关主体需要的效益关系。价值越高,则该事物越有意义。价值取向或者价值选择可以说是相关主体基于自身价值观在面对冲突、矛盾时的基本立场和态度,不同的价值取向会导致事物发展的不同结果。

(一)市场价值

信息本身存在很高的商用价值。在信息交互不发达的时代,人们往往会想尽办法获取第一手信息或者整合现有信息为自己牟利,信息获取的时间、精确度很重要,正如我们常说证券监管的核心是信息披露,需要防止内幕交易,降低交易过程中的信息不对称。① 而如今,随着大数据时代和信息社会的到来,信息传播愈加便捷,人们获取信息的成本在逐渐变低,在互联网上有时甚至可以忽略不计。② 信息的获取成本变低的同时,显而易见,信息的应用范围变广、应用价值变高。法律往往存在滞后性,在相关法律制度不健全的情况下,信息获取便捷容易导致信息主体私权益遭受侵犯,不法分子通过信息来非法牟利。近些年我们常谈的大数据杀熟和信息泄露问题就是明证。③

就公共信用信息而言,若干年前就有一家名为"中国信用黑名单"的网站公布了四千多条网贷逾期者的个人信息,其中包含姓名、照片、身份证号

---

① 参见辛琳:《信息不对称理论研究》,载《嘉兴学院学报》2001 年第 3 期。
② 参见谢平、邹传伟、刘海二:《互联网金融的基础理论》,载《金融研究》2015 年第 8 期。
③ 参见李飞翔:《"大数据杀熟"背后的伦理审思、治理与启示》,载《东北大学学报(社会科学版)》2020 年第 1 期;参见高富平、王苑:《大数据何以"杀熟"?——关于差异化定价法律规制的思考》,载《上海法治报》2018 年 5 月 16 日第 B06 版;参见赵占领、杜晓、张国庆:《业内专家详解大数据"杀熟"法律要点》,载《法制日报》2018 年 5 月 23 日第 5 版。

码、住址、联系方式等详细信息。① 不法分子能够对网贷逾期者电话骚扰、威逼利诱,让其通过借新贷还旧债的方式为自己牟取非法利益,或者直接与第三方进行信息数据交易,贩卖他人信息。当下,就技术层面而言,公共信用信息获取的成本变低,而商用价值却持续高涨。对此,立法者需要明晰公共信用信息的归集主体,让合法合理的主体归集相关信息,从主体层面降低非法归集的可能性;需要强化公共信用信息违法归集的法律责任,提高违法者的违法成本,以及赋予信息主体相应的救济权利,让其在发现利益受损时及时行使权利,防止损失扩大。

(二)价值取向——以公共性为导向

公共信用信息有很高的价值,也有多样的价值,因此我们需要对不同的价值进行取舍,这也是价值取向的一种表现方式。具体而言,价值取向既是立法者对公共信用信息归集目的的检视,也是对实践中公共信用信息归集范围的探析。在原则性规定的指引下,立法者应当尽最大可能将归集范围细化,明确何种信用信息应当纳入公共信用信息体系,何种信用信息不宜纳入公共信用信息体系。

1. 应当纳入公共信用信息体系的信息

第一类是能够反映特定信息主体的基本信息,例如姓名、名称、身份证号码、社会信用代码等,此类信息能帮助公共信用信息平台进行身份识别,在归集过程中没有异议。

第二类是在公权力部门提供社会公共服务过程中产生的,能够反映信息主体信用状况的信用信息,例如学术科研、医疗卫生、公共交通、国防教育、生态环保、食品药品方面的信用信息,此类信息是我国欠缺且急需的。

首先,近年来我国学术造假事件层出不穷,从翟天临博士文凭造假到高校教授学术成果造假,可以看出学术领域的信用存在很大问题。为净化

---

① 参见《中国信用黑名单的网站公布了 4242 条网贷逾期者的个人信息,详细程度令人震惊》,http://www.pssj.net/14635.html,2024 年 7 月 18 日访问。

学术风气,保障科研工作的顺利进行,应当将此类信息纳入公共信用治理的范畴之内。①

其次,我国"医闹"频发是众所周知的,为保护医疗卫生人员的合法权益,应当将侵害医疗卫生人员合法权益的行为方面的信用信息纳入其中。②

再次,为维护公共交通安全,如暂扣或者吊销驾驶证、使用驾照代人扣分、肇事逃逸、多次违反道路交通法规却不履行处罚决定等行为,应当纳入公共信用治理的范畴之中。③ 此外,大学生拒绝履行国防义务、拒服兵役的现象也很多,为维护我国国防利益,应当将该类信用信息纳入公共信用治理的范畴之中。④

最后,像食品药品、生态环境等与公共利益紧密相连的领域,毫无争议也应纳入公共信用治理的范畴之中。

第三类是在司法领域能够反映信息主体信用状况的信息,这里主要是指失信被执行人信息,即有能力履行却拒绝履行生效法律文书所规定的义务。此类信息是应当得到支持的,在多年来"执行难"问题的困扰下,司法机关的公信力遭受极大损害,为维护司法公信,打击"老赖",应当将该类信用信息纳入公共信用治理的范畴之中。

2. 不宜纳入公共信用信息体系的信息

第一类是与公共信用治理以及公共信用体系建立目的相悖的信用信息。在价值判断上这一类有多个层面可以筛选。

首先是主体层面,多地出台的地方性法规规定,对于未满十八周岁的

---

① 参见《职称评审管理暂行规定》第39条。
② 参见《上海市医疗卫生人员权益保障办法》第37条。
③ 参见《上海市道路交通管理条例》第58条。
④ 参见《安徽一大学生拒服兵役被处罚:2年内不得复学》,https://baijiahao.baidu.com/s?id=1696106434724077379&wfr=spider&for=pc,2024年7月18日访问;《河北一00后拒服兵役被罚3.8万,列入黑名单》,http://k.sina.com.cn/article_1887344341_707e96d50400124ly.html,2024年7月18日访问。

第三章 公共信用治理中的信息归集

未成年人是不能纳入公共信用体系的。① 在自然人责任年龄设置这个问题上其实存在不少争议,我国《行政处罚法》规定,承担行政责任的自然人年龄为年满十四周岁(不讨论精神状况问题)。② 许多学者将公共信用治理中的责任年龄和《行政处罚法》中的责任年龄进行比照,认为后者对公共信用治理有一定借鉴意义。在自然人信用信息归集问题上,不少地方教育工作者甚至意图将中小学生的考试作弊信息上交给公共信用信息平台。③ 这些问题的产生其实是没有正确理解公共信用治理的目的,也混淆了行政处罚和公共信用治理的技术作用。行政处罚的目的在于维护行政管理秩序,对违反行政管理秩序的主体作出惩戒。而公共信用治理和公共信用体系的建立是为了引导民众诚实守信,提升全社会的信任感,归集信息只是一种实现方式和步骤。相较于行政违法行为,未成年人能做出的失信行为给社会造成的负面影响其实小得多。在实践中,未成年人作出的行政违法行为包括但不限于扰乱公共秩序,妨害公共安全,侵犯他人人身权利和财产权利,妨害社会管理等。而未成年人作出的能被信用评价的行为却是寥寥无几。此外,未成年人往往具有更高的性格、品行的塑造能力,社会可以通过教育、宣传等方面对其引导,没有必要直接纳入公共信用治理的范围之内,否则于未成年人的身心健康而言是不利的。

其次是信息层面,也就是公共性的问题,公共信用信息涉及的利益一定是公共的,反之,没有公共属性的信用信息不应被纳入公共信用体系。如何界定公共性是我们需要讨论的问题。有学者认为,界定公共性的一个重要标准在于特定的空间范围内的人们要有共同的利益和价值,更宽泛地去理解公共性就是"参与",人们得自愿地参与塑造公共的空间范围。④ 在

---

① 参见《上海市社会信用条例》第 2 条。
② 参见《行政处罚法》第 30 条。
③ 参见罗培新:《遏制公权与保护私益:社会信用立法论略》,载《政法论坛》2018 年第 6 期。
④ 参见李友梅、肖瑛、黄晓春:《当代中国社会建设的公共性困境及其超越》,载《中国社会科学》2012 年第 4 期。

公共信用治理：法律逻辑和中国方案

公共信用治理过程中，公共信用信息的公共性在于"公约数"，即被归集的信用信息必须是对所有信息主体都有共同价值和利益的信息。此外，这些信息的存在是为了让所有信息主体更好地参与塑造一个充满信任感的社会。以实践中的信用信息为例，在法律职业资格考试、注册会计师资格考试、大学生四六级考试等全国性的考试中作弊，应当被纳入公共信用治理的范畴；如若只是在学校自行组织的期末考试、摸底考试中作弊，则无须被纳入公共信用体系，因为行为人的"失信"行为并不会损害社会公共利益，并不会影响到所有信息主体的利益，其影响的范围和存在的价值远不至公共这一程度。还有像信息主体的宗教、血型等与人格利益相关，但与公共利益毫无关联的信息也不应当被纳入其中。在地方立法和未来中央层面的公共信用立法过程中，公共信用信息归集范围一定是在持续变化的，可能存在列举式和兜底式相结合的模式，不论采取何种形式，只要正确理解公共性的问题，把握好"特定范围内人们共同的利益和价值"以及"人们自愿地参与塑造公共的空间范围"这两个原则，便不会随意扩张信用信息归集的范围。

第二类是尚存争议或者是当下在技术层面难以落实的信用信息。首先是争议问题，有学者认为，在供水、供电、供热、供气方面产生的信用信息应当被纳入公共信用体系。[①] 也有学者认为，水电燃气费的欠缴应当先经过催告，在合理的期限内如若行为人没有补缴，那么应当被纳入公共信用体系，如若当欠缴行为发生时直接纳入，则会造成行政滥权、侵害私益。[②] 笔者大致赞同后者的观点。除此之外，笔者还认为，欠缴水电燃气费在如今快节奏的时代中逐渐常态化，对于关系民众日常生活的公共利益，完全可以通过自动代扣代缴等技术性方式解决这类问题，如果代扣代缴等技术手段也无法解决，那么表明是行为人的实质履行不能，不应当过多苛责于

---

① 参见王宁江：《公共信用信息的边界》，载《浙江经济》2017年第1期。
② 参见罗培新：《遏制公权与保护私益：社会信用立法论略》，载《政法论坛》2018年第6期。

民众。其次是难以落实的问题。很多人都极为反感闯红灯、随地吐痰这种道德败坏的人,希望将其纳入公共信用体系以遏制这种行为。但笔者认为,对于闯红灯和随地吐痰这类行为,如果将其纳入公共信用体系,无法避免选择性执法这个问题,在没有执法人员存在的地方,这些行为还是无法避免。对于公共信用体系而言,最重要的是要对所有年满十八周岁的自然人、法人和非法人组织一视同仁,不能选择性纳入。对于闯红灯和随地吐痰这种行为,通过罚款、警告等措施进行规制就足矣,无须动用公共信用体系。虽然公共信用治理在社会治理中的准入门槛低于刑法,但也并不意味着公共信用体系是一个"筐",所有行为都能"往里装"。

第四节　公共信用信息归集的理论指引和制度建设

前面从公权力部门与信息主体之间的法律关系着手,意图借鉴信义义务来厘清两者之间的权利与义务,也试图从公共信用信息本身的属性和价值两个角度出发,以公共性为导向为信息归集工作提供一定的理论基础。结合公共信用信息归集的制度困境和相关理论分析,笔者将为公共信用信息归集的制度建设给出一定的理论指引。

一、贯彻落实最小必要原则

最小必要原则通俗易懂,即在满足公共信用治理和公共信用体系运行的前提下,公权力部门只能以最小范围来对信息主体的公共信用信息进行归集,不得对没有必要归集的信用信息进行归集。初次提到最小必要原则,其实是在市场经济领域,由于网络经济和平台经济的迅猛发展,许多信息归集者、信息控制者大规模地归集个人信息,导致信息泄露、隐私权遭受侵犯等诸多问题频发。针对这种现象,全国信息安全标准化技术委员会在

2020年修订了《信息安全技术 个人信息安全规范》①,其中第4条将最小必要原则②作为个人信息安全基本原则中的其中一项。最小必要原则很好地对信息归集边界做出了指引,虽然在市场经济领域中,部分市场主体还是会通过隐私条款、"一揽子"打包同意等方式让信息主体接受信息归集,但是在一定程度上还是遏制住了信息归集违法违规的势头。在公共信用治理过程中,最小必要原则对公权力部门信息归集工作而言是极其必要的,在信义关系中,这也是强势方(公权力部门)对于弱势方(信息主体)所负忠实义务的重要表现。

公共信用信息归集贯彻最小必要原则是人格权益保护的体现。如前所述,公共信用信息本身带有强烈的人格属性,涉及信息主体的名誉权、隐私权等人格权益。虽说公共信用信息归集以及公共信用体系的建立是为了全社会共同的利益,但是对信息主体这一个体而言,实质上是将部分信息权利让渡给了公权力部门。其中,对于信息主体中的失信行为人而言,其公共信用信息的归集将带来后续的信用惩戒,必将损害其人格利益。如若在公共信用信息归集的过程中贯彻最小必要原则,能够平衡社会公共利益和个人人格利益,对信息主体而言,也是尊重和保护其名誉权、隐私权等人格权益的体现。

公共信用信息归集贯彻最小必要原则是创制立法谦抑的要求。众所周知,我国社会信用体系不同于西方以征信为核心的社会信用体系,我国的社会信用体系中对德治的运用,对公共信用治理的广度和深度远超西方国家,属于创制性立法。基于国情,意图改革是需要推崇的,因为这样才能

---

① 参见罗培新、虞李辉:《公布"老赖"信息须遵守最小够用原则》,载《中国市场监管报》2021年2月27日第3版。同样的立法理念在其他法律规范中也有所体现,例如,《网络安全法》第41条第2款规定,网络运营者不得收集与其提供的服务无关的个人信息;《个人信息保护法》第6条规定:"处理个人信息应当具有明确、合理的目的,并应当与处理目的直接相关,采取对个人权益影响最小的方式。收集个人信息,应当限于实现处理目的的最小范围,不得过度收集个人信息。"

② 最小必要原则——只处理满足个人信息主体授权同意的目的所需的最少个人信息类型和数量。目的达成后,应及时删除个人信息。

推动我国经济社会的全面发展。但改革不可以急于求成,更不能违反事物发展的规律,需要遵循一定章法。对于创制性立法,立法者首要坚持的就是谦抑性。① 法律是社会最大的公约数,改革只能循序渐进,何况公共信用信息归集还与民众的基本权益息息相关,更应当在归集过程中秉持谦抑性,贯彻落实最小必要原则也是"限制公权、保护私益"的本质要求。

二、赋予信息主体知情权

(一) 知情权的概念厘清

"权利本位"是近现代法哲学的基石。② 主体权利的实现以权利的规范与保护为核心。"无救济,则无权利。"信息主体权益救济制度的有效性,决定了信用信息运用的广度和深度。权益受损之后的救济,是公共信用的基础性制度安排,是公共信用制度不可或缺的内容。信息归集是公共信用体系运作的第一步骤,相对应的是,在信义关系中,知情权是弱势方(信息主体)针对强势方(公权力部门)勤勉义务的首要权利,信息主体的知情权必然是配套的救济措施。

知情权是一项复合型的权利,根源于表达自由、隐私权和诉权等宪法性基本权利。③ 知情权涉及的领域广泛、内容复杂,包括但不限于保护消费者权益、股东了解公司日常经营状况以及行政相对人要求政府信息公开等方面。虽说知情权涉及领域广泛,但是其核心要义都是相同的,即为信息公开。合法合理的信息公开不仅能打破信息不对称的困境,减少不必要的成本,还符合信息开放、信息透明的内在要求,对于民主和法治而言有重要意义。在公共信用治理过程中,立法者同样也被要求赋予权利人知情权来保护其合法权益。2014年《纲要》和2016年《关于进一步把社会主义核

---

① 参见张弘:《论行政权的谦抑性及行政法的相应对待》,载《政法论丛》2017年第3期。
② 参见张文显:《法哲学范畴研究(修订版)》,中国政法大学出版社2001年版,第335页。
③ 参见刘艺:《知情权的权利属性探讨》,载《现代法学》2004年第2期。

心价值观融入法治建设的指导意见》等多项文件中数次提及社会信用立法和社会信用体系的建设,是为了实现国家治理体系和治理能力现代化,是为了强化全社会的责任意识、规则意识、奉献意识。换言之,这不仅仅是关于个别信息主体、个别组织机构,而是需要全社会参与的一项体制建设。信用信息作为公共信用体系中的核心组成部分,在其产生和运行的全过程中首先涉及信息主体的知情权,即只有信息主体充分了解、充分参与到公共信用治理和公共信用体系的建设之中,才能保证整个公共信用体系得以运行。正如科恩所认为的那样,一个社会如果希望民主成功,必须负责提供并发布普遍参与管理所需的信息。[1]

(二) 知情权的现实意义

赋予信息主体知情权,我们可以解决以下两个问题:第一,信息主体的范围。公共信用不同于市场信用。在市场信用体系中,利害关系人可以要求信息主体提供征信机构出具的征信报告来获取他人的信用信息,这是站在社会公众这一角度进行考量的,也是市场信用体系运作的基本原理,主要是涉及社会公众的信息获取能力和信息主体通过自身信用信息以获取其他利益的一种平衡。但在公共信用语境下,公共信用信息存在人格属性和社会属性,知情权主要是信息主体出于自身合法权益保护的需要所享有的。因此,在公共信用治理过程中,缺乏知情权的信息主体必然不会被归集到公共信用体系之中。第二,信息归集的边界。通过知情权的客体和内容,我们可以给信息归集一个较为明确的边界。知情权的客体是指权利所指向的对象,即何种公共信用信息可以被知情权所指向。知情权的内容是指权利主体向公权力部门请求获取信息归集状况的一个过程,即行使知情权的过程,是权利具体落实的方式。

---

[1] 参见〔美〕科恩:《论民主》,聂崇信、朱秀贤译,商务印书馆1988年版,第159页。

（三）知情权的具体展开

1. 知情权的主体

知情权的享有主体包括受到公共信用法律法规规制的、自身信用信息被纳入公共信用体系的所有年满十八周岁具有完全民事行为能力的自然人、法人和非法人组织。只有受到法律规制才有知情权的可能性和必要性。此外，在"信用全球"这一前瞻性问题以及"世界新型信用组织建设"这一重要战略的支撑下，立法者也要深刻认识到"信用体系建设是立身之本、立国之源"这一道理，积极倡导和主导国际金融信用体系建设，为信用体系的全球化、国际化奠定基础。[①] 所以，在知情权主体方面，也应当涵盖持有外国国籍的自然人、注册地在域外的法人或非法人组织，其在中华人民共和国法域内若因市场经济活动或社会交往行为从而产生一系列公共信用信息，也会被纳入我国的公共信用治理的范畴之中，自然应当受到我国公共信用法律法规的规制，同样享有对自身信用信息的知情权。

2. 知情权的客体

信用信息所涉及的范围广泛，却也不是毫无边界的。如前所述，除了基础信息之外，被归集的公共信用信息包括消极、负面的失信信息，在公权力部门提供社会公共服务过程中产生的、能够反映信息主体信用状况的信用信息，例如欠缴税款、社保，在国家组织的考试中作弊、学术造假，以及在司法领域能够反映信息主体信用状况的信息，例如有能力履行却拒不执行生效法律文书等；还包括积极的、正面的守信信息，例如获得表彰、奖励，参加社会公益、志愿服务等。信用信息是客观的，其本质上是一种用以识别、分析、判断信息主体守法、履约状况的客观数据和资料。享有知情权的信息主体可以通过权利的行使，获取自身信用信息的基本内容，了解自身信用信息是在何时、何地，以何种方式，被哪一具体部门机构获取并提供给公共信用信息平台的。信用信息是动态的，并非在被纳入公共信用体系之后

[①] 参见吴维海：《社会信用体系建设的理论、政策、问题与对策》，载《全球化》2018年第6期。

就一成不变,其会根据法律法规的规定,因信息主体行为或状态的变化而随之改变。对此,美国通说认为,信息归集工作需要信用信息是完整、及时更新并且不存在误导的,这样才能保证信用信息的准确性,以免信息主体的合法权益受到侵害。[①]

3. 知情权的内容

知情权的核心要义是信息公开、信息自由,在明确知情权的主客体之后,就知情权行使的具体方式而言,可以具体分成两类:主动获取信用信息和被动知悉信用信息。

主动获取信用信息是指信息主体有权每年通过提出申请从归集其公共信用信息的机构,也就是公共信用信息平台来获取自身信用信息和信用报告。其一是关于信息查询,考虑到公共信用治理的本质要求是社会动员,是政府资源配置,公共信用信息平台应当向信用主体提供信用信息免费查询服务,知情权享有主体可以通过服务窗口、平台网站、移动终端应用软件等方式向有关公共信用信息平台申请查询。其二是关于信用报告,信息主体有权每年从归集其公共信用信息的公共信用信息平台中免费获取一定次数的信用报告,就目前地方立法的状况来看,多地借鉴了《上海市社会信用条例》规定的每年两次免费获取公共信用报告。[②] 至于超过免费次数或者其他类型的信用报告,可以通过正常的市场化定价进行处理,在保证依据信息主体自身要求获取信息报告或其他信用信息服务的同时,促进公共信用信息服务行业的发展,进而开拓信用领域,满足社会应用和行政应用的双重需求。

被动知悉信用信息是指,信息主体有权从归集其公共信用信息的公共信用信息平台以及提供、共享上述信息的相关部门机构(例如地方公共信

[①] See Pinner v. Schmidt, 805 F. 2d 1258; Koropoulos v. Credit Bureau, Inc., 734 F. 2d 37; Thompson v. San Antonio Retail Merchants Ass'n, 682 F. 2d 509.

[②] 参见《上海市社会信用条例》第34条。多地都有借鉴上海的规定,如《河南省社会信用条例》第40条。

用信息平台、法院等)的公告、公示中获取自身信用信息。考虑到信息主体可能存在不清楚何种行为属于失信行为,或者不了解其自身失信行为被纳入公共信用体系所带来的后果等情形,除了为信息主体积极主动地申请获取信用信息之外,立法者还应当设置相应的被动知悉信用信息的制度,以保障信息主体的知情权。我们不应当对公共信用信息的知情权加以限制,而应当让信息主体充分了解和掌握自身信用信息,因为这是公共信用治理的内在要求,并且这不涉及国家秘密、商业秘密和他人的隐私问题,被动知悉信用信息的这类知情权也应当充分得到保护。

三、赋予信息主体异议权

徒法不足以自行,法律对权利的设置总是配套的。[①] 如若信息主体知情错误信用信息,其应当有权对此提出异议,以进一步维护自身合法利益。所谓异议,是指提出的不同意见。异议权的适用范围同样很广泛,尤其是在诉讼法领域内,例如民事诉讼中的案外人异议之诉。在信用领域,信用信息的异议权在2013年国务院出台的《征信业管理条例》中就有提及[②],之后又在各地社会信用相关的法规、规章中有所体现。同理,在公共信用治理的过程中,针对公共信用信息的异议权是指信息主体所享有的,针对信用信息归集、采集、保存或者提供存在错误、遗漏,或者侵犯其商业秘密、个人隐私和其他个人信息等合法权益,或者失信信息超过查询期限仍未删除等行为提出不同意见,从而让公共信用信息平台更正错误的权利。此处不讨论侵权造成损害结果之后的赔偿问题,若要寻求赔偿,则需要通过争议解决的途径予以解决。我们分析研究异议权,可根据异议权行使的过程,从"异议申请"和"异议处理"两个方面展开讨论。

[①] 参见韦森:《难得糊涂的经济学家》,天津人民出版社2002年版,第139页。
[②] 《征信业管理条例》第4章第25条第1款规定:"信息主体认为征信机构采集、保存、提供的信息存在错误、遗漏的,有权向征信机构或者信息提供者提出异议,要求更正。"

(一) 异议申请

异议可以分为信息主体对自身信用信息的异议以及社会公众对他人公开的信用信息的异议,两者虽然权利主体都是信息主体,但还是存在差别。前者指个人信息主体针对自身信用信息提出的异议,目的是更正个人信息错误,防止给自身信用评价造成负面影响;后者是指公众信息主体针对他人已公开的信用信息提出的异议,目的是更正他人信息错误,避免公众相关信息权益遭到损失。

哪一类信息、哪一类行为、哪一类情况应当被归入异议权的范畴之内,具体而言可以从信用信息的实体和程序两个方面分开讨论。在实体方面,申请的异议信息包括错误遗漏导致归集采集不完整的信用信息,与真实情况不符合的信用信息,违反法律法规规定的信用信息,等等;在程序方面,提出异议的内容包括归集、共享、开放、奖惩、退出等行为没有遵循法定程序、没有及时更新的信用信息,退出期限届满、不应当继续存留的信用信息,等等。

1. 信息实体方面的异议申请

其一,信息主体对错误遗漏导致归集不完整的信用信息提出异议,往往会因主体的不同导致异议的信息类型不同,若提出异议的主体是信息主体本身或者与其具有相同利益关系的主体,则针对的是具有社会正面评价的守信信息;反之,如果提出异议的主体并非信息主体本身或者与其具有相对利益关系的主体,那么针对的是具有社会负面评价的失信信息。不论是失信信息还是守信信息,只要是需要被纳入公共信用体系的信用信息,其若在归集及其他运行机制过程中发生错误遗漏现象,异议权享有主体都可以依法提出异议,使信用信息变得完整,让信息主体能得到全面而非片面的社会评价。

其二,在信用信息的归集、共享、开放、奖惩的过程中还可能发生与真实情况不符合的情况。该类情况是指信用信息的处理与法律法规所规定

第三章　公共信用治理中的信息归集

的不同,例如,多地公共信用相关的法规、规章根据失信行为的严重性、危害性对失信行为进行区分,并以清单的形式对失信行为进行管理,其大致可分成一般失信行为和严重失信行为。① 若公共信用信息平台在信息的归集、共享、开放、奖惩以及退出的过程中,将公共信用信息处理错误,将一般失信行为与严重失信行为混淆,使之与真实情况不符合,并导致权利人合法权益受损,那么权利人有权对此提出异议,申请信用信息部门、机构进行更正。

其三,信用信息内容违反法律法规的强制性规定也是权利人提出异议申请的一种类型。该种情形考虑的是信用信息的性质,根据信用信息的性质不同,出于保护信息主体隐私权的考量,部分信用信息是非公开、需要申请公开或者授权公开,若这类信用信息在归集、共享、开放、奖惩以及退出的过程中直接被列为公开类型的信用信息,那么会侵害权利人的隐私权。如上所述,公共信用体系归集的是信息主体的信用信息而非其他个人信息,多地法规、规章有明文规定,禁止采集自然人的宗教信仰、基因、指纹、血型、疾病、病史信息以及法律、行政法规规定禁止采集的其他信息。若信用信息内容违反上述规定,自然人的人格权将遭受侵害,也违背了公共信用体系对民主和法治的基本要求,对此权利人可以提出异议。

2. 信息程序方面的异议申请

其一,若公共信用信息平台在归集、共享、开放、奖惩以及退出公共信用信息的过程中没有遵循法定程序,信息主体可以以此为由提出异议申请。法律正义不仅仅是实体正义,更是要求程序正义,两者缺一不可。各地公共信用信息平台都有其具体行为准则和行为要求,这些规范要求都是在法律法规允许的范围内制定的,应当被充分遵守。若相关公共信用信息平台在归集公共信用信息时违反了程序要求,则会侵害法定程序,也使得

---

① 参见《福建省公共信用信息管理暂行办法》第31条;《山东省社会信用条例》第29条;《河南省社会信用条例》第33条;等等。

权利人对法定程序的预期落空。为维护公共信用体系法治化建设要求,权利人可因公共信用信息平台行为违反程序为由提出异议。

其二,若公共信用信息平台没有及时更新公共信用信息或者当公共信用信息的披露期限届满而仍未退出时,则具有利害关系的信息主体可以以此为由提出异议申请。前已提及,信用信息是动态的,应当根据法律法规的规定,随着信息主体行为、状态的改变而改变。对此,公共信用信息平台应当及时、准确地变更信用信息,并把不应当继续存留的信用信息删除,履行退出机制的要求。反之,若没有及时更新信用信息,没有删除披露期限届满的失信信息,则会使得信息主体的社会评价不准确、不及时,难以发挥社会信用体系的作用,因此具有利害关系的权利人可以此为由向有关部门、机构提出异议申请。

综上,作为异议权行使的第一阶段,在立法过程中对于异议申请需要明确异议申请的主体范围,以及异议权行使的具体情形。在归集、共享、开放、奖惩以及退出的各个阶段中,公共信用信息平台都可能对信息主体的合法权益造成损害,立法者需要从信用信息实体和程序两个方面出发,对信息主体异议权进行保护,使其能在权益受损之时进行异议申请。异议权针对信息归集的准确性,不论是实体层面还是程序层面,只有保障信用信息的准确性,才能防止信用主体权益受到侵害。①

(二) 异议处理

在信息主体对信用信息提出异议之后,异议权的行使就进入了第二阶段,即异议处理。公共信用信息平台对处理时间期限、方式、程序以及信息主体的陈述、申辩等内容都应当有明确规定。

公共信用信息平台在收到信息主体提出的异议并接收到相关异议材料之后,应当立即作出异议标注,让遭受异议的信用信息的相对人及时获知该信用信息存在异议,从而防止信息主体预期利益受损。此外,为了避

---

① See N. Vanderwoude, The Fair Credit Reporting Act: Fair for Consumers, Fair for Credit Reporting Agencies, *Southwestern Law Review*, Vol. 39, No. 2, 2009.

免信息主体滥用异议权,或者信息主体提出的异议不符合真实情况,信用信息在异议标注的同时应不影响信用信息的披露和使用。① 如果遭受异议的信用信息属于公共信用信息平台自身更正、处理的范围,那么应当直接由其在接受异议材料之后的数个工作日内作出是否进行更正的决定,并及时告知异议提出人。如果遭受异议的信用信息属于其他信用信息提供单位更正、处理的范围,如银行、法院等,那么应当在收到异议材料之后的数个工作日内转交给该信用信息提供单位进行办理。同样,信用信息提供单位在收到转交的异议材料之后,也应当在数个工作日内作出是否更正的决定,并告知公共信用信息平台,由其及时告知异议提出人。由于目前各地对更正决定、转交材料的时间规定不同,中央层面在社会信用立法过程中可以作一个上限的规定,例如,应当在收到异议的五个工作日内作出是否更正的决定,并告知异议提出人。②

作为公共信用信息归集制度不可缺少的一部分,异议权本质上是信息主体对自身合法权益的救济,是公共信用信息平台对自身行为的一种纠正,也是前置于信息主体诉诸诉讼等争议解决途径的一种权利。一方面,在异议申请阶段,法律赋予权利人积极维护自身合法权益的权利,引导信息主体积极参与公共信用体系建设;另一方面,在异议处理阶段,异议权的存在能发挥公共信用信息平台和相关公权力部门的自我纠错能力,督促其对信用信息的使用符合法律规定。

本 章 小 结

信息归集是公共信用治理四大运行机制的第一阶段,如同整个公共信用体系的基石,归集制度的合法合理是所有运行机制运作的前提。本书直截了当地指出,信息归集制度在理论和实践中的困境是信息归集边界不明

---

① 参见《江苏省社会信用条例》第 64 条。
② 参见《上海市社会信用条例》第 36 条。

确导致的信息归集过多,这会导致"公权滥用、私益受损"的局面。对此,本书从归集制度的相关主体,即公权力部门和信息主体之间的法律关系入手,来帮助解决信息归集的范围和边界问题。在公共信用治理下,公权力部门是治理者,毫无疑问是强势方,而信息主体是被治理者,自然是弱势方。在不平等的这对法律关系中,立法者往往需要通过制度设计来倾向性地保护弱势方,以寻求利益平衡,本书也试图借鉴信义关系来剖析两者的法律关系。由于公共信用治理的特性和目的是引导民众守信并提升整个社会的信任感,因此在公共信用语境下,当公权力部门与信息主体存在利益冲突时,需要把信息主体利益放在首位,并且需要以信息主体利益最大化作为信息归集工作的原则,这也分别是忠实义务和勤勉义务对公权力部门的要求。引入信义义务来理解信息归集工作,能够较好地限制公权、保护私益。接着,本书在此基础上对信息归集工作做了具体分析,从信息的属性和价值入手,公共信用信息具有人格属性和社会属性,这要求公权力部门必须以公共利益为目的对信息进行归集。由于互联网时代的发展,信息具有很高的市场价值,这也从侧面印证了明晰信息归集边界的意义和重要性。最后,本书对信息归集工作进行一定的理论指引,除了归集信息需要贯彻落实最小必要原则之外,还需要赋予信息主体配套的知情权和异议权。"无救济即无权利",只有信息主体拥有充分的权利,才能维护其合法权益,以免归集工作的不合法导致其权益受损。

第四章

公共信用治理中的共享开放

本章导读

信息的共享开放在整个信息运作机制中起到承上启下的作用,是公共信用信息平台与公权力部门之间以及社会公众之间的交互阶段。从地方立法和实践的经验来看,目前我国在公共信用信息的共享开放环节主要存在依据存疑、动力匮乏和标准不一三大问题。共享不同于开放,前者通常是指权力部门之间的信息流通和资源整合,后者则是权力部门向社会公众单方面的信息传递。公共信用信息虽然带有强烈的公共属性,但其并不属于公有,应当取之于民、用之于民。因此,权力部门不能把公共信用信息当作自己部门的私有财产,应当为了社会公众的整体利益而积极进行共享开放,以推动公共信用治理工作的开展。政府需要做的是掌握"充分共享、必要开放"的工作原则,在共享开放的具体工作流程中需要压实相关责任人员的责任,对于侵害公众合法权益的要严格追责。

公共信用信息是公共信用体系的核心要素,整个公共信用体系的建设和运行都需围绕着公共信用信息展开。在公共信用信息被归集至公共信用体系之后,公共信用体系的四大运行机制便到了共享开放阶段。所谓的信息共享和信息开放,就是以提升和实现信用信息的价值为目标,打破传统的地域之间、制度之中存在的障碍,实现信用信息的资源整合过程。自2014年《纲要》实施以来,我国已经大致形成以中央"信用中国"平台为主导,多地公共信用信息平台相结合的发展模式,公共信用信息的共享开放工作可谓初见成效。即便是尚未出台省级地方信用法规的安徽省和西藏自治区,都已搭建信用中国(安徽)和信用中国(西藏)等信用平台。但由于我国公共信用体系的特性和地方先行先试发展模式的固有缺陷,公共信用信息在共享开放的过程中也存在诸多问题。① 基于此,本章将立足于探讨公共信用信息共享开放制度与现存其他制度之间的衔接问题,以及公共信用信息共享开放制度本身的价值、意义和完善途径。②

第一节　公共信用信息共享开放的争议及逻辑

一、共享开放的依据存疑

面对信用信息共享开放,我们首先面临的问题是能否进行共享开放以及如何共享开放。公共信用信息带有强烈的公共属性,被归集的公共信用信息是能够反映具有完全民事行为能力的自然人、法人和非法人组织信用状况的数据和资料。现阶段,公权力部门掌握着大量公共信用信息,而公共信用信息的特殊之处就在于这是对信息主体信用状况的一种刻画,其中的失信信息是对其形象的一种减损,若任其向社会共享、开放,必然会对信息主体产生一定负面影响。

（一）公共信用信息共享的合法性分析

共享不同于开放。从字面意义上讲,信息开放是行政机关对行政相对

---

① 参见吴高臣:《〈民法典〉视野下的社会信用地方立法实践研究》,载《首都师范大学学报(社会科学版)》2021年第4期。
② 参见虞李辉:《论公共信用治理下信息的共享开放》,载《征信》2022年第10期。

第四章　公共信用治理中的共享开放

人所作出的行为,而信息共享更多是行政机关之间的一种资源互通,当然也不排除行政机关与行业协会、市场主体之间的共享。王博涵和曹佳认为,公权力部门对公共信用信息共享的合法性依据存在质疑是目前公共信用信息共享存在障碍的首要原因。[①] 行政法不同于民法,行政主体不同于民事主体,法无授权不可为的思想贯穿于行政法体系始终。若没有明确的法律依据或是上级部门的指示,行政机关会担心将公共信用信息共享之后诱发信息泄露,引起信息安全问题。因此,为了避免不必要的责任产生,行政机关就会拒绝共享。

事实上,国务院和各级政府早已对公共信用信息的共享问题进行了明确。2014年《纲要》指明,全社会的征信系统是以信用信息资源共享为基础的,并且全国范围内需要形成一种信用信息交换共享机制。此外,多地法规对公共信用信息的政务共享服务也进行了相关规定。[②] 当前,公共信用信息共享的法律依据早已明朗,共享依据存疑的争议也不该继续。在创新、协调、绿色、开放、共享的新发展理念之下,互联网和大数据对于公共信用信息共享而言发挥着至关重要的作用。打破行政部门之间碎片化的问题,让资源形成互通的局面,能够提升公共信用治理效率、实现公共信用信息的价值。

(二) 公共信用信息开放的合法性分析

既然公共信用信息能依法共享,那么我们就需要进一步思考公共信用信息开放的问题。开放面对的是社会公众,相较于共享而言,开放的合法性质疑显得更为强烈。张耀谋和李力认为,公共信用信息可以按照基本信息和深度信息进行分类,前者无偿开放、后者有偿开放,等到信息资源的数

[①] 参见王博涵、曹佳:《我国公共信用信息共享现状及对策》,载《电子政务》2016年第10期。
[②] 例如《浙江省公共信用信息管理条例》第18条、《上海市社会信用条例》第12条、《广东省社会信用条例》第7条。

量、质量达到一定程度之后,再以规范的形式无偿开放来提高整体效率。①他们的观点并没有区分哪些信息可以开放、哪些信息不可以开放,可以说对公共信用信息的开放问题整体持赞同的态度。另有部分学者认为,虽然公共信用信息需要开放,但是也应当受到限制,并非所有的信息都可以向社会公众开放。例如,方舟之和顾男飞认为,虽然公共信用信息中存在个人隐私属性,但是仍然受到《政府信息公开条例》的规制,需要在权利人同意之后,即获得信息主体授权才可以让行政机关对公共信用信息进行公开。②朱兵强也认为,公共信用信息属于政府信息的一类,受到《政府信息公开条例》《行政处罚法》等相关规定的制约,对公共信用信息而言,政府应当以主动公开和依申请公开相结合的方式进行公开。③

2021年9月,复旦大学的三名学生因在校外嫖娼而遭到学校开除并被公开公示,该事件受到广泛关注。嫖娼行为虽然违反了我国《治安管理处罚法》,行为人应当受到处罚,但是这种处罚不应当予以公开,反而应当予以保密。复旦大学有权根据相关规定对这三名学生予以开除学籍处分,但可以将处分决定书、告知书直接送达学生本人,而并非对此进行公开公示。复旦大学的做法侵害了学生的人格权和隐私权,不利于学生改过自新,重返社会。在本案中,公安机关虽然没有对该公共信用信息进行公开公示,但同样掌握该公共信用信息的复旦大学却不加限制地进行公开公示,这种不加限制对公共信用信息向社会公众开放的行为是不妥的,是侵犯信息主体人格权和隐私权的表现。④

综上所述,两方学者的焦点在于公共信用信息开放是否应当受到限

---

① 参见张耀谋、李力:《公共信用信息开放与共享面临的问题及对策研究》,载《征信》2010年第2期。
② 参见方舟之、顾男飞:《政府信用公开视角下的个人信用信息传递机制》,载《征信》2020年第11期。
③ 参见朱兵强:《论公共信用信息的公开》,载《征信》2020年第12期。
④ 有学者认为,"示众"这种污名形式在现代社会常以"公布违法事实"的形式出现。参见门中敬:《失信联合惩戒之污名及其法律控制》,载《法学论坛》2019年第6期。

制。公共信用信息的共享开放涉及信息主体的隐私和基本人权,如果无法解决好这个问题,必然会极大地限制共享开放机制的形成。① 对此,笔者更倾向于后者观点,公共信用信息确实需要向社会开放,但是这种开放应当留有限制,可以通过权利人授权、敏感信息隐匿化处理、非必要信息不开放等措施进行限制,以保护信息主体的合法权利。

二、共享开放的动力匮乏

公共信用信息的归集主体是行政机关、司法机关以及法律法规授权的具有管理公共事务职能的组织、公共企事业单位和群众团体组织等。信息在得到归集之后会集中传输至地方公共信用信息平台,各地公共信用信息平台的名称略有差异,但整体规划、平台构建是大体一致的,都有信用信息的数据库、信用清单目录、信用信息的共享交换系统以及地方发改委下的各地信用门户网站。虽说有地方发改委牵头,但是还有许多部门出于自身利益的考量,会将公共信用信息看作自己部门的保密资料、私有资产,不愿意将信息共享开放出去。② 这种分散与垄断并存的局面,使得"信息孤岛"现象非常严重。③ 这是地方行政机关的通病,欲破解共享开放动力匮乏的难题,就得从根源入手探析公共信用信息的权利属性。

(一)公共信用信息和公共信用数据的概念辨析

虽然在许多场景中人们会将公共信用信息和公共信用数据混为一谈,这两者的差异并不明显,或者说细分两者的意义不大,但是究其根本,信息和数据还是存在差异的。数据比较好理解,是指一种可通过客观方式记

---

① 参见王建明:《我国基础信用信息共享机制的问题及对策》,载《情报杂志》2004年第5期。
② 参见张耀谋、李力:《公共信用信息开放与共享面临的问题及对策研究》,载《征信》2010年第2期。
③ 参见马国建、梅强:《公共信用信息开放机制研究》,载《江苏大学学报(社会科学版)》2007年第4期。

录、识别、观察的资料。① 在现代社会，人们往往通过硬件存储或者云存储的方式储存数据，公共信用数据即由公共信用信息平台所掌握。信息则不同于数据，信息是在数据的基础上呈现出来的一种表征，是可以让社会公众基于此而作出的一种价值判断。公共信用信息在价值判断之后大体上可分为守信信息和失信信息，守信或失信与否就是基于公共信用数据呈现出来的表征而作出的一种价值判断。本书出于论述的便利，在厘清数据与信息的差异之后，将统一使用信息的广义概念来涵盖狭义的信息和数据。

（二）公共信用信息的归属

对于公共信用信息的归属问题，学界有两种观点。第一种观点认为，公共信用信息是公有的。例如，张丽丽认为，公共信用信息是公权力部门在公共管理的过程中所产生的，具有强烈的公共产品属性，应属于公有。② 笔者认为这种观点是导致公权力部门共享开放动力匮乏的主要因素，公权力部门一旦秉持这种观点，自然而然会出于自身所属部门的利益考量而紧握公共信用信息，态度消极甚至拒绝共享开放。第二种观点认为，公共信用信息不是公有的。例如，赵中星认为，公共信用信息的归属权应当属于全社会，我们需要达成公共信用信息是用来服务全社会的一种共识。③ 罗培新也认为，公共信息虽然被公权力部门所掌握，但并不意味着权利就应完全归属于公权力部门。④ 这些信息、数据是取之于民，也应用之于民，公权力部门是因法律授权或法定职责的要求去提供公共服务、进行公共管理的，其最终目的应当是服务民众、服务社会。就公共信用信息的归属而言，虽然其带有公共属性，但是也不应当认定为公有。公权力部门应当最大程

---

① 参见蒋冰晶：《数据要素供给视角下的信用数据开放研究》，载《征信》2021年第9期。
② 参见章政、张丽丽：《中国公共信用体系建设：特性、问题与对策》，载《新视野》2017年第2期；张丽丽：《信用治理条件下信用产品的公共品属性研究——以我国社会信用体系建设中信用产品的提供为例》，载《中国行政管理》2021年第9期。
③ 参见赵中星：《公共信用信息资源共享开放机制初探》，载《中国集体经济》2018年第7期。
④ 该观点出自2021年10月16日罗培新教授在中国法律评论公众号中发表的文章《寻求私权保护与数据开发利用的精巧平衡》。

第四章 公共信用治理中的共享开放

度地对公共信用信息进行共享开放,推动信息、数据的流通以服务于人民。因此,笔者赞同后者观点,不宜将公共信用信息看作公权力部门的私有财产,而应该去除传统观念认为的公有属性,以共享为原则、以不共享为例外,这更能适应开放包容的立法理念[①],让公权力部门对公共信用信息共享开放充满动力。

三、共享开放的标准不一

公共信用信息相关的法律法规属于创制性立法。我国正以地方先行先试的模式稳步推进公共信用治理工作和公共信用体系建设,为日后中央层面的公共信用法律制度探寻摸索、积累经验。地方先行先试制度虽说可以因地制宜,从各地发现问题、解决问题,但是该种模式也存在着一些固有的弊端,其中最为突出的便是公共信用信息共享开放的标准不统一。[②] 此外,笔者在多地调研的过程中发现,不同省市之间可以进行共享开放的能力不同。例如,部分省市已经具备先进的信息化、数据化系统,可以传输和共享开放的信息也已明确,而也有省市的信用平台才建立不久,各类信用法规和规章还处于审议阶段,不同省市在信息共享开放方面的基础条件可谓相差甚远。先行先试的发展模式对于公共信用信息共享开放而言具体有两大方面的困境。

(一)归集标准不一

各地公共信用信息平台所归集的信用信息不一致是跨省之间共享开放困难的起因。在《国务院办公厅关于进一步完善失信约束制度 构建诚信建设长效机制的指导意见》和《全国公共信用信息基础目录(2025年版)》之中,中央都授予地方公共信用信息归集的自主权,即明确地方性法规可以对公共信用信息的归集范围作出特殊规定,可以制定适用于本地的

---

① 参见郑春燕、唐俊麒:《论公共数据的规范含义》,载《法治研究》2021年第6期。
② 参见王博涵、曹佳:《我国公共信用信息共享现状及对策》,载《电子政务》2016年第10期。

公共信用信息补充目录。各地公共信用信息归集范围不同,导致跨省的公共信用信息共享出现了障碍。笔者在参与多地立法过程中发现,各地都希望自身的地方性法规、地方政府规章能走在全国前列,既能突出地方特色,又能满足本地需求。例如,有英雄烈士的地区希望将侮辱英雄烈士的行为纳入公共信用信息平台,有历史底蕴的地区希望将破坏历史文物的行为纳入公共信用信息平台,有的地区对公共交通逃票行为有规制,有的地区对违规养宠物的行为有规制。总之,现阶段不同的省份对公共信用信息的归集范围差异较大,公共信用信息跨省共享、开放、互认、奖惩的标准难以统一。

(二)分类标准不一

各地的公共信用信息归集目录是在全国的公共信用信息基础目录之上作出的,虽然会有各自的补充目录,但是大体上还是在13种公共信用信息范围内的,其中包括:登记注册基本信息、司法裁判及执行信息、行政管理信息、职称和职业信息、经营(活动)异常名录(状态)信息、严重失信主体名单信息、合同履行信息、信用承诺及履行情况信息、信用评价结果信息、遵守法律法规情况信息、诚实守信相关荣誉信息、知识产权信息、经营主体自愿提供的信用信息。有关机关根据纪检监察机关、检察机关通报的情况或意见,对行贿人作出行政处罚和资格资质限制等处理,拟纳入公共信用信息归集范围的,应当征求有关纪检监察机关、检察机关的意见。

各地公共信用信息平台在归集公共信用信息之后需要对其进行分类处理,部分地区将失信行为划分成一般失信行为和严重失信行为,也有部分地区仅对严重失信行为作出了规定。在划分失信行为的过程中,还有个别省份在草案阶段就意图借鉴吸收刑法中累犯的概念,进一步区分一般失信行为和严重失信行为,即一年内有多次同类一般失信行为的信用主体,可以认定为严重失信主体。① 可能是出于立法技术的不成熟,这一条款在最后通过的法案中没有得到呈现,但可以看出立法者是有这种动向的,实践中也存在着相关的制度需求。各地除了对公共信用信息的分类不完全一致外,在信用信息退出制度方面的设计也有所差异。总之,公共信用治理在地方立法先行先试的当下存在跨省之间共享开放的难题,虽有部分地区在尝试摸索信用一体化的建立,但成效甚微。如何探索以点带面、点面结合的共享开放模式,是跨行政区域发展公共信用体系的重要话题。

第二节　公共信用信息共享开放的价值评估

随着互联网大数据的应用深入到社会的角角落落,各国对私主体的隐私权、个人信息的保护都在日益加强。欧盟《通用数据保护条例》(GDPR)的出台,可以说是将隐私权同生命权、自由权、财产权一起视为四大人权,其改变了商业组织和相对人之间处理信息的方式,赋予个人更全面的法律保障和权利。这种立法模式和价值取向是牺牲商业便利以求保护个人隐私。我国的《个人信息保护法》也同样有保护个人信息权益、规范个人信息处理、促进个人信息合理利用的立法目的。法律存在的意义除了定分止争之外还有利益权衡。② GDPR 和《个人信息保护法》的存在虽然倾向于保护私主体的合法权益,但是也得给公共利益的考量留有一定空间。GDPR 第 9 章第 89 条对出于公共利益进行存档、科学研究、历史研究和数据统计等特定目的的行为作出了特殊规定,这些行为可以减损第 15、16、18、21 条的相关权利,只要是必要的,或者没有造成严重减损即可。③ 而我国《个人

---

① 可参见 2020 年《江苏省社会信用条例(草案)》第 27 条。但在 2021 年通过的《江苏省社会信用条例》中,该条款被删除了。

② 参见胡玉鸿:《和谐社会与利益平衡——法律上公共利益与个人利益关系之论证》,载《学习与探索》2007 年第 6 期。

③ See GDPR Article 89: Safeguards and derogations relating to processing for archiving purposes in the public interest, scientific or historical research purposes or statistical purposes.

信息保护法》在减损私权益而考量公共利益方面的规定就相对笼统,其中第 2 章第 3 节对国家机关处理个人信息作了特别规定,国家机关可以为了履行法定职责来处理个人信息,只要这些行为没有超过法定限度和范围即可。[①] 立法者减损私权益而倾向于公共利益的这种价值选择背后一定存在特殊考量,分析评估公共信用信息共享开放的价值所在,能够让公权力部门共享开放公共信用信息的行为做到法理正当、逻辑明晰。

一、促进跨行政区域的协同发展

我国幅员辽阔,但区域之间的发展很不平衡。就全国公共信用信息的制度保障、体系建设和技术支撑等方面而言,大致同区域经济一样呈东强西弱的局面。在区域发展不平衡的背景下,不难发现地方公共信用信息发展存在地方保护主义严重、各地区之间的利益难以协调等较为突出的问题。

区别于西方多数国家的地方分权的政治体制,我国中央集权的行政管理体制更能打破行政区域划分所带来的固有的壁垒。跨行政区域之间进行公共信用信息共享,可以率先形成多个地域单元,例如长三角、京津冀、珠三角等,再由这些发达地区带领中西部的省市形成相应的地域单元。公共信用信息领域的区域协同发展就如改革开放初期我国的区域发展理念那样,"先让一部分人富裕起来,先富带动后富"。公共信用信息共享可以让各个地域单元之间构建起统一联合的发展规划,让公共信用信息在地域单元内流通、组合起来,以形成一种科学、严谨、高效的运作模式。哈肯的协同学理论认为,在同一个系统下,大量子系统协同一致的发展可以引起整个宏观系统产生新的功能和架构。这和传统哲学中发展观的核心观点是一致的。

---

① 《个人信息保护法》第 34 条规定:"国家机关为履行法定职责处理个人信息,应当依照法律、行政法规规定的权限、程序进行,不得超出履行法定职责所必需的范围和限度。"

第四章　公共信用治理中的共享开放

公共信用信息共享在整个公共信用信息运作过程中,首先能做到的就是扩大信息池的范围和规模。公共信用信息的归集固然重要,但如果各行政区域故步自封,只守着自身公权力部门归集来的信息,那信息资源就天然具有局限性,也难以适应互联网大数据带来的时代要求。公共信用信息共享其次能带动的就是区域产业升级。行政界线的划分必然会阻隔公共信用信息的运行,各省市的信息库之间无法互通,行政部门内部之间无法认定,相应的奖励惩戒也无法作出。而公共信用信息共享可以打破行政界限带来的壁垒,进而激活区域内的信息市场、要素市场,引导区域内的公共信用信息自由流动。公共信用信息共享最后还能为中央的公共信用立法提供信息资源和实践基础。共享符合国家发展的长远规划,是区域发展战略的核心要义。公共信用信息共享所带来的跨行政区域的资源配置,能够较好地带动区域之间的协同发展,进而走向共同富裕、共同繁荣。

二、提升跨部门的资源整合能力

(一)资源整合的高效性

如果将跨行政区域的信息共享看作公共信用体系建设的外部结构,那么跨行政部门之间的信息共享就是内部架构。在国家对于守信联合激励、失信联合惩戒的要求下,各公权力部门之间的配合是必然的。以最为典型的失信被执行人为例,法院将被执行人列入失信名单之后,就需要将该类公共信用信息共享给其他部门,例如民航、铁路、公安等,使得其他部门可以在各自的职权范围内,充分落实对失信被执行人的惩戒措施。

早在2019年,陕西榆林就有公共信用信息跨部门共享的先例。榆林公安和榆林中院推出了信息共享的联动机制,榆林两级法院都在榆林公安的协助下带回了多名失信被执行人,并对接到案件的执行法院。这种多部门通力协作的方式,积极整合了各部门的资源,让公共信用信息的价值得到最大化的实现。①

无独有偶,辽宁盘锦在公共信用信息共享的工作上也早已向前迈进。盘锦依托智慧城市运管中心进行信用信息共享平台的建设,搭建起数据管理、联合惩戒、大数据分析、信用可视化展示、信用监测预警等应用系统,让公共信用信息平台与全省公共信用信息共享交换平台、市委市政府的业务系统进行对接,实现了信用信息的纵向、横向互联互通。② 公共信用信息的共享可以让权力部门全面、准确地了解信息主体的信用状况,从而作出合理的决策,实现信用资源的优化配置。③

（二）资源整合的时效性

公共信用信息共享开放能带来的时效性大致可以分为两个层面：其一是公权力部门的自我约束；其二是公权力部门的权力到位。

我国公共信用治理过程中的联合惩戒范围广、影响深,需要公权力部门对信息主体的信用信息做到实时更新、及时更新,避免给信息主体造成不必要的权益减损。失信联合惩戒实施多年以来,失信行为人不仅会在日常监管、行政许可、资质等级评定、政府采购等方面受到影响,还会在公共资源交易、市场行业准入、高消费等方面受到限制。可以说,一旦信息主体被纳入信用黑名单,其日常生活、职业工作的方方面面都难免受到波及。

从2014年《纲要》出台以来,中央在对各地公共信用法律制度设计进行指导的过程中,都格外强调信用修复机制,即信息主体可以按照规定,通过及时修复自己的失信行为来消除失信记录。信用修复机制抑或是退出机制的存在,是立法者赋予失信行为人的一种改过自新、自我反省的权利。

---

① 参见《信息共享联动"老赖"寸步难行》,https://www.creditchina.gov.cn/xinyongfuwu/shixinheimingdan/shixinheimingdanzuixindongtai/201912/t20191212_178620.html,2021年12月13日访问。

② 参见《盘锦信用"红黑榜"实现信息共享》,https://www.creditchina.gov.cn/csxynew/chengsfaxian/202112/t20211203_280485.html,2021年12月13日访问。

③ 参见张丽红:《如何破解信用信息共享难——完善我国信用信息共享机制的若干思考》,载《南方金融》2006年第6期。

公共信用信息进行充分共享和开放,可以让信息主体的信用信息第一时间在各公权力部门之间流通交换,避免失信主体在信用修复之后,还因之前的失信行为、失信信息受到影响。可以说,公共信用信息共享开放能够盘活整个联合奖惩以及信息退出机制。

公权力部门除了能通过公共信用信息共享,来避免因部门之间信息流通受阻给信息主体造成不必要的权益减损之外,还可以通过公共信用信息共享让权力落到实处,满足信用联合惩戒的内在要求。从实践来看,各地存在不少因公共信用信息共享不及时、不彻底,使得行为人钻系统漏洞并最终导致信用体系被架空的案例。

2018年,天津有多名犯罪嫌疑人通过伪造证件、提供虚假资料的方式骗取提取了住房公积金。[①] 这种伪造证件、提供虚假资料的行为在各地的公共信用信息法规、规章里都属于失信行为,失信信息没有在公权力部门之间得到及时共享是导致国家利益受损的关键。公共信用信息的来源是公权力部门。当下,全国各地都有其各自的大数据中心或公共信用信息平台。这些部门和机构是花大量的公共资源建设起来的,在公权力部门中像是枢纽,起到资源互通的作用。如果不进行信息共享,那么这些部门机构就相当于摆设,不仅会造成大量的资源浪费,还可能造成私主体相关信息的泄露。公共信用信息共享能让相关部门之间形成良好的工作协调对接机制,也能杜绝该类案件的再次发生。

三、推动服务型政府的转型升级

实现公共信用信息共享开放是打造服务型政府的必然要求。打造服务型政府,助推政府职能转型升级的关键要义在于改变过去被动的、消极

---

① 参见《防范骗提公积金须加强部门信息共享》,https://www.creditchina.gov.cn/home/zhuantizhuanlan/fengxiantishi/xinyongfengxiandajiatan/201801/t20180130_107760.html,2024年7月22日访问。

的工作态度,转而形成主动的、积极的服务态度。服务型政府的转型要求行政部门需要改变自身与行政相对人的处事态度和方式,以一个服务者的身份去与行政相对人打交道。就信息主体与公权力部门在公共信用信息领域的交集而言,公权力部门需要给信息主体提供查询信用信息的系统、机器,以便利信息主体查询相关信息。实践中,各省市会依托公共信用信息平台、大数据中心,面向社会提供公共信用信息的查询服务,且往往以自助受理机、自动打印机为载体,便民查询,简化民众的查询步骤,真正做到"能不见面就不见面""最多只跑一次"的服务型政府要求。

以南京市公共信用信息服务系统为例,笔者在参与《南京市社会信用条例》起草的过程中就已经感受到南京市政府对公共服务的重视。南京市政府积极利用大数据、人工智能、云计算、区块链等技术,将信用信息分析应用嵌入公共服务和行政管理各领域,促进跨地区、跨部门、跨层级业务协同,提高服务和监管效率。①

此外,上海海关也有体现出转型服务型政府后的案例。2018年,上海海关发现自己认证过的一家企业被列在上海高院的一份失信被执行人名单之中。按照规定,如果被列为失信被执行人,那么这家企业原本被上海海关认证的等级将降低,并且将受到更高频率的货物检测。为了避免企业受到不必要的损失,上海海关积极主动地联系该企业,督促企业尽快缴纳罚款。该企业在听取上海海关的建议之后,立即缴纳罚款,最后被上海高院移出失信被执行人名单,也保住了上海海关认证的信用等级。②可以看出,公共信用信息共享开放能够让政府部门更好地为行政相对人服务。

在社会生活中,广大民众对于公共信用信息开放有着强烈的需求,这

---

① 相关内容参见《南京市社会信用条例》第19条。
② 参见何易:《"点对点"信息共享,互换守信失信名单》,载《文汇报》2018年7月10日第3版。

第四章 公共信用治理中的共享开放

能反过来倒逼政府部门对自身掌握的公共信用信息进行开放。① 提供相应的硬件、软件、系统、服务设施,让信息主体自己查,能够提高政府部门的工作效率,降低人力、财政等公共资源的投入,这也符合简政放权、放管结合、优化服务的改革精神。

公共信用信息的开放有助于推动政府的公共信用信息服务透明化、规范化。"让信息多跑路、群众少跑腿"的便民惠民观点是指导信息开放的重要思想。公共信用信息开放可以让权力部门将公共信用信息服务的相关信息、工作内容公布给利害关系人,使信息主体及时了解自身的信用状况,这也是对信息主体知情权的一种保护。信息开放的同时必然会引导民众了解公共信用信息的相关制度、政策,在利益关系的驱使之下,信息主体自然会积极守信以获取在日常监管、行政许可、资质等级评定、政府采购等方面的优惠,这也是充分落实公共信用治理的重要举措。

除了民众对公共信用信息开放有强烈需求之外,我国智慧城市建设也对公共信用信息开放有着迫切要求。自数字城市、智能城市等现代城市发展理念出现之后,我国对城市信息化提出了智慧城市的发展新要求,让信息化和城镇化进行深入融合,可以为城市转型升级、民众生活方式变革起到战略支撑。在智慧城市、服务型政府的建设过程中,我们面临的最大问题在于"重视建设、轻视应用"。② 秉持将信息价值最大化的理念,合法合理地共享开放公共信用信息,是权力部门应用公共信用信息的重要举措,也是地方政府向服务型政府转型升级的必经之路。

四、降低信息不对称以提升社会治理

当下,我国"信息孤岛"的现象较为严重,权力部门之间和社会公众之

---

① 参见刘凡华:《基于大数据背景下"互联网+信用"的信息化应用服务——以南京市公共信用信息服务为例》,载《改革与开放》2017年第21期。
② 参见辛胜阳、杨建武、刘江日:《当前我国智慧城市建设中的问题与对策》,载《中国软科学》2013年第1期。

间都存在信息不对称问题,需要信息共享。公共信用治理的推进和公共信用体系的建立就是为了打破这一壁垒,因此立法者才通过法律制度对信息主体进行信用刻画。在市场信用体系中,采集相关信用信息的机构可以对信息主体的信用状况作出一个较为客观的评价,进而影响相对人是否与该信息主体进行一定的商业行为等。同理,在公共信用体系下,公权力部门通过公共渠道归集信息主体的相关公共信用信息,也能对信息主体的行为作出评价,大致划分为守信、一般失信和严重失信。[①] 其他公权力部门或者社会民众可以此为据,对信息主体做出一定评价,公权力部门可以通过权力行使来激励守信行为,或惩戒失信行为,社会民众对信息主体的社会评价也会因其守信、失信而改变。[②]

(一)社会生活治理

具体来讲,公共信用信息的共享开放能为社会治理提供多方面的支撑。对于公权力部门而言,大力推进公共信用治理是为了引导民众诚实守信,营造诚信友善的社会氛围,让民众的素质能跟得上经济发展的脚步。公共信用信息的共享能在合法合理的限度内让相关部门了解信息主体的信用状况,通过守信激励、失信惩戒的方式,引导信息主体做出守信行为、改正失信行为。信息不再限于掌握信息的特定权力部门内部,而会在其他部门之间进行流通,部门之间的信息不对称会被降低。

对于社会公众而言,公共信用信息的开放能让民众了解信息主体的信用状况,不仅能在商业领域起到降低信息不对称的作用,还能在社会交往的过程中起到类似作用,让社会公众充分了解信息主体的品行和信用状况等。共享开放的这种机制可以在一定程度上避免权力部门和社会公众因信息不对称、不了解信息主体的相关信用信息而造成不必要的损失。

---

① 部分省市的地方性法规是采取该种分类方式的,也有采取其他分类方式的模式。此处只是选择了该种分类方式以方便表述。

② 参见〔英〕弗里德利希·冯·哈耶克:《自由秩序原理》,邓正来译,生活·读书·新知三联书店1997年版,第279—295页。

（二）经济社会治理

公共信用信息的共享开放除了可以让权力部门和社会公众通过获取信息主体的失信信息来降低信息不对称之外，还可以让守信信息在打破"信息孤岛"屏障之后发挥一定作用。社会治理的作用不仅局限于民众日常交往和社会生活领域，还能影响到经济社会的一些制度安排。

2021年，习近平总书记在中央财经委员会第十次会议中指出，要构建初次分配、再分配、三次分配协调配套的基础性制度安排。① 初次分配是指劳动力、资本、土地和技术等生产要素带来的分配，再分配是指税收、缴款和其他转移支付带来的分配，而三次分配是指自愿的捐赠、转移收入等公益事业带来的分配。② 为了有效地解决贫富差距加剧的问题，我国现阶段需要支持和鼓励三次分配，让国家、民众走向共同富裕。③

在地方现有立法中，部分省市将慈善捐赠行为列为守信信息、良好信用信息，也有部分省市不对慈善捐赠行为作出过多的价值评价，避免信息主体滥用慈善捐赠行为来纠正其他失信行为。④ 有不少声音认为，这类信息的归集和评价有违信用治理的初衷，并且不符合立法逻辑。笔者对各地立法选择的态度暂且不表，但是从地方的立法目的来看，在公共信用体系的语境下，慈善捐赠行为属于具有积极、正面形象的信用信息，是值得社会追求和鼓励的行为。对此类公共信用信息的共享和开放，既能让权力部门对信息主体进行守信激励，鼓励、引导更多民众参与慈善捐赠等公益活动，也能让社会民众获取相关守信信息，了解相关守信行为，提高守信主体的

---

① 参见邓国胜：《第三次分配的价值与政策选择》，载《人民论坛》2021年第24期。
② 参见厉以宁：《股份制与现代市场经济》，江苏人民出版社1994年版，第68—70页。
③ 参见商文成：《第三次分配：一个日益凸显的课题》，载《兰州学刊》2004年第4期。
④ 《内蒙古自治区公共信用信息管理条例》第13条、《陕西省社会信用条例》第27条等地方性法规，将慈善捐赠行为列为增信信息、良好信息；《青海省公共信用信息条例》第14条、《辽宁省公共信用信息管理条例》第11条等地方性法规，将慈善捐赠行为列为其他信息。此外，《广东省社会信用条例》第47条、《天津市社会信用条例》第45条、《海南自由贸易港社会信用条例》第32条等地方性法规规定，可以通过公益慈善活动进行信用修复。

社会评价，还能反过来激励更多民众积极参与慈善捐赠等公益活动，支撑我国的三次分配、共同富裕的远大战略。综上所述，公共信用信息的共享和开放能降低信息不对称，打破当下"信息孤岛"的局面，推动公共信用体系的社会治理活动。

第三节 公共信用信息共享开放的规范思路

一、法益位阶上的匡正

罗尔斯的《正义论》中有两大正义原则。第一正义原则处理的是公民的基本权利，其所对应的是社会基本结构中分配这些基本权利的部分和功能，是任何国家都要首先处理的事情，也是任何政治家、哲学家都要承认的问题，其中包括但不限于公民的生命、健康、自由、尊严。第二正义原则处理的是收入和财富的分配以及那些不同社会地位的设计和安排，其所对应的是社会基本结构中有关经济和分配的部分和功能，对于这种功能是否为国家的合法功能是存在争议的。[①] 在两种正义原则的抉择过程中，我们应当首先追求第一正义原则，在满足第一正义原则的前提条件下再追寻第二正义原则。

在公共信用治理语境下，信息主体对与自身利益相关的信用信息享有隐私权，而权力部门构建和推动的公共信用信息的共享开放是在追求资源整合、经济效益和社会治理等多方面的价值。研究信用法的许多学者都持有一种观点，认为信用信息的共享开放需要遵循一定边界，以满足信息主

---

① 参见何怀宏：《公平的正义：解读罗尔斯〈正义论〉》，山东人民出版社 2002 年版，第 123—125 页。

第四章　公共信用治理中的共享开放

体正当合法的利益诉求,同时防止公民的隐私遭到泄露、侵害。① 但是,在隐私保护和信息共享开放之间建立边界的前提是正确树立两者代表的社会价值观念,即匡正法益上的位阶。

毋庸置疑,公共信用信息的共享开放无法避免地会涉及公民隐私、人格等第一正义原则的保护问题,而权力部门所追求的毫无疑问是前面提到的第二正义原则的问题。除了罗尔斯认为应当首先追求公民的合法权利之外,恩格斯也从国家的起源上对此类问题有相关阐述。从国家的起源来看,恩格斯认为,政府的公权力是由公民将自身一部分权利通过法律的形式让渡给政府来行使的,是先有公民权利再有政府权力。② 这一逻辑理念在我国宪法的立法结构中也有所体现。我国《宪法》在序言和总纲之后,将公民的基本权利和义务安排在国家机构之前,从各章的安排可以看出,我国立法者将公民的权利义务位阶放在国家机构之前,这也可以从侧面印证罗尔斯和恩格斯在法益位阶选择上的正确性。

公共信用信息共享开放在公共信用治理工作中起到承上启下的作用,是公共信用信息流通、整合的必经之路。开展共享开放工作的前提和基础在于匡正法益位阶,剖析信息的共享开放给信息主体带来的权益影响,以及对经济发展、社会治理的作用和价值,这可以为公共信用治理工作的推进和公共信用体系的建立打好制度基础,并将正确的理念赋予相关权力部门的工作人员。在公共信用信息共享开放的过程中,立法者需要首先保护信息主体的隐私权、个人信息权等相关人格权,再考虑共享开放给经济社会带来的效益。基础不牢,地动山摇。一切优良制度的构建都离不开正确理念的指引。当隐私与公共信用信息使用发生冲突时,只有匡正各法益的

---

① 参见李媛:《大数据时代个人信息保护研究》,西南政法大学 2016 年博士学位论文;王利明:《论个人信息权的法律保护——以个人信息权与隐私权的界分为中心》,载《现代法学》2013 年第 4 期;《信息共享与隐私保护须有平衡点》,https://www.creditchina.gov.cn/gerenxinyong/gerenxinyongliebiao/201804/t20180420_113636.html,2021 年 12 月 20 日访问。

② 参见恩格斯:《家庭、私有制和国家的起源》,人民出版社 2018 年版,第 63—82 页。

位阶,才能保障各项制度的合法性和合理性。①

二、充分性和必要性相结合下的类别化处理

公共信用信息的共享开放是公共信用体系运行必不可少的一个环节,但这并不意味着所有归集至公共信用信息平台的信息都得无限制地共享开放,公共信用信息的共享开放还得进行类别化处理。对此,我们大致可以从共享、开放的特性和信用信息的属性两方面进行落实。

前已提及,共享指向的是权力部门之间的信息聚合。公共信用信息共享需要具有充分性。充分共享公共信用信息可以打破行政区划、部门归属的限制,让公共信用信息在不同省市、不同部门之间充分流通起来,也可以破解"信息孤岛"的难题,是信用信息资源整合及公共信用体系运作的重要手段。具体而言,充分共享公共信用信息需要由上级部门的指示和有关部门的牵头。

目前,中央对共享工作已经表示明确赞同,各省市需要对信用信息共享加大力度。

其一,地方需要纵向建立起部门之间的无障碍共享机制。实践中,决策者可以让各地公共信用信息平台、大数据中心等部门来落实共享工作,将各部门掌握的公共信用信息统一归集至牵头部门,再由牵头部门进行整合梳理,建立起信用信息的大数据库,并连接各部门的内网。各部门可以快速高效地获取相关信用信息,以方便各部门开展后续评级、认定、处罚、奖赏等工作。

其二,地方需要横向建立起跨区域之间的合作共享机制。现阶段,各省市归集公共信用信息的口径较不统一,导致区域之间信用信息共享存在一定难题。为了进一步完善信用信息共享机制,地方需要打破这一僵局,

---

① 参见罗培新:《社会信用法:原理·规则·案例》,北京大学出版社2018年版,第68—72页。

第四章　公共信用治理中的共享开放

尽快实现区域之间的合作共享。实践中,相邻区域之间或者制度基础相近的区域之间,例如长三角地区、珠三角地区,可以率先进行工作对接,让各自的牵头部门对信用信息共享工作展开讨论研究,将共性部分摘出以进行合作试验,稳步推进以点带面、点面结合的区域合作共享模式,进而建设示范区域,再带动其他地区。

如前所述,开放指向的是面对社会公众的信息流通。公共信用信息开放需要具有必要性。所谓必要性,是指将必要的公共信用信息开放给社会公众,而非所有公共信用信息无条件、无限制地开放。合理地向社会公众开放公共信用信息,是打造服务型政府和推进公共信用治理工作的正确路径。开放不同于共享,共享的范围再广通常还是限制在权力部门内部,而开放却是越过了权力部门和社会公众的界限。向社会公众开放公共信用信息意味着利益相关的信息主体的部分权益被让渡出去。

从信用信息的属性来看,我们大致可以将公共信用信息分成信息主体的基础信息以及守信、失信信息。基础信息是可以识别信息主体的相关信息,例如,自然人的姓名、身份证号、性别、出生年月,法人的名称、社会信用代码、住所、成立日期等。守信信息大致是指信息主体受到表彰、奖励的具有正面社会评价的信用信息,失信信息大致是指信息主体违法、违规的具有负面社会评价的信用信息。

向社会公众开放的公共信用信息必须是必要的。信息主体的基础信息就不能随意开放,例如,我国自然人的身份证号是唯一且确定的,一旦向社会公众开放必然导致自然人信息的泄露,隐私权遭到侵犯。实践中,当权力部门需要开放相关信用信息时,需要做一些匿名化处理,比如,隐去自然人身份证号的后几位数。[①] 而像法人的信用代码、住所等相关信息都经过工商登记,本就是透明化、公开化的,因而权力部门在进行法人信用信息

---

① 参见罗培新、虞李辉:《公布"老赖"信息须遵守最小够用原则》,载《中国市场监管报》2021年2月27日第3版。

开放时,就无须对该类信息进行匿名化处理,只要能保证不侵害法人的商业秘密即可。

此外,对于带有社会评价的信用信息,权力部门不能随意向社会开放,否则会造成信息主体相关权益的损失。对于此类信息,权力部门可以通过授权形式进行开放,即只有获得信息主体的授权才可以查询、获取相关信用信息,这既保证了信息主体的合法权益不受损失,又可以适度、合理地向社会公众开放信用信息。

三、规范化管理过程中的责任落实

优良的制度离不开明确的责任。在公共信用信息共享开放的过程中,不可避免地会出现权力部门相互推诿、侵害信息主体合法权益的现象,立法者在制度设计时需要压实各方责任,以规范化管理相关部门和人员,并保障公共信用信息共享开放工作的顺利展开。

对于共享而言,责任落实的难点在于权力部门认真贯彻中央关于公共信用信息共享的精神,准确执行上级部门的指示以及积极配合相关部门的工作。具体而言:

首先,上级党委、政府需要在本辖区内对公共信用信息共享工作展开全面指导,把资源整合的价值、服务型政府的理念下达给各单位、各部门。

其次,发改委下属的公共信用信息平台需要准确执行上级部门的工作指示,发挥其信用信息数据库的作用,牵头信用信息共享工作,调动各部门工作的积极性。

最后,各部门对于公共信用信息平台的牵头工作需要积极配合、积极响应,将本单位所掌握的公共信用信息充分地共享至公共信用信息平台,并积极运用信用信息大数据库来开展本单位的日常工作,以实现共享的价值和作用。此外,在信息共享开放过程中,决策者对于不配合公共信用信息共享工作的部门和人员,要及时通报、严肃处理,避免出现懒政、相互推

第四章 公共信用治理中的共享开放

诿的局面。

开放相较于共享存在更多难点。开放面对的是社会公众,开放工作的细微偏差很容易导致信息主体的权益受损。在权力部门内部建立信用信息规范管理制度可以有以下几个步骤:

首先,应当建立信用信息规范查询制度,对信用信息的查询制度做出详细规定,明确权力部门工作人员查询信用信息的具体权限和查询程序。

其次,应当建立信用信息的保密审查制度,对已获取或者有权限获取信用信息的工作人员应当进行保密工作培训。

最后,应当建立信用信息安全管理制度,在各信用信息查询阶段将责任落实到具体部门以及工作人员,避免无法追责情况的出现。

在万物互联的当下,互联网和大数据扮演着越来越重要的角色,随之而来的信息泄露问题也变得极为突出。权力部门对社会公众进行信用信息开放需要类别化处理,将必要的信用信息进行开放,不必要的信用信息以授权制方式进行开放。

在权力部门对外开放公共信用信息过程中也需要压实责任,具体有以下三方面责任:

第一,当公共信用信息平台没有信息主体授权就向第三人开放信息主体的不必要公开的信用信息时,上级部门应当对公共信用信息平台进行一定数额处罚,并责令改正。

第二,当公共信用信息平台违规或者越权开放信息主体信用信息,侵害信息主体合法权益并给信息主体造成损失时,公共信用信息平台应当承担相应的民事责任,并向信息主体赔礼道歉。

第三,公共信用信息平台工作人员违反相关规定,非法向第三人提供、出售信息主体信用信息,若违反治安管理规定的,应当受到治安管理处罚,若构成犯罪的,应当依法追究其刑事责任。

规范管理、落实责任,是公共信用信息共享开放工作合法开展的基础。

只有正确引导共享开放工作、保障信息主体合法权益,才能让社会公众在公共信用治理的过程中感受制度的优越和法律的温暖。

四、技术治理下的要素市场培育

公共信用信息的共享开放最终还需回归到推动我国经济发展和社会治理的目标上来。信用经济已经成为我国当下重要的经济模式,影响着经济社会生活的方方面面。许多产业都从传统的担保模式转型成为信用模式,这使得产业在效率提高的过程中规模也不断扩大。[1] 例如,许多公共图书馆从过往缴纳押金借书的方式转变成通过信用信息提供公共服务,极大地提高了工作效率和社会生活的便利程度。这种经济发展模式、社会生活方式的转变,离不开公共信用信息系统的扩质增面。为了培育好信用要素市场,我们需要积极利用技术手段,在互联网、大数据、区块链等信息技术的加持下,使公共信用信息的共享开放在更大程度上得到融合。

在经济发展过程中,我们追求经济有序的活跃。首先,公共信用信息的共享开放需要安全合法地进行。以促进经济发展为目的开展信用工作,需要加强法治约束,这是保障信用经济长期稳定发展的前提。其次,公共信用信息共享开放需要持续稳定地进行。通过信用信息的供给和信用产业的不断挖掘进行双向互动,提高信用信息利用的使用预期和适用效能,共同推进信用经济的有序展开。最后,公共信用信息的共享开放需要高效便捷地进行。经济发展追求的核心是成本低、收益高。换言之,共享开放的公共信用信息需要能够深入应用至经济领域,要有统一的行业标准和可开发应用的价值,这也是信用信息要素市场培育的重点。

在社会治理过程中,我们追求社会的和谐稳定。权力部门将公共信用信息开放给各自的信息主体之后,应当通过自动化算法,按照个人偏好以

---

[1] 参见韩家平:《数字时代的交易模式与信用体系》,载《首都师范大学学报(社会科学版)》2020年第4期。

及效率逻辑等方式,将适合信息主体并可以应用公共信用信息的领域、场景推送至信息主体,以这种方式引导信息主体运用自身公共信用信息来兑现信用红利。当然,权力部门在对信息主体开展自动化算法之前得获取信息主体的同意,这也是个人信息保护法立法要求的以知情同意为核心的权利体系。[①] 此外,社会治理还追求公平正义。公共信用信息开放必须面向所有信息主体,不能只选择部分信息主体开放,而屏蔽其余信息主体,信用信息开放所带来的制度红利需要遍及全社会。信用信息的开放、应用是依托自动化算法的,但是自动化算法又是人为设计的。在技术治理、算法决策运作下的公共信用体系中,权力者需要为实现社会公平正义而保持理性。

推动公共信用信息的经济化、社会化利用,能够实现信用信息的创新驱动发展。[②] 公共信用信息共享开放能积极培育信用要素市场,将其与我国经济发展深入融合,是优化营商环境的重要推手。而引导信息主体诚信自律,并让社会公众享受公共信用信息共享开放带来的红利,也是公共信用体系建设追求的最终目标。

本 章 小 结

本章承接上一章的内容,对公共信用信息的共享开放话题展开研究探讨。信息的共享开放在整个信息运作机制中起到承上启下的作用,是公共信用信息平台与公权力部门之间以及社会公众之间的交互阶段。

首先,本书分析了信息共享开放工作中主要存在的依据存疑、动力匮

[①] 参见张新宝:《从隐私到个人信息:利益再衡量的理论与制度安排》,载《中国法学》2015年第3期;高富平:《论个人信息保护的目的——以个人信息保护法益区分为核心》,载《法商研究》2019年第1期。

[②] 参见高富平:《数据经济的制度基础——数据全面开放利用模式的构想》,载《广东社会科学》2019年第5期。

乏和标准不一这三大问题。本书分别对共享和开放的合法性问题进行分析讨论，得出信息共享的合法性不存在疑问，而信息开放则需要留有限制，具体需要通过权利人授权、信息脱敏化处理以及非必要信息不开放等措施来保护信息主体的隐私权和人格权。面对共享开放动力匮乏的问题，本书从信息的归属这个角度入手，认为公共信用信息虽然带有强烈的公共属性，但其并不属于公有，应当取之于民、用之于民，因而权力部门不能把公共信用信息当作自己部门的私有财产，应当为了社会公众的整体利益而积极进行共享开放，以推动公共信用治理工作的开展。而信息共享开放标准不一的问题主要可以分化成归集标准和分类标准两个子问题，这是地方立法先行先试带来的难题，也需要重视并尽早解决。

其次，本书通过价值评估来梳理公共信用信息共享开放的法理逻辑，从跨行政区域的协同发展、跨部门的资源整合能力、服务型政府的转型升级和降低信息不对称来实现社会治理四个层面，对国家大力推进公共信用治理作出进一步阐释，对公共信用信息共享开放的重要性和必要性进行说明。

最后，本书对于如何对公共信用信息共享开放进行法律规制提供了一些规范思路。公共信用信息平台需要在充分性和必要性结合的过程中对信息进行类别化处理，掌握"充分共享、必要开放"的工作原则。此外，立法者对于共享开放的具体工作流程需要压实相关责任人员的责任，对于侵害公众合法权益的要严格追责。面对信息共享开放，还可以积极培育要素市场，让公共信用信息在共享开放的作用下创新驱动发展，得到经济化、社会化利用。

第五章

公共信用治理中的失信惩戒

本章导读

奖惩是公共信用信息运作过程中最重要的体现,也是归集和共享开放环节存在的价值和归宿。作为关键环节,立法者提出的"守信激励、失信惩戒"可以发挥公共信用治理的真实效能。公共信用治理中,公共信用信息的正向评价可以作为激励依据,反向评价则作为惩戒依据。但由于在立法布局和信用实践中,我国失信惩戒机制存在泛化现象,并且会对失信主体产生真实意义的权益减损,因此这成为许多学者对公共信用治理批判的根源所在,本章也将着重讨论失信惩戒部分。失信惩戒不等同于行政处罚,并不违反"一事不再罚"的原则,不少学者所持有的"行政处罚论"的观点并没有真正理解信用治理和失信惩戒的内涵。我国在推进失信惩戒工作的过程中需要贯彻比例原则,坚持比例原则的普遍化,并通过清单管理的形式以解决失信惩戒泛化的问题,防止比例原则空泛化。

公共信用体系运作机制是保障公共信用体系中各系统、各规范之间协调运行的制度基础。运行机制的内容涵盖范围十分广泛,但其中最为突出的莫过于守信激励和失信惩戒,这两者直接作用并影响公共信用信息主体的相关行为,是公共信用体系运作机制中的核心组成部分。守信激励和失信惩戒都很好理解,为了匡正社会风气,传承和倡导诚信这一传统美德,通过对公共信用信息主体的守信行为进行奖励,对失信行为进行惩戒,从而增强全社会的诚信意识,改善中国经济社会发展的信用环境。

第一节　失信惩戒的实践检视和现实困境

一、"守信激励"和"失信惩戒"的实践检视

守信激励和失信惩戒的内容十分丰富,在 2016 年国务院出台的《关于建立完善守信联合激励和失信联合惩戒制度 加快推进社会诚信建设的指导意见》(以下简称《守信激励失信惩戒指导意见》)中有所体现。在守信激励和失信惩戒的运行机制背后,可以看出这是政府作为公共信用信息管理的一方与信用信息主体作为被管理的一方,两者之间的博弈和利益对抗。

对于守信激励而言,其在公共信用治理的过程中不存在过多的困境和争议,政府可以为守信主体提供行政审批的"绿色通道"以加快其办理进度;可以为守信主体优先提供公共服务便利,通过财政性资金项目安排和招商引资配套等优惠政策给予其重点支持和优先便利;可以为守信主体优化行政监管安排,在日常检查、专项检查中优化检查频次;等等。具体而言,守信激励的运行机制给信用信息主体带来的是增益,是对其守信行为的认可,并不会给信用信息主体造成负面影响,在制度设计方面需要完善的无非是以清单模式将具体的守信行为和激励措施列入其中,以具体的、明文的规定来引导信用信息主体守信,并避免社会信用管理部门、市场监管部门和公共服务机构等机关、部门的工作人员滥用权力,以守信激励的运行机制为自身谋取私利。

对于失信惩戒而言,其在公共信用治理的过程中存在许多的困境和争议,这也是本章需要着重分析和解决的问题。首先,大部分失信惩戒是以

现有的行政处罚为基础而实施的,例如吊销执照、拘留、罚款等。其次,各级政府建立了各行业的黑名单制度和市场退出机制,在市场准入、资质认定、行政审批等方面来实施信用监管;各行业协会制定相关的自律规则,通过警告、通报批评、公开谴责等方式来监督行业内部会员遵守规则。最后,为了警示潜在的失信行为和惩罚现有的失信主体,自2015年以来,许多部委都签署了联合惩戒的合作备忘录①,以跨部门联合惩戒的模式来逐步形成"一处失信,处处受限,让失信者寸步难行"的信用惩戒大格局。②

公共信用治理过程中的运作机制背后所蕴含着的政府与信用信息主体之间的博弈和利益对抗,在失信惩戒过程中尤其突出。一旦出现权力的肆意滥用、过度扩张,就会损害到信用信息主体的合法权益。当信用信息主体出现失信行为时,我们需要通过惩戒措施对其进行惩罚,以督促其纠正失信行为和改善失信状态,但是现阶段我们没有明确也难以掌握惩戒措施的边界,惩戒措施行使的过程中存在许多不合理的情形,甚至存在违法现象。对此,我们需要以联合惩戒在实践中存在的问题作为切入点,深入分析政府、法院等公权力部门与信用信息主体之间的关系,通过方法论来指引惩戒措施在公共信用治理过程中的适用。

二、失信惩戒机制泛化给信息主体造成的权益侵害

在2014年《纲要》的指引下,经过多年努力,我国社会信用体系已初步建立,失信惩戒的运行机制在公共信用体系中也已基本形成。随着中共中央《法治社会建设实施纲要(2020—2025年)》的印发,我国公共信用体系

---

① 例如,由国家发改委和工商总局牵头,共38个部委签署的《失信企业协同监管和联合惩戒合作备忘录》;由国家发改委和最高法牵头,共44家单位签署的《关于对失信被执行人实施联合惩戒的合作备忘录》;等等。
② 习近平总书记多次在会议中强调要构建"一处失信,处处受限"的信用惩戒大格局;李克强总理在2014年政府工作报告中提及"让失信者寸步难行,让守信者一路畅通"。

建设步入了新的阶段。为了创造良好的信用环境,提高全社会的诚信意识和信用水平,我们需要推动出台信用方面的法律,其中失信惩戒制度急需完善。①

如前所述,当前我国失信惩戒制度方面存在许多困境,除了存在个别失信惩戒的依据违反上位法规定之外②,失信惩戒机制在实践中最多的问题就是惩戒的范围存在过度扩张的情况,这也是本书需要着重讨论分析的。惩戒范围的过度扩张是有相应法律依据的,且不违反上位法之规定,只是在公共信用联合惩戒的实践中,执法机构在价值选择、惩戒措施实施的过程中存在偏差,过度扩张惩戒权力,泛化失信和联合惩戒带来的不利后果,最终侵害失信行为人的合法权益。对此,我们需要结合现实状况和实践案例来指出联合惩戒机制在公共信用治理过程中和公共信用体系建设中的困境所在。

(一) 侵害隐私权及个人信息合法权益

国家对于公民隐私权和个人信息合法权益的保护程度在逐年加强,意图更好地保护权利人的人格利益,但是国民尊重他人隐私权和个人信息的意识还是相对淡薄。互联网上流行的"人肉"他人的行为,公布他人个人信息、侵犯他人隐私权的现象层出不穷。同理,在信用联合惩戒的过程中也存在大量侵犯他人隐私权、泄露他人个人信息的情况。

以失信主体中最为典型的失信被执行人进行举例说明,根据《最高人

---

① 社会信用方面的立法项目已经纳入十三届全国人大常委会第三类立法项目,即立法条件尚不完全具备、需要继续研究论证。

② 例如,2013 年 5 月,江苏省政府办公厅发布了《江苏省自然人失信惩戒办法(试行)》。该办法第 10 条对失信行为人的严重程度做了三个等级的划分,分别为一般失信行为、较重失信行为和严重失信行为。其中第 20 条规定较重失信行为人三年内禁止报考公务员,第 23 条规定严重失信行为人禁止报考公务员。2013 年我国《公务员法》尚未修订,依旧是 2005 年修订的版本,根据 2005 年《公务员法》第 24 条之规定,不得被录用为公务员的情形中并不包含自然人失信。具体而言,该办法(下位法)在 2005 年《公务员法》(上位法)没有具体规定的情形下,擅自扩大了公权力部门的权力范围,损害了自然人的合法权利,属于典型的下位法违反上位法之规定,超越了上位法规定的情形,违反了公务员录用限制的法律保留原则。

第五章　公共信用治理中的失信惩戒

民法院关于公布失信被执行人名单信息的若干规定》(以下简称《失信被执行人名单规定》)第 6 条第 2 项之规定,若失信被执行人为自然人,那么记载公布的信息应当包括其姓名、性别、年龄、身份证号码。对此,在实践中,各地各级法院在公布失信被执行人名单的时候存在较大差异,其中争议最大的当属失信被执行人的身份证号码是否应当完全公开。

笔者在查询和梳理各地法院公布的失信被执行人名单之后发现,多地法院将失信被执行人的头像、姓名、年龄、家庭地址、身份证号码以及案件信息完全公开,例如荆门京山法院、南充顺庆法院、湖北通山法院等,有些甚至将名单在法院和商业中心等人流密集之处进行公开播报。[①] 与其相对的是,其他部分法院会在公布失信被执行人名单之时隐去失信被执行人身份证号码的四位数甚至更多,例如在上海崇明法院失信被执行人曝光台、厦门法院失信被执行人曝光台中隐去了失信被执行人的部分身份证号码。此外,在最高法管理的"中国执行信息公开网"中,民众可以通过输入失信被执行人的姓名来查询其失信信息,其中可以得知案号、被执行人的履行情况以及其他相关信息,但是也都没有公布失信被执行人的家庭地址,并且隐去了失信被执行人身份证号码中的四位数字。[②]

各地做法不一,可能源于相关规定并不清晰。《失信被执行人名单规定》第 6 条第 2 项中提及被执行人身份证号码,却没有明确表示是否应当隐去四位数字以保护失信被执行人的隐私权和个人信息。从《失信被执行人名单规定》第 6 条第 6 项中可以看出中央层面的价值取向,即法院在公

[①] 例如,《荆门市京山法院公布 2019 年第一批失信被执行人名单》,http://www.hbcredit.gov.cn/lhjc/jcal/lhcjgs/201901/t20190131_67063.shtml,2024 年 7 月 22 日访问;《南充市顺庆区人民法院公布 2018 年失信被执行人名单(一)》,http://ncsqfy.chinacourt.gov.cn/article/detail/2018/10/id3526807.shtml,2024 年 7 月 22 日访问;《通山县人民法院关于公布第四批失信被执行人名单的公告》,http://www.tongshan.gov.cn/zc/ztzl/tsrmfy/201706/t20170619_1383690.shtml,2024 年 7 月 22 日访问。

[②] 参见《失信被执行人(自然人)公布》,http://zxgk.court.gov.cn/shixin/,2024 年 7 月 22 日访问。

布失信被执行人名单时应当隐去包括涉及个人隐私的事项。此外,从法律体系解释的角度,仍可以推知不能完整公布自然人身份证号码。每个公民只有一个身份证号码,根据《民法典》第1034条之规定,身份证件号码属于能够识别特定自然人的个人信息。

在最高法对于身份证号码是否应当隐去作出明确规定之前,各地各级法院为了加强执行力度,敦促失信被执行人履行义务,完全公开其身份证号码这一极为敏感的个人信息,使得联合惩戒范围过度扩张,实属过当失权。其实,公布失信被执行人,只要让外界识别该自然人并知悉其为"老赖"即可。隐去身份证号码当中的几位,不会影响此种认知。在万物互联的大数据时代,身份证号码的轻易曝光会让潜在的不法分子有机可乘,从而侵害失信被执行人的合法权益,这种惩戒方式与失信被执行人的过错程度明显不成比例。①

(二)侵害受教育权

受教育权可细分成两个层面,其一是公民有权利去上学受到教育,其二是国家为公民受教育提供、创造必要的教育资源和教育机会。这是我国宪法赋予我国公民的一项基本权利,是人权的体现。虽然现阶段我国没有中央层面的公共信用立法,但是从各地公共信用相关的法规和规章来看,我国公共信用体系所管理和规范的自然人仅指完全民事行为能力人,将限制民事行为能力人和无民事行为能力人排除在外,所以实践中受到信用惩戒的大多为成年人,而因信用惩戒使受教育权遭到侵犯的大多为未成年人。

由于我国地域经济发展差异较大,现阶段各地教育资源分配也相当不均衡,部分民众会选择携带子女去经济较为发达的地区就业、生活,同时也可以让子女在当地享受更好的教育资源。2016年《苏州市义务教育阶段流动人口随迁子女积分入学实施细则(试行)》规定,苏州地方政府对流动

---

① 参见罗培新、虞李辉:《公布"老赖"信息须遵守最小够用原则》,载《中国市场监管报》2021年2月27日第3版。

第五章　公共信用治理中的失信惩戒

人口的子女入学实施积分管理,简而言之就是在达到一定积分之后,随即可以申请入学苏州市的公办学校。例如,某个人独资企业的经营者为了给子女申请入学,长久以来经营状况良好、遵纪守法、按时纳税,却因为自身公司没有按时报送两年前的年报而被工商部门纳入了经营异常名单,并导致其子女积分不足而不能申请入学。虽然之后该经营者及时补报年报,被移出经营异常名单,其子女也顺利入学①,但是该案例背后蕴含的价值取向值得我们思考,此处也仅讨论经营者没能及时补报、子女没能顺利入学的情形。根据2014年《企业信息公示暂行条例》第17条第1款第1项之规定,无论主观恶意与否,该经营者没有按规定期限公示年报确实违背相关规定。② 但是,没有公示年报的行为应受到的惩戒是否应当影响子女的入学申请? 换言之,是否应当限制和剥夺该子女的受教育权?

剖析纳入经营异常名单的惩戒措施以及子女申请入学受到限制的惩戒结果之后,笔者认为这其实是一个法益的位阶问题。《企业信息公示暂行条例》的存在是为了保障公平竞争,促进企业诚信自律,规范企业信息公示,强化企业信用约束,维护交易安全。经营者违反规定被纳入经营异常名单这一惩戒措施本身不存在任何问题,是合法合理的。此外,为了更好地分配教育资源,更好地管理教育人员,更好地发展教育事业,各地都有各自的入学标准、入学要求,例如籍贯、户口、年龄等,这也是合法合理的。但是,由于经营者的经营状况与经营者子女的受教育问题,因流动子女的入学政策而紧密地联系在一起,因此相关机构在采取该惩戒措施、处理子女入学问题时需要深思熟虑。

根据我国《宪法》第46条第1款之规定,我国公民有受教育的权利和

---

① 参见《6类企业失信行为被联合惩戒》,http://wm.jschina.com.cn/9654/201706/t20170621_4258406.shtml,2024年7月22日访问。

② 根据《企业信息公示暂行条例》第17条第1款第1项,企业未按照本条例规定的期限公示年度报告或者未按照工商行政管理部门责令的期限公示有关企业信息的,由县级以上工商行政管理部门将其列入经营异常名录。

义务,这是一项基本的人权。如若经营者子女因籍贯、户口、年龄等因素不能入学,或者经营者本身经营状况不达标,隐瞒真实信息、弄虚作假(主观恶意,存在欺诈),导致子女积分不够入学,那么就不存在任何争议。但是,如若经营者只是由于个人疏忽违反了相关规定(主观过失,不存在欺诈),并且可以对此进行补救(移出经营异常名单),那么就应当审慎处理经营者的失信问题,以相关联的方式来对此进行惩戒,不应当直接限制该经营者子女的申请入学。罗尔斯认为追求第二正义原则的前提是满足第一正义原则。① 《企业信息公示暂行条例》所要求的是对市场规范的遵守和执行,属于市场经济活动中的法益,受教育权是由《宪法》赋予公民的基本权利,属于公民的基本法益,两者相衡,受教育权应当优先受到保护,权力机关因经营者违反公示年报的规定而不给其子女加上相应的积分,进而限制其子女入学,实属过当失权,有违失信惩戒之初衷。

第二节　比例原则融入失信惩戒机制的法理和逻辑

近年来,失信惩戒的滥用遭到多方质疑,其中部分行政法学者对失信惩戒与行政处罚之间的关系以及失信惩戒的本质和边界都提出了最为直接的质疑。② 公共信用体系中的失信惩戒机制涵盖范围极广,不仅包含传统上行政机关在市场准入、市场监管、行政审批、资格认定等方面的惩戒,还涉及证监会、海关、央行、法院、民航铁路部门等主体对公司设立、债券发行、自然人任职资格、授信、高消费及有关消费、出入境等多方面的限制,我

---

①　参见何怀宏:《公平的正义:解读罗尔斯〈正义论〉》,山东人民出版社2002年版,第123—125页。
②　参见胡建淼:《"黑名单"管理制度——行政机关实施"黑名单"是一种行政处罚》,载《人民法治》2017年第5期。2018年12月1日,在"落实产权保护精神,助力民营经济持续发展"研讨会上,应松年教授对信用黑名单的法律性质、权力主体、来源依据都提出了相当切近的质疑,其称:"现在黑名单用起来很方便,到处都是黑名单,你做了什么事,不符合我的意思,马上拿黑名单给你收拾一下,多少天不能干这干那,但黑名单到底算不算行政处罚,是一种怎样的处罚,谁有权来设定这样一种处罚,目前并不清楚。"

第五章 公共信用治理中的失信惩戒

国的失信惩戒机制可谓全方位、多层次。现阶段,在简政放权、大力推进政府"放管服"改革的背景下,以法治的方式推进公共信用治理和公共信用体系建设,完善失信惩戒机制就显得极为重要。

一、失信惩戒与行政处罚:兼对"行政处罚论"观点的评析

部分行政法学者认为,失信惩戒在本质上就是一种行政处罚。[①] 由于行政处罚领域存在"一事不再罚"原则[②],他们担心失信惩戒机制的存在会使得行政相对人遭受二次行政处罚,导致行政权力的滥用。夯实失信惩戒机制的合法性基础抑或是理顺整个公共信用治理模式的法理逻辑,至关重要的步骤就是厘清失信惩戒与行政处罚之间的关系。

(一)现存争议:"行政处罚论"既有观点的展示

对失信惩戒持"行政处罚论"观点的学者不在少数。有学者认为,行政处罚按照其具体功能可以分成精神罚、行为罚、资格罚、人身罚和财产罚这五类[③],而公共信用治理中的失信惩戒是以信息主体违法为前提,在失信惩戒机制下,只要信息主体存在违法行为,其声誉、人身权、财产权等合法权益就会遭受损失,因此其认为失信惩戒就是一种行政处罚。还有学者认为,失信惩戒有多种类型,但这也只是行政行为的不同表现,其认为警示性惩戒措施属于行政指导行为,备案类惩戒措施属于内部行政行为,而惩罚性惩戒措施则同样属于行政处罚行为。[④]

我们探讨失信惩戒是否属于行政处罚,可以从行政处罚的概念、特征等角度入手进行分析。我国《行政处罚法》没有明确给出行政处罚的定义,但是根据其条文的相关表述,可以把行政处罚的定义适当归纳为:行政处罚是

---

① 参见胡建淼:《"黑名单"管理制度——行政机关实施"黑名单"是一种行政处罚》,载《人民法治》2017 年第 5 期。
② 参见朱新力:《论一事不再罚原则》,载《法学》2001 年第 11 期。
③ 参见胡建淼:《"其他行政处罚"若干问题研究》,载《法学研究》2005 年第 1 期。
④ 参见刘平、史莉莉:《行政"黑名单"的法律问题探讨》,载《上海政法学院学报》2006 年第 2 期。

指行政机关为了有效实施行政管理,维护社会秩序和公共利益,对于违反行政管理秩序的公民、法人和非法人组织的人身、财产、行为、资格作出具有惩罚性的行政制裁。

此外,行政处罚还具有行政性、惩罚性、制裁性、最终性、一次性等基本特征。行政性、制裁性和惩罚性比较好理解,即行政处罚是由行政机关作出的,带有强烈的行政性,以及行政处罚给行政相对人造成的权益损失是带有惩罚、制裁性质的,是针对行政相对人的行为所作出的。而最终性、一次性则是这些学者对失信惩戒机制批判的根源所在。需要说明的是,最终性和一次性只是代表行政相对人的行为在行政处罚领域只能受到一次法律评价和法律适用,并不影响该行为在其他法律领域的评价和适用。例如,当行政相对人的行为既违反行政处罚法又同时违反刑法规定时,该相对人在受到行政处罚之后也不影响其受到刑法的规制,即构成犯罪的,需要依法追究其刑事责任。因此,假设失信惩戒属于行政处罚,公共信用治理以及公共信用体系建立的合法性便不复存在。

(二)正本清源:针对"行政处罚论"观点的辩驳

反对"行政处罚论"观点的学者也不在少数。有的学者从失信惩戒存在不同性质的措施进行分析,其认为我国推进的公共信用治理所涉及的范围是广泛的,从中央的指导文件到地方公共信用立法的规定来看,失信惩戒大致涉及市场领域、行业领域、社会领域和行政领域,并不能简单地与行政法中的行政处罚画上等号。行政领域外的失信惩戒措施由于不具有行政性,例如对失信被执行人限制高消费,这属于司法领域,实施机关是司法执法部门,因此必然不属于行政处罚,只有行政领域的失信惩戒措施有研究的价值。他们认为,先行地方立法规定的限制获得行政奖励、限制获得政府补贴和支持等失信惩戒措施只是行政机关保留了原本可以赋予行政相对人的特别权利,对失信主体而言没有造成权利上的减损,因此不具有处罚性质。而加强行政监管只是在合法的范围内对检查的强度、频次进行的适当调整,并

第五章　公共信用治理中的失信惩戒

没有给失信主体带来权益上的减损,也不应当属于行政处罚。①

至于限制失信主体参与政府招投标以及其他财政性资金项目,在行政契约下这只是行政机关依据行政相对人的信用状况作出的"择优选择"。②受到市场作用,我们可以把信用状况也位同政府在行政相对人招投标过程中需要考虑的因素,这并不是对失信主体的处罚和制裁,行政机关也有权依据信用状况作出价值判断和价值选择。③

此外,还有学者从行政过程论的视角对"行政处罚论"观点进行回应,认为失信信息的归集、共享、开放与失信惩戒措施落实的部门是不同的,前者是公共信用信息平台,后者是公权力部门。公共信用信息平台对失信主体赋予"失信"的行为并不符合持"行政处罚论"学者所认为的精神罚的特征,因为整个失信惩戒措施尚未结束。行政处罚是一种最终行为,而不是中间行为,失信惩戒机制中公共信用信息平台对信息赋予"失信"属性的行为与行政处罚中的最终性存在偏差,因此失信惩戒不属于行政处罚。④

"一事不再罚"原则源于刑事诉讼法律,我们在运用"一事不再罚"原则的过程中需要对其进行限缩性解释。从域外立法情况来看,各国在行政管理领域适用"一事不再罚"原则时,都普遍采用了较为审慎的做法,试图为行政管理留有一定的操作空间,这一点和司法审判中的自由裁量权虽然不完全一致,但有相似之处。

以德国"一事不再罚"原则的适用状况为例,其在立法的过程中就限制了"一事不再罚"原则的适用范围。德国《违反秩序法》第19条就对行为的单数性作了规定,认为同一行为触犯数法律,而各该法律均得将之作为违反秩序行为加以处罚,或同一行为数次触犯此种法律者,仅科处单一之罚款。触

---

① 参见张晓莹:《行政处罚视域下的失信惩戒规制》,载《行政法学研究》2019 年第 5 期。
② 参见秦宗文:《行政契约的契约基础》,载《行政与法》2000 年第 4 期。
③ 参见〔英〕弗里德利希·冯·哈耶克:《自由秩序原理》,邓正来译,生活·读书·新知三联书店 1997 年版,第 279—295 页。
④ 参见范伟:《行政黑名单制度的法律属性及其控制——基于行政过程论视角的分析》,载《政治与法律》2018 年第 9 期。

犯数法律者,其罚款依科处最高罚款的法律决定之。其他法律规定之附随效果得宣示之。①

综上,在梳理双方观点之后可以发现,对失信惩戒持"行政处罚论"观点的论据已经被轻松击破。结合我国失信惩戒的实施情况,对"一事不再罚"原则宜进行限缩性解释。我国公共信用治理和公共信用体系的建设是有合法依据的,其中的失信惩戒不同于传统的行政处罚,行政机关对违法失信行为实施的惩戒,是"多罚",而不是"再罚",失信惩戒也没有违反行政法中"一事不再罚"的原则。失信惩戒机制是对信息主体公共信用状况的评价,是一种独立于行政处罚领域的信用治理方式。

二、比例原则的内涵及其延伸

(一)"四阶"理论的由来及其体现

比例原则(principle of proportionality)起源于德国,在将比例原则引入我国的时候,我们同样吸收了德国传统的"三阶"比例原则理论,并认为传统的比例原则有三大派生出来的子原则,即适当性原则、必要性原则和狭义比例原则(又称"衡平性原则")。② 在传统的"三阶"理论上,以刘权、蒋红珍为代表的学者认为,这三个子原则无法判断公权力行为的目的正当与否,即急需引入目的正当性原则来完善整个论述体系。③ 同样,我国香港地区对比例原则也是采用"四阶"理论,香港终审法院在2020年对《禁蒙面规例》进行审查时就认为,对私权利的限制是否合法需要从以下四点进行审查:(1)该措施是否追求合法的目标;(2)如果是,那么该措施是否有助于目标的实现;

---

① 《德国违反秩序法》第19条之规定,由我国台湾地区吴绮云博士翻译,https://www.judicial.gov.tw/tw/dl-79656-ea6eee40d6d249c38495ca1652efd133.html,2022年5月17日访问。
② 传统"三阶"比例原则的形成标志是1958年德国联邦宪法法院作出的药房案判决 BVerfGE 7,377-Apotheken-Urteil。
③ 参见刘权:《目的正当性与比例原则的重构》,载《中国法学》2014年第4期;蒋红珍:《论比例原则——政府规制工具选择的司法评价》,法律出版社2010年版,第111页。

第五章 公共信用治理中的失信惩戒

(3)该措施对于目标的实现而言是否必要;(4)在所促进的社会利益与受保护权利的侵犯之间是否达到了合理的平衡,特别需要追问社会利益是否给个人带来了不可接受的沉重负担。①

可以发现,不论是否将目的正当性原则加入传统的比例原则,比例原则的核心要义就是衡量目的和手段,以遏制公权、保护私益。但在衡量目的和手段之前,需要明确该目的是否正当,若不符合目的正当性原则也没有进一步讨论的必要,只有符合宪法所确认的目的,对于公权力的限制才有可能是正当的。② 因此,本书也将以"四阶"理论对失信惩戒机制进行后续分析。

(二)"四阶"理论在失信惩戒机制中的具体内涵

1. 目的正当性原则

目的正当性原则在传统的"三阶"比例原则适用之前应当得到先行审查,以确保公权力的行使、对私权益的限制符合宪法、行政法内在要求。宪法是国家的根本大法,其中蕴含着"民主、法治、人权"这一具有普适性的宪法精神,宪法对于公民基本权利的规定是对具体人权的法律保障。③ 行政法是国家进行行政管理的法律法规,但是其重心在于限制和规范公权力的行使,保护行政相对人的合法权益。如若公权力的行使、对私权益的限制不符合宪法和行政法的内在要求,就意味着不符合目的正当性原则。

公权力部门实施失信惩戒时应当遵循"尊重和保障人权""法无授权不可为"这些基本原则和精神。在对失信行为人进行惩戒的过程中,如若惩戒措施行使侵犯人权,抑或是惩戒措施的来源依据存疑,存在下位法违反上位法之规定、缺乏法律依据,法律没有授权其进行惩戒,那么公权力部门的惩戒行为将直接违反目的正当性原则,也没有继续进行传统的"三阶"比例原

---

① See Leung Kwok Hung v Secretary for Justice (2020) HKCFA 42; See Hysan Development Co Ltd v Town Planning Board (2016) 19 HKCFAR 372, §§134?135; See HKSAR v Choi Wai Lun (2018) 21 HKCFAR 167, §68.
② 参见范进学:《论宪法比例原则》,载《比较法研究》2018年第5期。
③ 参见李步云、邓成明:《论宪法的人权保障功能》,载《中国法学》2002年第3期。

则适用的必要。

2. 适当性原则

适当性原则又被称为"合目的性原则""有效性原则",具体是指国家公权力部门行使的公权力必须有助于最终目的的达成。在满足目的正当性原则这一前提条件之后,公权力部门行使公权力需要围绕着一个具体的目的进行展开,即两者之间需要存在一定的关联性,公权力的行使能够推动这一具体目的的实现。① 反之,如若公权力的行使与最终目的的实现毫无关联,抑或是对最终目的的实现起到相反作用,那么便是违反适当性原则。

在公共信用体系中,公权力部门对失信行为人进行失信联合惩戒也需要遵循适当性原则。最基本的要求就是对于失信行为人的失信行为进行惩戒,而非置之不理、消极处理甚至是对其进行奖赏激励。此外,公权力部门对失信行为人进行惩戒的这一行为必须与公权力部门意图达到的目的之间存在关联性,即通过失信惩戒措施让失信行为人承担相应的责任,警示潜在的失信行为人,保障公共信用体系的运行和发展。

3. 必要性原则

必要性原则又被称为"最小侵害原则",具体是指当公权力部门有多种措施可以实施并达成其最终目的时,应当采取对公民侵害最小的一种,这一原则是从公权力部门的手段这一角度进行考量。究其根本,在比例原则的四个子原则之中,必要性原则最能体现公权力部门和以信息主体为代表的私主体之间的关系。由于公权力是社会组成人员通过法律让渡给公权力部门行使的②,因此公权力强势是每个国家不可避免的现实,问题在于如何限制公权力的行使,在公权力部门维护和实现社会公平正义的过程中如何最小地侵害私权利。通俗来讲,必要性原则要求公权力部门不能"杀鸡取卵""涸泽而渔"。③

---

① 参见纪海龙:《比例原则在私法中的普适性及其例证》,载《政法论坛》2016 年第 3 期。
② 参见恩格斯:《家庭、私有制和国家的起源》,人民出版社 2018 年版,第 63—82 页。
③ 参见陈景辉:《比例原则的普遍化与基本权利的性质》,载《中国法学》2017 年第 5 期。

第五章　公共信用治理中的失信惩戒

在公权力部门进行失信惩戒的过程中,也需要贯彻必要性原则。当公权力部门对于失信行为人做出的某一失信行为有多种惩戒措施可以选择时,应克制自身权力,以保护私主体权利为出发点,以侵害该失信行为人权利最小的一种措施对其进行惩戒,而不能不考虑公权力行使给相对人带来的后果,抑或是肆意滥用公权力,侵害私权益。

4. 狭义比例原则

狭义比例原则又被称为"衡平性原则"。顾名思义,公权力部门因行使公权力给私主体造成的权利侵害需要和公权力部门意图达成的目的之间符合一定比例,形成相当的衡平状态。该原则与必要性原则有共性也有差异,共性在于两者都是为了遏制公权、保护私益,差异在于必要性原则注重公权力部门的手段,狭义比例原则更关注手段造成的结果,两者处于不同阶段。狭义比例原则实质上包括造成的损失大于目的和造成的损失小于目的这两种情况,但是在公权力强势不可避免的实践中,后者几乎不可能发生,或者公权力部门可以通过后续手段进一步行使公权力,所以往往只需要避免公权力部门给私主体造成的损失大于目的即可。

公权力部门在对失信行为人惩戒的过程中,需要符合狭义比例原则所体现的这种"中庸""中道"的思想,让失信行为人的过错与公权力部门对其进行失信联合惩戒所造成的损失之间存在合理的比例,保持相对的衡平。我们所讲的"一处失信,处处受限"只是倡导诚信、警示失信的口号[①],在真正进行失信惩戒的过程中,并不能将其当作一种原则或规定来具体落实,而应当具体问题具体分析,做到"过罚相当",让侵害的法益和惩戒措施相对称,以限制公权力、保护私权益。

三、比例原则对于失信惩戒机制的意义

比例原则来源于行政法,却早已跨越部门法的疆界,广泛适用于其他法

---

① 参见沈岿:《社会信用体系建设的法治之道》,载《中国法学》2019 年第 5 期。

律领域,俨然成为现代法治社会中具有普遍性和根本性的指导原则。[①] 这种防止公权力过度扩张,保护私权利不受侵害的精神不仅在实体法中有所体现,也逐渐延伸至程序法当中,毕竟对于私主体而言,许多时候程序正义重于实体正义,程序上限制公权力也能保护私主体的合法权益。

(一)明晰失信惩戒措施的边界

比例原则对于失信惩戒机制而言,最为直接的意义便是能够明晰失信惩戒机制的边界。自国务院 2014 年出台《纲要》、2016 年出台《守信激励失信惩戒指导意见》以来,我们一直都在质疑失信惩戒机制是否有边界以及边界在哪。公共信用治理的范围早已延伸至人民生活的角角落落,这不仅关乎经济治理,更关乎社会治理和理念导向。不同于西方以市场为主导的征信体系,我国的社会信用体系在前者基础上进行了创新和发展[②],将社会生活治理方面的信用状况也纳入了信用治理范畴,其中公共信用治理的广度和深度远超西方国家。

在市场为主导的征信体系中,信用信息主体之间往往处于平等地位,可以根据对方信用状况,自行采取防御措施来提高交易条件,例如提供担保、提高利率等方式,或者直接拒绝与信用状况差的对方进行交易,以保护交易安全。因此,在市场为主导的征信体系中不存在所谓的地位不平等的情况。但在公共信用治理过程中,主体是地位不平等的公权力部门和信息私主体,前者有权力来管理后者的信用行为,公权力的行使可具体表现为行政行为和司法行为等。[③] 虽然我们社会的主流价值观倡导保护弱者,但是就人性而言,强者不可避免地会滥用权力进而侵害弱者权益。[④] 公权力部门需要在比

[①] 参见陈璇:《正当防卫与比例原则——刑法条文合宪性解释的尝试》,载《环球法律评论》2016 年第 6 期。

[②] 参见罗培新:《善治须用良法:社会信用立法论略》,载《法学》2016 年第 12 期。

[③] 参见王伟:《失信惩戒的类型化规制研究——兼论社会信用法的规则设计》,载《中州学刊》2022 年第 5 期。

[④] 参见〔英〕弗里德里希·奥古斯特·冯·哈耶克:《通往奴役之路》,王明毅、冯兴元等译,中国社会科学出版社 1997 年版,第 86—114 页。

第五章 公共信用治理中的失信惩戒

例原则的引导下作出失信惩戒,比例原则也能积极作用于失信惩戒机制。

前已提及,现阶段我国失信惩戒机制中存在诸多问题,例如惩戒措施的依据存疑、惩戒措施有过度扩张的情形。运用比例原则对惩戒措施进行审查就可以避免这些问题的发生,当惩戒措施的依据存在下位法违反上位法,甚至缺乏法律依据,违反"法无授权不可为"的基本原则时,可以通过目的正当性原则进行审查排除;当惩戒措施过度扩张,侵害私主体的隐私权、个人信息和受教育权等合法权益时,可以通过适当性原则、必要性原则以及狭义比例原则进行审查排除。对于失信惩戒而言,并非惩戒力度大、涉及范围广、受众人数多就是过度扩张,也并非惩戒力度小、涉及范围窄、受众人数少就是合理恰当。失信惩戒机制应当在比例原则的引导下,针对具体的失信行为,作出相对应的惩戒措施。总的来说,比例原则能够通过明晰惩戒措施的边界而直接作用于失信惩戒机制。

(二)尊重和保障人权

比例原则对于失信惩戒机制而言,最为重要的意义便是能够充分尊重和保障人权。公共信用治理的推进和公共信用体系的建立的共同前提是解决了诚信这一传统美德与现代社会中的法律之间的关系,完成"以德入法",所以我国的公共信用体系中充满了传统的道德因素。在实践中可以发现,失信惩戒有对公民道德的过度审判,存在漠视和侵犯人权的情况,例如,公开失信被执行人的全部身份证号码、详细家庭地址,抑或是侵害失信行为人子女的受教育权等基本人权。除了上述典型的侵权例子之外,公共信用体系中的失信惩戒本身就带有较为强烈的负面评价、负面批判性质,这种价值取向是"信用"所固有的。[①] 与企业等市场主体相区别的是,自然人作为公共信用体系中的一类主体,拥有宪法所保障的人权。人权源于人的本性、人格、尊严和价值[②],人权的存在令我们在行使公权力进行失信惩戒时,不得不

---

① 参见刘俊海:《信用责任:正在生长中的第四大法律责任》,载《法学论坛》2019年第6期。
② 参见李步云、陈佑武:《论人权和其他权利的差异》,载《河南社会科学》2007年第1期。

作出不同于法人、非法人组织的惩戒措施,并且需要去积极地尊重和保障人权。

在现代法治社会中,公法的精神在于通过调和、平衡公共权益和私人权益之间的关系来保障人的尊严、民主和人权。① 比例原则作为公法的基本原则,有学者甚至将其看作公法领域的"帝王条款",认为其对于公法的意义相当于诚实信用原则对于民法的意义。② 私主体的权利按照性质不同可以分成相对可以侵犯的权利,例如财产权、隐私权,以及绝对不可以侵犯的权利,例如受教育权、人格尊严等。对于前者,有学者认为,当出现位阶高于前者的权益需要保护时,可以相对侵犯前者,例如为了保护公共利益的需要而侵害个人权益。但如若侵犯过度也会上升至人权层面,也可能出现侵犯人权的可能性,可以称之为广义的人权,对此,我们需要运用比例原则对其进行审查。③ 比例原则能够要求公权力对私主体人权的干涉以及公权力干涉所带来的影响保持在相对合理的程度。④ 后者是绝对不可以侵犯的,也可称之为狭义的人权,对于人权或人之所以生而为人的其他基本权利而言,比例原则能为公权力部门守住底线,由于不符合目的正当性原则,能够直接排除侵犯人权的行为,因此比例原则不能具体适用于对公权力行使的审查。⑤ 总而

---

① 参见姜昕:《比例原则研究——一个宪政的视角》,法律出版社 2008 年版,第 135 页。

② 参见蒋红珍:《比例原则适用的规范基础及其路径:行政法视角的观察》,载《法学评论》2021 年第 1 期。

③ 参见杨登峰:《从合理原则走向统一的比例原则》,载《中国法学》2016 年第 3 期。杨登峰认为,符合法律目的的行政行为往往不是单一的,不同的行政行为对人权的侵害常常会轻重不一;法律所维护的公共利益也不是唯一的,并不是所有的公共利益在任何情形下都大于个人利益。在其观点中,比例原则可以作用于行政行为,让行政行为相对较少地侵害公民人权。笔者将其概述为广义的人权,与绝对不可侵犯的权利即狭义的人权做区分。

④ See David Duarte, Jorge Silva Sampaio eds., *Proportionality in Law (An Analytical Perspective)*, Springer, 2018, pp.3-24.

⑤ 参见梅扬:《比例原则的适用范围与限度》,载《法学研究》2020 年第 2 期。梅扬认为,对于这类不可克减的公民权利,必须给予特别保障,无论情况多特殊、限制多轻微,对绝对权利的限制都会被视为违宪或者违法。违法或违宪的权利限制,自然不存在是否合理的问题。面对不可克减的公民权利,比例原则并无"用武之地"。笔者赞同其观点,认为人权是绝对不能遭到侵犯的,这也是比例原则尊重和保障人权的表现。

第五章　公共信用治理中的失信惩戒

言之,比例原则并非直接作用于公权力的权力行使,而是通过排除侵犯人权的行为来尊重和保障人权。

（三）引导民众诚实守信

比例原则对于失信惩戒机制而言,最终的意义还是要回到公共信用治理本身,也就是引导民众诚实守信,提升全社会的信任感。由于我国社会诚信意识和信用水平整体偏低,因此从初步建立公共信用体系起,国家层面就一直明确要以公共信用治理来匡正社会风气,引导民众积极向善,形成履约践诺、诚实守信的社会氛围。失信惩戒机制作为公共信用体系的核心运行机制,能惩戒失信行为人,让失信行为人承担应有的失信后果,保障公共信用体系的长远发展。

在分析和讨论比例原则在法律层面、人权保障层面的意义之后,需要结合我国公共信用体系的特性来分析其独特的意义,即对民众的人文关怀。前已提及,域外尚无将公共信用和市场信用一体进行调整的立法经验,我国的公共信用信息体系属于创制性的立法[①],得保持一定的谦抑性,在保持谦抑性的过程中也要结合我国的国情进行深入考量。失信不同于犯罪行为,我们意图通过对失信行为的惩戒引导民众诚实守信、警示潜在的失信行为,不是单纯为了惩戒而进行惩戒。在社会中,许多失信人员会通过失信行为得到一种莫名其妙的获得感[②],一旦公权力部门对其运用严厉的惩戒措施,他们反而会产生一种强烈的逆反心理,进而继续失信,这也与建立公共信用体系和实施失信惩戒措施的初衷相悖。

所谓的失信惩戒机制中的人文关怀,是指公权力部门对失信行为人的关怀、社会对失信行为人的关怀以及民众对于失信行为人的关怀。将比例原则融入失信惩戒机制,能够让公权力部门采取侵害失信行为人权益最小的一种惩戒措施,向失信行为人和广大民众展现国家层面的关怀,让其发自

---

① 参见罗培新:《善治须用良法:社会信用立法论略》,载《法学》2016 年第 12 期。
② 参见罗培新:《遏制公权与保护私益:社会信用立法论略》,载《政法论坛》2018 年第 6 期。

内心地认同诚实守信这一优良美德。① 人们常说法律是严明的，应当以明确的条文形式规定权利义务和责任、规范行为，让失信行为人承担应有的后果，但法律同时也应当是温情的，以最大限度给失信行为人善意和包容。比例原则对于失信行为人而言，最根本的意义在于国家、社会、人民肯定了失信行为人的人性及其人生价值。人是社会动物，离不开社会，同样，失信惩戒机制的运行也离不开比例原则。

第三节　比例原则融入失信惩戒机制的路径选择

各国对比例原则的解释都颇为形象，德国人讲"不用大炮打小鸟"，英国人讲"不用汽锤砸坚果"，中国人讲"杀鸡焉用宰牛刀"。可以看出，比例原则是用于保护私主体合法权利的一种分析和裁量方式，其核心要义是"限制公权力，保护私权益"。② 在分析得出比例原则的意义之后，问题在于，如何将比例原则用于实践。在社会信用体系中，失信惩戒机制的运行是实施惩戒措施的公权力部门与作为失信行为人的私主体之间的博弈，如何将比例原则融于失信惩戒机制，如何限制公权力部门实施惩戒措施，如何保护失信行为人的合法权利，就显得尤为重要。

一、贯彻法的人本主义精神

对于比例原则融于失信惩戒机制的路径选择而言，需要一以贯之的是坚持法的人本主义精神。法律是统治阶级意志的体现③，而统治阶级的意志又受到其根本利益的影响。毋庸置疑，中国的统治阶级是无产阶级，是建设

---

① 参见李步云：《法的人本主义》，载《法学家》2010年第1期。
② 参见蔡宏伟：《作为限制公权力滥用的比例原则》，载《法制与社会发展》2019年第6期。
③ 参见叶传星：《法学的阶级话语论析》，载《法律科学》2006年第1期；丁华：《论法是统治阶级意志的体现》，载《重庆文理学院学报（社会科学版）》2006年第6期。

第五章　公共信用治理中的失信惩戒

社会主义事业的广大人民。但由于管理国家的需要,实践中代表广大人民行使公权力的却只是极小部分人,因此公权力部门与私主体之间避免不了产生利益冲突。社会信用体系游走于公私两域,而失信惩戒机制又是公权力部门及其工作人员权力的体现,权力的出现伴随着强制力的诞生,失信行为人对公权力部门的惩戒措施必须服从,两者在法律关系中并不处于平等地位,公权力部门属于强者,而失信行为人属于弱者。强者应当克制自身,限制自己的权力,始终坚定尊重和保护弱者的理念,在失信惩戒的过程中,也需尊重和保护失信行为人,以比例原则为标准衡量所实施的失信惩戒措施。

近年来,有许多地方滥用失信惩戒措施,在没有甄别行为人主观恶意程度和所造成的负面影响的前提下,就将闯红灯、错误垃圾分类、随地吐痰等不文明行为统统纳入失信记录,进行失信惩戒。① 先不论对这些行为进行失信惩戒是否有上位法支持,是否有立法、执法的论证过程,仅就行为的类别而言,许多学者就表示针对该类不文明行为,公权力的行使早已超出正当限度,没有充分考虑个人的人格利益。②

对此,我们需要在立法、执法过程中以人为本,充分贯彻法的人本主义精神。西方的人本主义精神倡导"人是世间万物之尺度""人权高于神权""人权高于君权";③同样地,在中国古代也蕴藏着丰富的人本主义精神,《孟子》中提到"民为贵,社稷次之,君为轻",《荀子》中提到"水则载舟,水则覆舟"。东西方有着不同的文化差异,却也有着相同的文化精神,我们可以看出人本主义精神讲究"权利优先于权力""尊重和保障人权"。④ 在民法领域中,我们认为法律所未规定者,依习惯;无习惯者,依法理。⑤ 这个适用位阶

---

① 参见《侮辱语言写入征信报告,是谁失守》,http://views.ce.cn/view/ent/202105/27/t20210527_36593544.shtml,2024 年 7 月 22 日访问。
② 参见郭秉贵:《失信联合惩戒的正当性及其立法限度》,载《征信》2020 年第 2 期。
③ 参见周辅成编:《西方伦理学名著选辑》(上卷),商务印书馆 1996 年版,第 27 页。
④ 参见李步云:《法的人本主义》,载《法学家》2010 年第 1 期。
⑤ 参见我国台湾地区"民法"第 1 条。

的规则在其他法律领域中也有借鉴意义,在一个法律领域尚未成熟、制度规范不健全之时,就应当以法理和法律精神作为行为导向并始终贯彻。

我国公共信用立法采取的是地方立法先行的模式,中央的公共信用立法虽然立法条件尚不完全具备,还需要继续研究论证。地方立法先行的模式能够从地方实践汲取经验,从而为中央立法奠定基础。但同样也是地方立法先行的模式,导致失信惩戒纳入范围、失信惩戒措施的实施存在诸多偏差。公共信用立法的具体法律条文表述也许还有待商榷,但是这种"限制公权力,保护私权益""以人为本,保障人权"的人本主义精神应当永久保留并且率先适用。贯彻法的人本主义精神将是比例原则融入失信惩戒机制的首要步骤和逻辑基础。

二、坚持比例原则在联合惩戒中的普遍化

比例原则来源于行政法是毫无疑问的,但是就比例原则是否应当扩张至其他法律领域,学者们有不同的观点。以许玉镇为代表的学者认为,比例原则应当仅仅限于行政法领域,不能扩张至其他法律领域,比例原则不同于宪法性原则,不可以对其进行肆意扩张,所谓的刑法、民法等其他法律领域都不能适用比例原则,比例原则是行政法特有的基本原则。[1] 与此相对的是,以沈开举、程雪阳为代表的学者将比例原则的意义拔高到社会管理的层面,认为比例原则是一种宪法性的原则,所有的国家行为都要适用该原则,所以不应当仅仅限于行政法领域,而可以延伸至社会管理和国家治理方面的法律行为。[2]

针对以上两种观点,笔者倾向于后者。其实,比例原则发展至今早已不限于行政法、刑法、民法、经济法领域,甚至已经扩张到国际法领域,包括但

---

[1] 参见许玉镇:《试论比例原则在我国法律体系中的定位》,载《法制与社会发展》2003年第1期。
[2] 参见沈开举、程雪阳:《比例原则视角下的社会管理创新》,载《现代法学》2012年第2期。

不限于国际投资、国际贸易、国际人权保障等领域。① 笔者认为,考虑到现代法律学科已有交叉发展的趋势,管理部门之间的权力界限并没有绝对清晰,以失信惩戒为例,甚至早已出现联合惩戒的现状,为了限制公权力,防止公权力部门相互推诿、沟通不畅,应当将比例原则普遍化,让其具有普适性。

一方面是失信行为的涉及范围广泛要求将比例原则普遍化。2016年国务院出台的《守信激励失信惩戒指导意见》中提到,要对重点领域和严重失信行为实施联合惩戒,其中包括:(1)严重危害人民群众身体健康和生命安全的食品药品、生态环境、工程质量、安全生产、消防安全、强制性产品认证等领域;(2)严重破坏市场公平竞争秩序和社会正常秩序的贿赂、逃税骗税、恶意逃废债务、恶意欠薪、非法集资、合同诈骗等行为;(3)拒不履行法定义务,严重影响司法机关、行政机关公信力的,如有能力履行但拒不履行、逃避执行的行为;(4)拒不履行国防义务,拒绝、逃避兵役,危害国防利益,破坏国防设施等行为。

另一方面是惩戒措施的选择多样要求将比例原则普遍化。根据《全国失信惩戒措施基础清单(2025年版)》的规定,可以看到公权力部门实施的失信惩戒措施包括三类,共14项:一是由公共管理机构依法依规实施的减损信用主体权益或增加其义务的措施,包括限制市场或行业准入、限制任职、限制消费、限制出境、限制升学复学等;二是由公共管理机构根据履职需要实施的相关管理措施,不涉及减损信用主体权益或增加其义务,包括限制申请财政性资金项目、限制参加评先评优、限制享受优惠政策和便利措施、纳入重点监管范围等;三是由公共管理机构以外的组织自主实施的措施,包括纳入市场化征信或评级报告、从严审慎授信等。

从失信行为和惩戒措施两个方面分析,可以看出在联合惩戒的过程中,涉及的公权力部门包括但不限于市场监管、食药监管、消防、法院、民航、铁

---

① See Thomas Cottier, Roberto Echandi, Rafael Leal-Arcas, Rachel Liechti, Tetyana Payosova, Charlotte Sieber-Gasser, The Principle of Proportionality in International Law, *SSRN Electronic Journal*, Vol. 38, No. 12, 2012.

路、银行、公安、国防等,对失信行为人的约束和惩戒措施涉及行政性、市场性、行业性和社会性,这些公权力部门数量庞大且关系复杂,对于私主体的管理手段逐渐多样化,权力边界不清或者部门沟通不畅极易造成私益侵犯。因此,我们应当将关注的领域发散开来,让比例原则在联合惩戒的过程中得到普遍化。

三、以"清单管理"形式落实比例原则

在现代法律实践中,人们对于法律应当具有灵活性还是确定性争议不断,前者认为法律应当给权力机关留有空间,进行灵活处理,后者认为法律应当予以明确,让人们能够在可预料的范围内进行活动。哈特维克勋爵早在18世纪就提到,确定性是和谐之母,因而法律的目的就在于确定性。[①] 但又有人补充道,法律不应当是完全确定的,这种完全的确定是永远不可能达到的。例如,王泽鉴就曾经从成本收益分析的角度提出,民法层面人们当然可以追求"意思自治",但是法律规则通常作出的"类型化"的表述是由于"因人而异"会给立法和司法带来过高的交易成本,我们应当追求的是社会成本的最小化和社会红利的最大化。[②] 再如,周少华从普通法系举例说明,认为普通法系虽然遵循先例,但也更珍视法律的灵活性价值,以"衡平"原则作出裁判,进行公平处理。[③] 对此,笔者认为法律的确定性和灵活性应当结合起来,在法律地位相对平等的法律关系中多倾向于灵活性适用,在法律地位不平等的法律关系中多倾向于确定性,并同时以灵活性来保护处于弱势地位的法律主体。

将以上分析投射到失信惩戒机制中,笔者认为在此类法律关系中双方法律地位不平等,失信行为人处于弱势地位,即公权力部门在对失信行为人

---

① 参见〔美〕埃德加·博登海默:《法理学——法律哲学和方法(修订版)》,张智仁译,上海人民出版社1992年版,第293页。

② 参见戴昕、张永健:《比例原则还是成本收益分析法学方法的批判性重构》,载《中外法学》2018年第6期。

③ 参见周少华:《法律之道:在确定性与灵活性之间》,载《法律科学》2011年第4期。

惩罚时应当多以确定性规范为主,加之以保护失信行为人为目的的灵活性规范为辅进行适用。根据 2020 年《国务院办公厅关于进一步完善失信约束制度 构建诚信建设长效机制的指导意见》的规定,诚信建设长效机制应当按照"清单管理"的总体思路。具体而言,失信惩戒必须基于具体的失信行为事实,援引法律法规、政策文件为依据,由有关部门依法依规编制并定期更新全国失信惩戒措施基础清单,来明确失信惩戒措施的依据。例如各地在出台失信惩戒措施参考清单时会明确实施部门名称、具体惩戒措施、措施类别、对应的国家备忘录、对应的法律政策依据①,让包括失信行为人在内的社会信用信息主体可以预先得知失信行为的类别和措施,符合确定性的要求。

以《全国公共信用信息基础目录(2025 年版)》为例,该目录共纳入公共信用信息 13 类,包括登记注册基本信息、司法裁判及执行信息、行政管理信息、职称和职业信息、经营(活动)异常名录(状态)信息、严重失信主体名单信息、合同履行信息、信用承诺及履行情况信息、信用评价结果信息、遵守法律法规情况信息、诚实守信相关荣誉信息、知识产权信息、经营主体自愿提供的信用信息。有关机关根据纪检监察机关、检察机关通报的情况或意见,对行贿人作出行政处罚和资格资质限制等处理,拟纳入公共信用信息归集范围的,应当征求有关纪检监察机关、检察机关的意见。在列明信息的纳入范围之外,还逐条明确其对应的具体行为、公开属性、共享范围、归集来源和渠道、更新频次等内容。这种清单目录方式确定信息的纳入范围,能保障比例原则在实践中的落实。此外,在惩戒过程中还要根据失信行为的性质和严重程度,采取轻重适度的惩戒措施,防止小过重惩,以灵活性处理来保护处于弱势地位的失信行为人,完善私益保护机制。

四、在惩戒程序中体现比例原则

对于比例原则融于失信惩戒机制,应当以法的人本主义精神为导向,坚

---

① 可参见《浙江省守信激励与失信惩戒措施参考清单(2019 年版)》《安徽省发展改革委守信联合激励和失信联合惩戒措施清单(2018 年试行)》等。

持在失信惩戒机制中普遍化和具体化比例原则。分析讨论至此，我们都在讨论比例原则在实体法层面的意义，尚未讨论分析比例原则对程序法层面的作用。不论是美国的"正当程序原则"[①]还是英国的"自然正义"[②]，都在一定程度上体现出程序正义的意义大于实体正义。人们往往容易忽视程序的作用，其实，我们常说正义虽然会迟到但永远不会缺席，只是迟到的正义就不再是正义本身。程序正义可以延伸出很多内容，最为核心的就是重视程序在法律实践中的价值。

从功能主义的角度分析，比例原则在失信惩戒机制中扮演着"正义"的角色，限制公权力部门的失信惩戒措施，防止其过当失权。人们对这种要求公权力部门"过罚相当"的理念已经达成一定共识，需要比例原则在实践操作中具体化。除以"清单"方式让比例原则具体化之外，还有惩戒程序层面需要契合比例原则的精神和内涵。在我国行政法领域中，程序层面的比例原则其实有多处体现，例如，《行政强制法》第44条中对当事人采取的公告、限期自行拆除、强制拆除，《税收征收管理法》第37条中对纳税人采取的"责令缴纳、扣押、拍卖变卖"有顺序位阶的执法程序等。[③] 可以看出，这些条款都在公权力部门行使权力之前给行政相对人保留了一定的时间和机会来自我纠正。换言之，只有当行为人错失前一顺序位阶的机会，公权力部门才能

[①] 美国的正当程序原则来自美国《宪法》第五和第十四修正案，该原则内涵丰富，其中包括但不限于，未经正当程序禁止剥夺个人或公司财产：Sinking Fund Cases，99 U. S. 700，718-19 (1879)；Smyth v. Ames，169 U. S. 466，522，526 (1898)；Kentucky Co. v. Paramount Exch.，262 U. S. 544，550 (1923)；Liggett Co. v. Baldridge，278 U. S. 105 (1928)。所有种族、肤色、公民身份的自然人都受到正当程序原则的保护：Yick Wo v. Hopkins，118 U. S. 356 (1886)；Terrace v. Thompson，263 U. S. 197，216 (1923)；Hellenic Lines v. Rhodetis，398 U. S. 306，309 (1970)。

[②] 自然正义起源于英国，最早也可追溯至《自由大宪章》时期。自然正义可以用以防止歧视的产生，一般来说，权力行使者在对当事人作出不利影响时，要听取其本人的意见：R v. Army Board of the Defence Council，ex p Anderson (1992) QB 169；R v. Secretary of State for the Home Department，ex p Doody (1994) 1 AC 531 (HL)。如若权力行使者存在歧视，那么就不应当行使该权力：Porter v. Magill (2001) UKHL 67，(2002) 2 AC 357；Davidson v. Scottish Ministers (2004) UKHL 34，(2005) SC 7。

[③] 参见蒋红珍：《比例原则适用的规范基础及其路径：行政法视角的观察》，载《法学评论》2021年第1期。

第五章　公共信用治理中的失信惩戒

进入后一顺序位阶进行执法,这是程序层面意义上的比例原则,能够最小程度地侵害私主体。

在失信惩戒过程中也应当在程序层面体现比例原则,给失信行为人保留一定的时间和机会来纠正失信行为、改善失信状态。例如,最高人民法院在 2019 年 12 月发布的《关于在执行工作中进一步强化善意文明执行理念的意见》就要求,各地法院可以根据案件的实际情况,对于决定纳入失信名单或者采取限制消费措施的被执行人,给予其一至三个月的宽限期。在宽限期内,暂不发布其失信或者限制消费信息;期限届满,被执行人仍未履行生效法律文书确定义务的,再发布其信息并采取相应惩戒措施。① 注重失信惩戒机制在程序上的设计,不能单纯为了惩戒而惩戒,只有让比例原则在惩戒的实体和程序层面都得到体现,才能真正领会公共信用治理、公共信用体系建立和失信惩戒机制运作对于引导民众诚实守信的意义。

本 章 小 结

本章讨论的是公共信用治理中的失信惩戒机制,其作为公共信用信息运作的关键环节,通过对失信主体落实联合惩戒的方式发挥公共信用治理的真实效能。失信惩戒机制与之前的信息归集和信息共享开放不同的是,失信惩戒机制会对失信主体产生真实意义的权益减损。实践中我国失信惩戒机制存在泛化现象,这也是许多学者对公共信用治理批判的根源所在。多地在落实失信惩戒机制的过程中存在侵害公民隐私权及个人信息合法权益,甚至是侵犯基本人权如受教育权的案例。在地方立法先行先试的过程中,我们需要将比例原则融入失信惩戒机制。首先,本书分析了失信惩戒和行政处罚之间的关系,对"行政处罚论"观点进行了辩驳,证明失信惩戒并不等同于行政处罚,并不违反"一事不再罚"的原则。其次,本书对比例原则的

---

① 参见《关于在执行工作中进一步强化善意文明执行理念的意见》第 15 条。

公共信用治理：法律逻辑和中国方案

内涵以及在公共信用治理中的延伸进行阐述，论述了失信惩戒需要满足比例原则的四个子原则，即目的正当性原则、适当性原则、必要性原则和狭义比例原则。最后，本书对失信惩戒中贯彻落实比例原则的重要性进行说明，比例原则不仅能明晰失信惩戒措施的边界，解决失信惩戒泛化的问题，也是国家尊重和保障人权的基本要求，更是国家推动公共信用治理来引导民众诚实守信的内在要求。本章在最后部分对如何将比例原则融入失信惩戒机制进行了路径指引。在贯彻法的人本主义精神的基础上，要坚持比例原则的普遍化，可以在实践中用"清单管理"的形式来落实比例原则，防止比例原则空泛化。此外，除了在实体层面注重比例原则的效能之外，也要在失信惩戒的程序中对其有所体现。当然，贯彻比例原则不代表一味地要求立法者和执法者降低对失信主体的惩戒措施，而是让惩戒措施和失信主体的失信行为、失信状态符合比例原则的要求。毕竟对失信主体惩戒过低或者惩戒不足就意味着公共信用治理并不合理，也意味着失信惩戒机制失灵，这是对所有守信主体合法权益的一种侵犯。①

---

① 参见陈丽玲：《透视中国——中国社会信用体系与文化报告》，中国经济出版社2016年版，第264—266页。

第六章

公共信用治理中的退出机制

本章导读

退出机制与准入机制相对,两者形成公共信用治理的逻辑闭环。退出机制并非必经却是必不可少的环节,当公共信用信息满足相应要求之时,将按照规定退出公共信用体系,其重要性不言而喻。从现存地方公共信用立法来看,失信信息的退出机制存在诸多相矛盾或者不完善的地方。GDPR 中被遗忘权的概念十分契合我国公共信用治理的底层逻辑,值得我国借鉴。我国公共信用治理的本质是为了引导公众诚实守信,营造良好的社会氛围,并非为了惩戒而惩戒,因此在退出机制的设计上大致有主动修复失信状态的修复权和失信信息披露期间届满的消除权两大类。对各地信用立法进行比较,不难发现既存退出机制中主要存在三方面问题,包括但不限于失信信息披露的起算时间、失信信息披露的期限以及披露期限届满后的后续处理等。对此,立法者需要同时考量退出机制的法理和实践操作的便利性等因素,构建合法合理的公共信用信息退出机制。

诚信,是全社会所应当追求的价值观念。[①] 从过往"自古皆有死,民无

---

① 参见吴弘:《诚信价值观融入信用立法研究》,载《东方法学》2018 年第 1 期。

信不立"①的传统美德,到如今引领新时代的社会主义核心价值观②,可以看出中国对于诚实信用的重视一直在得以延续。统治者对于一个观念或者制度持有积极态度的原因无非是,正确引导该观念或者建设该制度能对经济社会治理带来积极作用。

就公共信用体系运行的全过程而言,可以将其大致分成四个阶段:(1)信用信息的归集、采集;(2)信用信息的共享、开放;(3)信用信息的激励、惩戒;(4)信用信息的存留、退出。对此,在整理所有省市两级地方性法规和规章之后,笔者发现,各地制度的内容详略不当,其中对信用体系运作的前三个阶段都有着较为详细的规定,但是各地对于信用信息的存留、退出规定则较为粗略简单。

具体而言,多地在对失信信息的起算时间、查询期限及后续处理方面都持有不同的态度,部分地方甚至还缺乏相应的退出机制。以全国首个社会信用条例《上海市社会信用条例》为例,其第 35 条规定,申请查询信息主体失信信息的期限为五年,法律、法规和国家另有规定的除外。③ 该条明确的是失信信息的退出机制,体现的是对失信行为人权益的保护。该规定在其他省市信用条例和管理办法中也有所体现,却也存在没有相关规定或者对于相关规定的表述不一,进而导致价值取向存在偏差的情形。此外,在失信信息披露期间届满后的处理选择上,各地选择也有所不同。以《河南省社会信用条例》为代表的信用立法采取超过期限转档保存的方式,而以《浙江省公共信用信息管理条例》为代表的信用立法则采取从信用档案中及时删除的模式。在中央和地方的公共信用立法过程中,信息主体尤其

---

① 该句出自《论语·颜渊》。孔子在教导学生如何为政时说道,自古以来人都难免一死,如果不能取信于民就无法立国。

② 党的十八大以来,积极培育和践行 24 字的社会主义核心价值观,诚信就列于其中。

③ 《上海市社会信用条例》于 2017 年 6 月通过,同年 10 月开始施行,是全国首个社会信用条例。其中,第 35 条对失信信息的披露期限做了 5 年的限制性规定,之后该制度规定也得到了山东、河南、浙江、河北等多地的借鉴。

是失信主体如何保护自身的合法权益?失信信息的查询期限和期限届满后的处理是否应当做到统一?失信信息查询期限的存在是否会与其他相关权益发生冲突?这些都是值得考量的问题,需要我们通过法理和逻辑分析来解决。

第一节　被遗忘权融于公共信用体系的法理和逻辑

一、被遗忘权的概念辨析和内涵延伸

(一)被遗忘权与消除权之辨

被遗忘权(Right to be forgotten)这一概念最早出现于信息网络领域。在万物互联的现代社会,由于信息具有易存储、易传播的特性,出于个人信息保护的目的,信息主体开始产生消除其过往信息数据和痕迹的要求。2016年4月,欧盟出台了GDPR,其中第17条对相关内容进行了详细规定,但其表述为消除权(Right to erasure),被遗忘权只是放在括号中做补充解释。[①]

被遗忘权与消除权之间是否存在差异,人们是持不同意见的。部分学者认为两者没有本质区别,虽然被遗忘权被放在括号之中,但是其没有被删除就可以证明立法者对其意义的肯定,被遗忘权看似是主观上的被遗忘,实质上还是对客观信息数据的删除,被遗忘权这种通俗易懂的表述是对消除权的补充说明,更能帮助民众理解相关内容。[②] 他们认为,消除权或被遗忘权是一样的,两者都是在数据主体不想再使用个人数据,并且数据控制者没有正当理由需要保留该数据时,赋予数据主体的一种权利,让

[①] See 2016 General Data Protection Regulation Article 17: Right to erasure ('right to be forgotten').

[②] 参见李倩:《被遗忘权在我国人格权中的定位与适用》,载《重庆邮电大学学报(社会科学版)》2016年第3期。

其可以删除个人数据。①

与此相对,其余学者认为两者存在一定差异。从两者概念本身出发,消除权所指向的对象是一些客观数据,如互联网上储存的账号密码、浏览痕迹、个人偏好等,意图保护信息主体的合法权益,防止客观数据被持有者肆意滥用,让信息主体能够通过权利的行使,在根源上消除信息数据。而被遗忘权从字面上看似乎带有一些主观的情感色彩,其内容和目的的延伸性更强,往往指向信息主体所涉及的,在社会交往领域中,公众之间交互产生的一系列信息。与消除权相比,被遗忘权更重视信息主体的相关信息被社会公众所遗忘这一目的,而非简单地消除信息数据。② 他们认为,根据 GDPR 第 17 条第 3 项之规定,权利主体行使消除权的例外情形包括:保护言论自由,公共卫生利益,出于历史、统计和科学目的进行研究,等等;而根据 GDPR 第 17 条第 4 项之规定,为了代替消除权,数据控制者应当采取一定方式来限制个人数据,使其不受常规数据访问和处理操作的约束,并且不再可以更改,这是被遗忘权在消除权之外的一种表现形式。③

笔者认为,消除权可以有狭义和广义之分。就广义的消除权而言,不论其与被遗忘权的概念究竟为何,两者共同的目的都是当向公众披露的信息不再具备法定或约定条件之时,继续维持披露状态会对信息主体造成经济或者精神上的不利影响,信息主体有权依此消除过往的信息数据,使之被公众所遗忘。④

---

① See Everything you Need to Know About the "Right to be Forgotten", https://gdpr.eu/right-to-be-forgotten/, accessed July 23, 2024; The Right to Erasure or Right to be Forgotten Under the GDPR Explained and Visualized, https://www.i-scoop.eu/gdpr/right-erasure-right-forgotten-gdpr/, accessed July 23, 2024.

② 参见万方:《终将被遗忘的权利——我国引入被遗忘权的思考》,载《法学评论》2016 年第 6 期。

③ See M. M. Vijfvinkel, *Technology and the Right to be Forgotten*, Radboud University Nijmegen 2016 Master's Thesis.

④ 参见李媛:《被遗忘权之反思与建构》,载《华东政法大学学报》2019 年第 2 期。

就狭义的消除权而言,笔者更倾向于后者的观点,所谓的消除权和被遗忘权之间有本质上的区别,狭义的消除权不等于被遗忘权,不应当简单地将两者混为一谈。欧盟 2012 年版本的《通用数据保护条例》第 17 条的表述为 Right to be forgotten and to erasure[①],到 2016 年的版本却变成 Right to erasure (right to be forgotten)。由于《通用数据保护条例》的出台是为了保护个人的数据和隐私,主要针对的是个人数据的控制问题,即客观数据信息,因此我们可以看出,欧盟为了避免概念混淆,与之前在规则中独立的表述不同,2016 年版本的《通用数据保护条例》对被遗忘权这一概念有明显淡化的趋势,意图突出规范客观数据的消除权。目前,个人数据归属尚未明确、个人信息保护也正处于起步阶段,应当对此保持谦抑性,为未来的立法和司法实践留有余地,而非过早地混淆消除权和被遗忘权。

(二)被遗忘权在公共信用领域的延伸

投射到公共信用领域,考虑到失信信息具有强烈的公共属性和社会属性,笔者认为被遗忘权这一概念似乎更为契合。公共信用体系的运行会让信用信息公之于众,这也是公共信用治理和公共信用体系存在的意义。

信用信息尤其是失信信息公之于众,会使得失信主体的社会评价降低,进而让失信主体产生行使被遗忘权的需求,在满足一定条件之后,失信信息能被社会公众所遗忘。从失信信息被社会公众所遗忘这个目的出发,笔者认为,公共信用体系中的被遗忘权不仅涉及狭义的消除权这一概念,还包含着失信主体对失信信息进行补救这一范畴。换言之,这是一个问题的两个层面,为了让失信信息被社会公众所遗忘,失信信息需要从客观层面得以消除,例如信息披露期限届满等客观情形,也需要通过失信主体积极补救、改正修复的方式被社会公众所逐渐遗忘,并使得其自身被社会公

---

① See 2012 General Data Protection Regulation Article 17: Right to be forgotten and to erasure.

众所重新接纳。①

传统意义上的消除权是指权利人通过申请,要求信息控制者删除其相关信息,在这一法律关系中权利人是主动行使权利的,而信息控制者由于受到利益影响,往往不会主动删除相关信息。但是在社会信息领域,这一消除权的概念还不能满足信息主体对于退出机制的要求,不仅需要信息主体通过修复失信行为,改变自身失信状态,再通过向信息控制者(行政机关、司法机关以及公共信用信息平台)申请删除相关信息,还需要信息控制者在满足一定条件(例如失信信息的披露期间届满)之后,主动删除相关信息,让其被社会公众所遗忘。

因此,在公共信用体系下,仅用消除权来囊括这一概念是不恰当的。结合公共信用的属性,笔者认为采用被遗忘权这一概念更为契合,这不仅是权利人对于信息控制者所拥有的权利,更是权利人要求整个公共信用体系赋予他的权利。笔者认为,在公共信用领域中的被遗忘权需要得到一定延伸,应当同时包含消除权和修复权的概念,具体如图3所示。

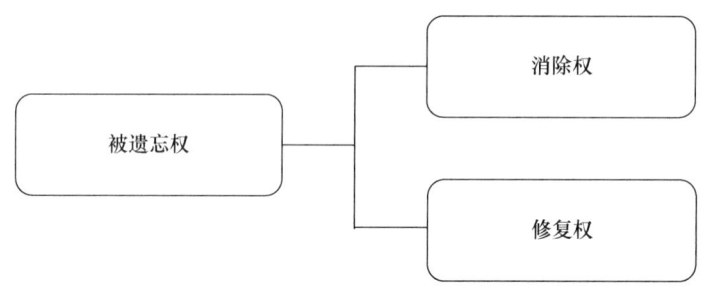

图3 被遗忘权与消除权、修复权的关系示意图

---

① 笔者从"沙子与石头"这一阿拉伯传说中获取了一些思路,把负面的记忆当作沙子扬撒,把正面的记忆铭刻在石头上。社会信用也是如此,它需要社会具有包容性,被遗忘权能给予失信主体重返社会的机会。

第六章　公共信用治理中的退出机制

二、我国公共信用的立法精神及特性

为了将被遗忘权充分融于公共信用领域,我们不仅需要分析被遗忘权的内在价值,还需要从公共信用治理和公共信用体系建设的角度出发,分析其立法精神和治理目的,才能得出两者是否适配的结论。

(一) 我国公共信用体系的创新发展

如前所述,对于信用体系的定义,理论上有狭义和广义之分。狭义论者认为,信用体系应当仅指市场信用体系,尤其是金融领域的信用评级,其作用应当是降低市场信息不对称的风险,减少市场交易成本,维护交易安全,促进经济平稳发展。与此相对的是,广义论者认为,信息体系不应仅限于市场信用,市场信用固然重要,但是随着现代社会的发展,立法者更应当关注民众在社会交往过程中所产生的信用问题,如"医闹"、学术造假、拒绝履行国防义务、非法燃放烟花爆竹等行为。[1]

西方信用体系发达的国家,在信用体系的建立上主要体现了狭义论者的观点,即以征信和评级为核心的市场信用体系,虽然在结合刑法等部门法之后,也呈现出关乎公共社会治理方面的趋向,但总体而言还是坚持传统的市场信用体系这一观念,其信用体系在公共信用治理领域的涉及面较小。而我国在信用体系建立过程中,却出现过立法态度的转变。在第一阶段,我国是直接借鉴西方国家,所建立的市场信用体系主要围绕着市场交易、消费者权益保护所展开;[2]在第二阶段,立法者考虑到自市场经济体制改革以来,指数式增长的经济并没有完全带动公民素质的协同发展,社会治理的首要任务是推动公民整体素质的提高。[3] 因此,在立足中国国情之后,我们对西方传统的信用体系进行了一定的创新发展,使信用体系指向

---

[1] 参见罗培新:《遏制公权与保护私益:社会信用立法论略》,载《政法论坛》2018年第6期。
[2] 参见韩家平:《关于加快社会信用立法的思考与建议》,载《征信》2019年第5期。
[3] 参见章政、张丽丽:《中国公共信用体系建设:特性、问题与对策》,载《新视野》2017年第2期。

的范围获得了一定扩张,并将公共信用体系正式确立成我国社会主义市场经济体制和社会治理体制的重要组成部分。①

(二) 我国公共信用体系的特殊性

在得出中国公共信用体系不仅关乎市场经济建设,更是对全社会治理有着深远意义这一结论之后,笔者将以此为切入点进行进一步分析。在市场经济活动中的理性交易人,是以自我经济利益最大化为目标,其市场交易行为是在守法甚至徘徊于守法和违法之间的灰色地带进行的,法律是其唯一的行为准则和衡量标准,道德在市场交易过程中的作用微乎其微。因此,对于市场交易的失信行为,立法者往往采取惩戒措施进行规制,意图增加失信主体的市场交易成本,如通过罚款、限制或禁止进入特定市场、降低市场信用评级等措施,打破原有的纳什均衡(Nash equilibrium)②,从而迫使市场主体守信,维护市场的交易秩序。

与此相对的是,自然人作为社会主体③,由于受到家庭背景、学识学历、成长环境等外部因素的影响,都具有区别于他人的、独特的主观思维,其社会行为往往会受到自我道德观念的约束。相较于市场经济活动中的理性交易人,社会中的人具有更强的可塑造性,可以通过道德观念的正面引导来提升民众的整体素质,进而营造全社会诚实守信的大格局。因此,立法者更应当采取柔性的、循循善诱的方式,即建立公共信用体系,通过"守信激励、失信惩戒"的制度安排来引导社会中的人守信,其中针对行为人的失信行为所产生的惩戒措施,只是一种行为载体,是不得已而为之的。

---

① 党的十八大提出要加强政务诚信、商务诚信、社会诚信、司法公信建设。
② 纳什均衡是博弈论的一个概念,指无论对方的策略选择如何,当事人一方都会选择某个确定的策略。在社会信用领域即指,市场主体一方都会选择违约、不守信,不惜代价追求自身利益。
③ 本书主要是围绕公共信用体系展开分析,因此将自然人作为讨论的重点,书中对社会主体的表述特指自然人,市场主体的表述特指法人和非法人组织。

第六章　公共信用治理中的退出机制

三、被遗忘权对于社会失信主体的必要性

（一）社会失信主体的现实需求

从失信主体的现实需求和相关制度安排来看，市场失信主体一旦做出失信行为，除了遭到相应的失信惩戒措施之外，还会因为市场信用评价降低导致其市场萎缩、交易量变小、银行信贷困难，进而逐渐被其他竞争者取代甚至被整个市场彻底淘汰，毕竟市场活动中的所有交易者都具有理性思维，都希望与自己相关的交易是低风险的，自己的交易对手是诚实守信的。对此，立法者安排了一系列退出机制以处理市场失信主体，如破产清算等。换言之，这是在主体层面的制度安排。但是在公共信用领域，对于社会中的自然人而言，与前者相比，我们应当强调人的人格与尊严，这一点在《民法典》中的人格权编部分也得到了很好的体现。例如，《民法典》第1024条规定，与信用相关的社会评价属于名誉权的调整范畴。此次在人格权部分中增加与社会信用相关的内容，可以看出立法者对于信用关系中人格利益保护的重视。[①]

（二）社会失信主体相关的现存制度安排

1. 社会失信主体无法退出社会

市场主体从设立之初，就有存续期限的考量，其存在的意义就是为市场经济活动所服务的，所以当市场中的失信主体不能被社会继续接纳时，可以通过破产制度让其在主体意义上消灭。与市场失信主体不同的是，面对社会生活中的自然人，我们无法通过制度安排让其退出社会，因为这是与公共信用的立法本意相矛盾的，更是违背社会基本伦理道德。换言之，难以在主体意义层面对社会中的失信主体进行有效惩戒。

---

① 虽然人格权在《民法典》中独立成编所引起的争议不断，但可以肯定的是，其中所增加的与信用相关的人格权保护确是一大进步。

2. 社会失信主体的行为标准较低

市场活动和社会交往中的失信主体所享有的宽容度不同。考虑到市场经济活动主体往往具有更高的专业素养,对自身所在的领域有高于其他一般主体的见解和能力,因此应当对其采取更为严格的标准,这一点在许多领域有所体现。例如,《证券法》第 89 条区分了专业投资者和普通投资者;①美国通过商业判断规则来调整独立董事履职过程中,专业人士和非专业人士有关注意义务的履行标准。② 而社会交往中的失信主体往往只是普通人,和市场主体相比没有更高的专业素养,我们不该对社会主体有过高的要求。

3. 社会失信主体的获利较少

从权利义务责任相守恒的角度来看,获得的越多,所需承担的也越多。一般而言,市场经济活动主体所做的一切行为都是为了自身经济利益的最大化,因此其失信行为也无出其右。不同于市场失信主体,社会中的失信主体所追求的往往不是经济利益,他们获得的无非是一些莫名的精神利益。对此,相较于市场失信主体的巨额经济收益,社会中的失信主体收获微乎其微,所以法律和社会对他们的接纳程度应该更高。

4. 社会失信主体的危害性较小

公共信用领域与刑法领域不同,失信行为给社会带来的危害程度都不能与犯罪行为的严重性相提并论。所以,对于行为人失信记录的处理不能像罪犯的犯罪记录一样永久保存,而应当在失信记录层面为失信信息设置

---

① 《证券法》第 89 条规定,根据财产状况、金融资产状况、投资知识和经验、专业能力等因素,投资者可以分为普通投资者和专业投资者。

② See American Bar Association, The model Business Corporate Act, § 8.30; See In re Nuveen Fund Litig., 1996 U.S. Dist; See Perlegos v. Atmel Corp., 2007 Del. Ch. 在中国,虽然商业判断规则没有被明确引入,但是部分法院在审理案件的过程中已经在说理部分引用,如上海市闵行区人民法院(2009)闵民二(商)初字第 1724 号民事判决书。此外,中国证监会在对独立董事进行行政处罚的过程中,也有区分专业人士和非专业人士的意图,如《中国证监会行政处罚决定书(沈机集团昆明机床股份有限公司、王兴、常宝强等 23 名责任人员)》(〔2018〕9 号)。

一定的退出机制,给予失信主体积极补救、改过自新的机会,进而有效引导民众积极向善,诚实守信。

四、被遗忘权对于公共信用体系的意义

如今是信息时代,也是大数据时代,人们总说互联网永远不会遗忘①,信用信息和其他信息一样,能够在互联网时代得到快速传播并且得以永久保存。维克托·迈尔-舍恩伯格曾呼吁民众应当始终记得遗忘的美德,他认为在数字技术和全球网络的笼罩下,民众应当把有意义的留下,把无意义的去掉。② 在迅速积累的信息数据中,我们需要思考该如何进行选择,该如何进行处理,该如何进行取舍,这些问题就涉及基本的价值判断。

(一)健全我国公共信用治理方式的内在要求

如前所述,中国公共信用治理的广度和深度远超西方国家,其根源在于立法者试图解决困扰我们社会生活多年的诚信问题,意图营造全社会诚实守信的良好氛围。挽救失信主体,警示潜在的失信行为,改善社会中人与人之间的信任关系,是公共信用体系建设的内在要求。③ 诚然,社会中确实存在许多违背诚信原则、与诚信社会不相符的行为,例如有履行能力却拒不履行生效法律文书所规定的义务、违反企业公示制度规定的义务等。但是我们知道,有些失信行为的恶意性并不强烈,或是失信行为人甚至没有意识到这已经被纳入失信行为的范围,他们对于自身信用评价和声誉形象有着积极改善的意愿。对此,被遗忘权能从事中、事后两个阶段作用于失信主体。在事中阶段,被遗忘权给予失信主体自我纠正的机会,被

---

① See Jeffrey Rosen, The Web Means the End of Forgetting, *The New York Times*, July 21, 2010.
② 参见〔英〕维克托·迈尔-舍恩伯格:《删除:大数据取舍之道》,袁杰译,浙江人民出版社2013年版,第161—201页。
③ 参见吴晶妹:《开展信用修复工作的现实意义与路径》,载《中国信用》2019年第8期。

遗忘权的存在结合信息红利的兑现和信用资本在社会中的作用，可以敦促失信主体纠正其失信行为，消除给社会和自身所带来的不良影响；在事后阶段，被遗忘权虽然是民众对于自身信息所拥有的一项自主权利，但是该权利的行使需要花费一定成本且需要满足一定条件，如付出一定的时间、金钱和精力，满足失信信息披露期限到期或相关失信依据从根源上消失等条件。如此行使被遗忘权的前置条件会在一定程度上警示信息主体失信所带来的后果，并且强化信息主体的诚信意识。

（二）尊重和保障人权的必然选择

公共信用体系中的失信信息是否应当被遗忘，涉及社会公众与失信主体之间的利益平衡。[①] 对于市场信用信息，社会公众需要知道失信主体详细的失信信息，避免自身利益遭受损失；对于公共信用信息，公权力部门需要归集和掌握详细的失信信息，以构建诚信社会。两者对于失信主体而言，都需要及时让失信信息被社会公众所遗忘，避免自身社会评价降低。这两者都有其各自的意义和价值，但是从立法精神来看，公共信用体系是为了引导民众诚实守信，面对失信主体的失信行为所做的失信惩戒措施只是不得已而为之，并非单纯为了惩戒而惩戒。

多年来，我国一直在倡导"以人为本"的理念，这是现代人类文明的一种进步，人之所以为人，是因为有权的存在，尊重和保障人权是现代法律所要追求的根本目的。[②] 我国的公共信用体系将人们的日常社会生活纳入管理范畴，就得考虑公共信用体系与市场信用体系的区别。社会鼓励改过自新，失信主体若在实施失信行为之后被打上"永久的烙印"，明显是侵犯人权、于法无据，有违公平公正的法治原则。人的尊严和价值要求公共信用体系中的失信信息在满足一定条件之后能被社会公众所遗忘。此外，为了尊重和保护未成年人的可塑性，现有地方立法并没有将未满十八周岁

---

① See Jongwon Lee, What the Right to be Forgotten Means to Companies: Threat or Opportunity?, *Procedia Computer Science*, Vol. 91, No. 14, 2016.

② 参见李步云：《法的人本主义》，载《法学家》2010年第1期。

或者其他不具有完全民事行为能力的自然人纳入公共信用体系。信用惩戒虽然不同于刑罚,但同样也会给相对人造成负面影响,这种立法的价值取向也从侧面凸显出失信信息被遗忘的重要性和紧迫性。赋予失信主体被遗忘权将是我国公共信用体系尊重和保障人权的一个重要体现。

第二节　被遗忘权在公共信用体系中的具体表现形式

在分析得出被遗忘权能够适配于公共信用体系这一结论之后,失信主体如何行使被遗忘权又成了需要关注的问题。在整个公共信用体系中,被遗忘权虽然是信息主体固有的、不可剥夺的权利,但是该权利并非能任意得到行使,否则失信惩戒机制也就形同虚设了。换言之,行使被遗忘权需要满足一定的前置条件。其中,就被遗忘权行使的情形而言,可以大致分为以下五种:信用信息具有社会正面评价功能;失信信息查询期限届满;失信信息的来源依据被撤销;失信行为得以纠正;出于人道主义考虑的其他情形。

一、信用信息具有社会正面评价功能

为了形成让守信者处处受益、失信者寸步难行的社会治理格局,我国公共信用体系在建立初期就确定了联合"守信激励"和"失信惩戒"机制的综合处理机制。[①] 对此,守信主体不仅能获得信贷优惠便利、交易机会增加等市场激励,还能受到行政机关在法定权限内的相关激励,如行政许可的优先办理、简化程序以形成"绿色通道"、优先提供公共服务便利、优化行政监管安排、降低市场交易成本以及项目资金方面的优先支持等。

---

① 参见《李克强:提高失信成本 让失信者寸步难行》,http://www.xinhuanet.com/politics/2014-01/15/c_118985460.htm,2024 年 7 月 23 日访问。

通常来讲，守信主体一般不会产生让该类正面信用信息被社会公众所遗忘的动机，不会要求公共信用信息平台删除其具有社会正面评价的信用信息，但是不排除其对于自身更高的价值追求和行事低调的可能性存在。① 对此，我们认为从该类信用信息的价值属性以及充分尊重信息主体个人隐私和自主权方面考量，守信信息退出公共信用体系，并不会给社会造成负面影响。所以，如果守信主体要求删除其个人具有社会正面评价的信用信息，公共信用信息平台应当准许并及时办理，使之能被社会公众所遗忘，这也是尊重守信主体真实意志的体现。

二、失信信息查询期限届满

在公共信用体系中，将失信行为人的失信信息向社会公开披露，能够方便社会公众进行查询，也是社会公众知情权的重要体现。一方面，公开、透明的信息披露环境能让社会公众有渠道查询、获取失信行为人的相关失信信息，进而基于公众自身的价值判断和选择做出相应的调整，以此打破信息不对称的困境，降低不必要的风险和损失。另一方面，失信信息开放并向社会披露涉及知情权和隐私权的利益平衡，社会公众对他人失信信息行使知情权必然影响到他人的隐私权益，所以失信信息查询期限应当有一定时间限制。

如前所述，社会层面的失信行为所造成的社会不良影响不能和违反刑法所带来的严重性相提并论，所以对失信行为人的信息查询也应当和罪犯永久保存的犯罪记录不同。为了让失信行为人恢复其社会信用评价，得以重新回归社会，被社会再次接纳，失信信息查询期限应当有时间限制。当失信信息被公共信用信息平台记录之日起，社会公众有权对此进行查询，查询期限从失信行为或者相关事件终止之日起计算，若行为人的失信状态一直存在，那么相应的查询期限的起算时间也应当往后顺延。截至目前，

---

① 参见罗培新:《遏制公权与保护私益：社会信用立法论略》，载《政法论坛》2018 年第 6 期。

全国各省市两级公共信用相关立法中对失信信息查询期限大体上设置为五年,这是一个较为合理的期限。

三、失信信息的来源依据被撤销

对失信行为人的惩戒措施往往是伴随着行政机关多领域的行政强制、行政处罚、行政检查等具体行政行为以及法院的生效法律文书所产生的,如欠缴税费、伪造相关证明材料、被市场监管部门处以行业禁入,以及在国家或者本市组织的统一考试中作弊、有能力履行却不履行生效法律文书所规定的义务等。[①] 在相关部门、社会组织对该领域失信行为处理和评价的基础上,对失信主体进行行政性、行业性、社会性方面的约束,以达到对失信主体联合惩戒的目的。

当行为人的失信信息被公共信用信息平台记录之后,若具体行政行为缺乏基本事实依据、法律适用错误、违反法定程序、行政机关存在超越职权和滥用职权或者行政行为具有明显不当的情形,则该具体行政行为应当被法院判决撤销。[②] 当然,除法院判决撤销之外,其他有权撤销该具体行政行为的行政机关也可以撤销违法或者不适当的行政行为。一旦行政行为被撤销,就不具有法律效力。法院生效法律文书在事实认定、适用法律上确实存在错误,通过法院的审查监督程序撤销原生效法律文书以纠正错误,原法律文书也不再具有效力。作为失信信息的来源依据,不论是具体行政行为还是生效法律文书被撤销,失信主体的惩戒措施应当立即被撤销,错误的失信信息也应当立即被删除,使行为人的"失信"状态能被社会

---

① 《上海市公共信用信息归集和使用管理办法》第 12 条区分了法人和其他组织与自然人的失信信息,从多角度对失信信息作出规定。同时,为了促进公共信用信息与市场信用信息融合共享,发布配套"三清单"(数据清单、应用清单、行为清单)地方标准。

② 《行政诉讼法》第 70 条规定:"行政行为有下列情形之一的,人民法院判决撤销或者部分撤销,并可以判决被告重新作出行政行为:(一)主要证据不足的;(二)适用法律、法规错误的;(三)违反法定程序的;(四)超越职权的;(五)滥用职权的;(六)明显不当的。"

公众所遗忘,以免给行为人带来进一步的负面影响。

四、失信行为得以纠正

前已提及,信息主体的被遗忘权不仅涉及客观上对信用信息的消除,还涵盖了失信行为人对其自身失信行为的纠正和对失信信息的修复。公共信用体系的存在是为了引导民众诚实守信、积极向善,只要能在规定期限内纠正错误、消除不良影响的,我们就不应当再将其作为联合惩戒的对象。这种通过信用修复的方式让失信信息得以退出,有利于建立自我纠正、鼓励自新的社会关爱机制,符合信用中国的本质要求。因此,在将失信行为人纳入失信状态的同时,也应当设置相应的条款,让失信主体能够主动修复其失信状态,退出失信名单,这是被遗忘权中修复权内容的体现。

以失信主体中最为典型的失信被执行人为例,最高法 2019 年 12 月发布的《关于在执行工作中进一步强化善意文明执行理念的意见》,从多个方面体现出对失信被执行人的宽容。第一阶段是发布其失信或者限制消费信息之前,各地法院面对已经决定纳入失信名单的被执行人或者采取限制消费措施的被执行人,通常会给一到三个月的宽限期。这一阶段充分体现了法院对于被执行人的宽容,也从侧面印证了公共信用体系的引导作用。而真正体现被遗忘权作用的是第二阶段,即法院发布其失信或者限制消费信息之后,在这一阶段,失信行为人还是可以通过纠正其失信行为进行弥补,当失信被执行人积极主动地归还欠款,法院可以请求公共信用信息平台删除其失信信息,使其失信状态得到修复,失信信息被社会公众所遗忘。

五、出于人道主义考虑的其他情形

为了将"信用惩戒"内容、实施方式具体化,早在 2014 年,中央文明办、

第六章 公共信用治理中的退出机制

最高法等八个部委就共同签署了惩戒失信的合作备忘录①,我国的失信联合惩戒机制也逐步构建起来。以最高法的失信被执行人为例,其会被禁止部分高消费行为,如乘坐飞机、列车软卧,也会被限制在金融机构贷款或者办理信用卡;若失信被执行人是自然人的,则不得担任企业的法定代表人和董监高等职务。②此外,就技术手段方面,最高法通过光盘、专线等信息技术手段向其他部委推送失信被执行人名单,进行动态更新和实时监控。在快节奏的现代中国,失信主体一旦遭受联合惩戒,可谓寸步难行。

据相关数据统计,2020年年底,处于失信状态中的失信主体人数高达615万例。由于联合惩戒所带来的连锁反应范围之广和失信被执行人的人数之高,我们不得不出于人道主义考虑设置一定的例外情形,以满足对个人人格尊重的基本要求。同样,《关于在执行工作中进一步强化善意文明执行理念的意见》对失信被执行人放开一定消费限制。其中第17条规定,对被限制消费的主体因本人或近亲属重大疾病就医,近亲属丧葬,以及执行公务、外事活动或其他紧急情况需要赶赴外地的,法院可以依申请解除相应限制措施。但这样的设置是暂时的,首先得满足以上紧急条件,其次需要经过严格审查并得到本院院长批准,最后这个暂时解除的期间最长不超过一个月。③这并不代表失信被执行人的失信行为得到纠正,只是在限制高消费领域暂时地放宽,也可以将其看作临时的、特殊的被遗忘权。

---

① 为了将"信用惩戒"内容、实施方式具体化,中央文明办、最高人民法院、公安部、国务院国资委、国家工商总局、中国银监会、中国民用航空局、中国铁路总公司于2014年印发《"构建诚信惩戒失信"合作备忘录》。
② 参见《公司法》有关高管人员资格禁止的相关内容。
③ 参见《关于在执行工作中进一步强化善意文明执行理念的意见》第17条第1款第3项。

第三节　被遗忘权在公共信用立法中需要注意的问题

社会信用方面的立法项目已经被纳入十三届全国人大常委会第三类立法项目,即立法条件尚不完全具备,需要继续研究论证。[①] 现存各地省市两级社会信用法规、规章都已经取得一定进展和实质性的成效,地方立法的先行先试也在为中央层面的统一立法积累实践经验。就被遗忘权的相关制度而言,其中部分规定存在不明确或是相矛盾的问题,例如对失信信息披露起算时间的计算、失信信息披露的期限以及披露期限届满后的后续处理等,这些问题值得我们注意并且需要进一步探究以完善公共信用立法。

一、失信信息披露的起算时间

失信信息披露起算时间应当如何计算?这除了关乎社会公众何时可以查询之外,还涉及失信主体被遗忘权行使的时间。换言之,当失信信息披露期限固定之时,起算时间的不同会影响被遗忘权行使时间的差异。笔者在整理各地公共信用相关法规、规章之后(包括草案和试行办法),发现现存失信信息披露的起算时间大致可分成三类。

其一,没有对失信信息披露的起算时间作出规定。以全国范围内较早出台的《河北省社会信用信息条例》为例,其第 26 条对公共信用信息中的失信信息披露问题作了规定,但是只涉及披露期限的长短,并没有提及失

[①] 参见《十三届全国人大常委会立法规划》,http://www.npc.gov.cn/npc/c30834/201809/f9bff485a57f498e8d5e22e0b56740f6.shtml,2024 年 7 月 23 日访问。

第六章　公共信用治理中的退出机制

信信息披露的具体起算时间。① 这使得其在规范性和可操作性方面显得较为薄弱。

其二，失信信息披露的起算时间从失信记录形成之日起计算。以《武汉市公共信用信息管理办法》为例，其第 20 条规定，不良记录的披露期限自不良记录形成之日起计算。② 此外，例如之前处于草案阶段的《青海省公共信用信息条例（草案）》第 20 条和《江苏省社会信用条例（草案）》第 51 条（需要说明的是，这两部地方立法在最后通过的审议稿中已经将该规定修改）都规定，失信信息披露的有效期自失信行为或事件认定之日起计算。③ 此类规定没有充分考虑失信行为或事件可能具有的持续性，一旦失信行为或者事件具有持续性，其所带来的社会负面影响也同样会随其得到相应的延续，如果从失信行为或者事件的认定之日起计算失信信息披露的起算时间，相较于其他不具有持续性的失信行为和事件而言，确为显失公平。

其三，失信信息披露的起算时间从失信行为或事件终止之日起计算，这也是各地采取较多的一种规定。以《山东省社会信用条例》为例，其第 38 条规定，失信信息披露期限的起算时间从失信行为终止之日起计算。④ 此外，部分地方性法规、规章甚至还作出了更为详细的规定，以《辽宁省公共信用信息管理条例》为例，其第 20 条对被判处剥夺人身自由的刑罚的失

---

① 《河北省社会信用信息条例》第 26 条规定："公共信用信息中的失信信息披露期限为五年，超过五年的转为档案保存。披露期限届满的公共信用信息中的失信信息采用授权方式查询。法律、行政法规另有规定的除外。"

② 《武汉市公共信用信息管理办法》第 20 条规定："失信信息和其他信息中的不良记录披露期限为 5 年，自不良记录形成之日起算。"

③ 《青海省公共信用信息条例》和《江苏省社会信用条例》已经通过地方立法审议，其中对失信信息披露起算时间的规定也已经修改，本书在此仅以之前的草案规定来进行分析说明。分别参见《青海省公共信用信息条例（草案）》第 20 条（失信信息的保存和披露期限一般为五年，自失信行为或者事件认定之日起计算，期限届满或者信用修复后应当删除），以及《江苏省社会信用条例（草案）》第 51 条（失信信息披露有效期自失信行为认定之日起计算）。——作者

④ 《山东省社会信用条例》第 38 条第 1 款规定："信用主体失信信息披露期限最长不得超过五年，自失信行为终止之日起计算，法律、行政法规另有规定的除外。"

信主体做出了例外规定,该失信信息披露的起算时间为该刑罚执行完毕之日。① 总而言之,这一类的失信信息披露的起算时间较为合理,能够公平处理不同类型的失信行为和事件,符合被遗忘权行使的逻辑和法理,中央层面的公共信用立法应当采纳这类规定。

二、失信信息披露的期限

失信信息披露期限的长短直接影响社会公众对失信信息的查询期限以及失信主体对自身失信信息行使的被遗忘权,笔者在整理各地公共信用相关法规、规章之后(包括草案和试行办法),发现就目前各地对失信信息披露期限的规定,大致可分成两类。

第一类是固定失信信息披露的期限。以《上海市社会信用条例》为例,其第35条规定,申请查询信息主体失信信息的期限为五年。② 由于《上海市社会信用条例》是全国首个地方信用法规,因此在其出台之后也受到了多地的效仿。通过固定失信信息披露期限的方式,能有效警示信息主体,也给社会公众查询带来便利,在失信信息披露的实践过程中不会产生语义不明或落实困难的情形,但是这种固定期限、"一刀切"的方式似乎又忽略了失信行为和事件的多样性。

第二类是区分失信信息披露的期限。该种类型又可细分,第一种通常先根据失信行为的严重性程度将其分类,以《江苏省社会信用条例(草案)》(需要说明的是,该地方立法已通过审议,相应条款也已修改)为例,其第25条将失信行为分类成轻微失信行为、一般失信行为和严重失信行为;第29条规定,轻微失信行为不对外披露;第51条规定,一般失信行为信息披

---

① 《辽宁省公共信用信息管理条例》第20条规定:"失信信息的保存和披露期限一般为5年,自失信行为或者事件终止之日起计算,但依法被判处剥夺人身自由的刑罚的,自该刑罚执行完毕之日起计算……"

② 《上海市社会信用条例》第35条第1款规定:"向市公共信用信息服务中心、信用服务机构等申请查询信息主体失信信息的期限为五年,法律、法规和国家另有规定的除外。"

露有效期为一年、严重失信行为信息披露有效期为三年。① 第二种与第一类在文字表述时具有差异,只规定了披露期限的上限。以《河南省社会信用条例》为例,其第 19 条规定,信用主体失信信息披露期限最长不超过五年。② 抛开披露有效期的长短来看,这一类的法规、规章通过对失信行为严重性的区分,相对应地设置披露期限,在实践过程中更为灵活变通。

两类方式难分孰优孰劣,前者重视实践操作的便利性,而后者是从失信行为的类别化出发进行考量。在中央层面的公共信用立法过程中,应当将两者的优势结合起来,既要考虑到失信行为的严重程度具有差异这一因素,又要从实践操作的角度出发,通过失信行为类型进行清单化管理来具体落实,从而保证失信主体的合法权益,让失信信息披露能够公平公正,以免给司法实践留下漏洞。

三、披露期限届满后的后续处理

披露期限届满后的后续处理是指公共信用信息平台或者相关信息提供单位对失信信息的处理方式和态度,这不仅涉及失信主体被遗忘权与社会公众知情权之间的利益平衡,还关乎实践操作的统一规范。笔者在整理各地公共信用相关法规、规章之后(包括草案和试行办法),发现目前针对失信信息披露期限届满后的处理方式,大致可分成两类。

其一,在披露期限届满之后将失信信息转为档案保存。以《河南省社会信用条例》为例,其第 19 条规定,超过披露期限的失信信息转为档案保

---

① 《江苏省社会信用条例》已经通过地方立法审议,其中对失信行为的分类和失信信息披露期限的规定也已经修改,本书在此仅以之前的草案规定来进行分析说明。分别参见《江苏省社会信用条例(草案)》第 25 条第 3 款(失信行为分为轻微失信行为、一般失信行为和严重失信行为)、第 29 条第 1 款(轻微失信行为不记入信用主体信用档案,不对外披露,免于信用惩戒)、第 51 条(除法律、法规和国家规定外,一般失信行为信息披露有效期为一年、严重失信行为信息披露有效期为三年)。——作者
② 《河南省社会信用条例》第 19 条第 2 款规定:"信用主体失信信息披露期限依照有关规定执行,最长不超过五年,超过披露期限的转为档案保存。"

存。至于转为档案保存之后,社会公众或者权力机关能否再进行查询,又存在不同观点。例如,以《上海市社会信用条例》为代表的部分法规、规章,虽然没有阐明如何处理失信信息,但是明确表示披露期限届满之后不得提供查询,并没有"法律、法规和国家另有规定的除外"这一兜底条款。[①] 与此相对,《河北省社会信用信息条例》第 26 条规定,披露届满后的失信信息也可通过授权方式进行查询。[②] 如果失信信息在披露期限届满之后仍然存在渠道能够被他人获取,不论出于社会公众知情权保护还是行政机关统一执法目的的考量,这对于失信主体而言都是不公平的,除非在立法时对同一失信主体的多次失信行为有不同于首次失信行为的加重、惩罚性规定存在,则该类规定才有意义,否则所谓的被遗忘权也会遭到架空从而变得名不副实。

其二,在披露期限届满之后并非将失信信息转为档案保存,而是彻底删除。以《山东省社会信用条例》为例,其第 38 条规定,应当将失信信息从相关网站删除。[③]《浙江省公共信用信息管理条例》第 16 条规定,应当在信用档案中及时删除该失信信息。[④] 两种表述虽然略有差异,但是其对失信信息的处理态度都是彻底删除,不再让失信信息留有痕迹。很明显,这一类处理方式更倾向于保护失信主体的合法权益,能让失信主体在披露期限届满或者失信行为得到修复之后不再留有信用瑕疵,在日后的经济社会

[①]《上海市社会信用条例》第 35 条第 2 款规定:"前款规定的期限自失信行为或者事件终止之日起计算,失信信息查询期限届满的,市公共信用信息服务中心、信用服务机构等不得提供查询。"

[②]《河北省社会信用信息条例》第 26 条规定:"公共信用信息中的失信信息披露期限为五年,超过五年的转为档案保存。披露期限届满的公共信用信息中的失信信息采用授权方式查询。法律、行政法规另有规定的除外。"

[③]《山东省社会信用条例》第 38 条第 2 款规定:"失信信息披露期限届满,公共信用信息机构和公共信用信息提供单位应当将该信息从相关网站删除,不得继续提供查询,不再作为失信惩戒依据。"

[④]《浙江省公共信用信息管理条例》第 16 条第 2 款规定:"不良信息保存和披露期限届满后,应当在信用档案中及时删除该信息。法律、法规另有规定的除外。"

第六章　公共信用治理中的退出机制

生活中不再有所谓的后顾之忧,这也是目前采取最多,也最契合被遗忘权本意的一类模式,中央层面的公共信用立法也应当采取该类制度规定。

除上述两类主流的规定之外,还有区分失信主体类型进而采取不同的后续处理方式。以《内蒙古自治区公共信用信息管理办法》为例,其第36条规定,失信信息披露期限届满,法人和非法人组织的不良信息转为档案保存;自然人的不良信息予以删除。从区分处理的方式即可看出,相较于彻底删除失信信息,转档保存对失信主体的负面影响依旧存在。对于自然人失信主体,原则上应当采用第二类的处理方式,即彻底删除失信信息,不仅能在实践中统一操作规范,避免权力机关过多干预和授权,又能真正符合立法本意,发挥被遗忘权的最大效力。至于中央层面的公共信用立法是否考虑多次失信行为带来的加重、惩罚性规定,或者是否通过失信主体的法律属性进行区分,保护公共信用体系中的自然人,只要有法理和逻辑支撑即可。

本 章 小 结

本章分析讨论的信用信息的退出机制与信用信息的归集机制相对应,是公共信用信息运作机制的最后一个环节。退出机制的重要性不言而喻,不仅是立法技术上的体现,而且能平衡相关法益。从现存地方公共信用立法来看,失信信息的退出机制存在诸多相矛盾或者不完善的地方。

确立一个机制,需要基于制度运行过程中产生的实践问题,从法理和逻辑的角度出发,分析其给经济社会带来的益处。本章在对地方立法退出机制梳理的基础上,试图将GDPR中被遗忘权的概念引入公共信用治理。由于我国公共信用治理的本质是为了引导公众诚实守信,营造良好的社会氛围,并非为了惩戒而惩戒,因此在退出机制的设计上大致有主动修复失信状态的修复权和失信信息披露期间届满的消除权。公共信用体系对失信信息的披露会引起公众对失信主体社会评价的降低,考虑到公共信用的社会属性,本章采取被遗忘权的表述分析信用信息的退出机制,其中包括了修复权和消除权。

厘清相关概念之后,本章从我国公共信用的立法精神和特性对被遗忘权契合公共信用治理进行说明,并从社会失信主体的现实需求和现存制度安排进行进一步分析。其中,自然人无法退出社会、行为标准较低、获利较少、危害较小等原因是被遗忘权融于我国公共信用治理的基础。本章在得出被遗忘权融于我国公共信用治理的结论之后,对其具体表现形式进行说明,其中具体可以分为五类。

本章最后对地方立法中既存退出机制的问题进行梳理,发现主要存在失信信息披露的起算时间、失信信息披露的期限以及披露期限届满后的后续处理这三个方面的问题。从失信信息对社会的影响程度和持续时间的角度分析,本章认为从失信行为或事件终止之日起计算失信信息披露的起算时间较为合理;从实践操作的便利性和失信行为的类别化出发进行考量,本章认为两者各有优势,需要结合起来;从被遗忘权的真实效能和对失信主体的负面影响等角度进行分析,本章认为在披露期限届满之后将失信信息彻底删除的做法较为合理。本章对地方立法中的不同规定进行分析梳理,希望对中央的公共信用立法和具体规定的选择能有一定的借鉴意义。

第七章

公共信用治理中的地方立法

本章导读

公共信用治理的问题并不止步于归集、共享开放、奖惩、退出这四大运作机制。近些年,笔者参与了不少地方信用立法的起草工作,例如《杭州市社会信用条例》《南京市社会信用条例》《鞍山市社会信用管理办法》等。在与地方官员的沟通过程中,笔者发现了诸多问题,有必要单列一章进行讨论,也以此回应本书在绪论部分提出的地方信用立法工作中存在的问题。地方信用立法主要存在三方面问题,即立与不立的问题、地方信用立法的价值选择问题以及地方信用立法的技术理性问题。

第一节 立与不立的问题

立与不立的问题是地方信用立法的基础性问题,也是许多地方官员会率先提出的疑虑。只有明确地方信用立法的必要性,才可以继续推进信用立法工作,否则后续讨论没有任何意义。《2024—2025 年社会信用体系建设行动计划》(发改办财金〔2024〕451 号)明确要求推动省级信用立法全覆盖。截至 2025 年 1 月 1 日,除北京、安徽、福建以及西藏之外,全国已有

27个省级行政区正式出台了省级地方信用法规,中央要求的推动省级社会信用立法全覆盖的任务即将达成。因此,立与不立的问题、地方信用立法的必要性问题主要针对设区的市,即地市级信用立法。

一、下位法与上位法的关系

目前,中央层面尚未出台统一的社会信用法。按照《社会信用体系建设法(向社会公开征求意见稿)》的体例来看,中央在征求意见稿中不仅包含政务诚信、商务诚信、社会诚信和司法公信等带有政策导向性的条文,还对信用信息管理、监管、奖惩、权益保障、法律责任等方面作了较为详细的规定,很大程度上能与省级信用立法体例对照起来。对于市级信用立法而言,最大的立法障碍或许还不在中央层面的社会信用法,而在于地方省级信用立法。省级信用立法全覆盖是《2024—2025年社会信用体系建设行动计划》明确提出的要求。按照行动计划的要求,2025年31个省级行政区域都应当推动地方信用立法出台。

在我国,不同的法处于不同的法律位阶,即不同的法律效力层次之中。在各种法之间,法律位阶越高的法,其法律效力层次也就越高。法律效力的高低体现了法律位阶的高低,当不同位阶的法律针对同一调整对象有所规定之时可能存在冲突。因此,《立法法》中有一重要原则,即下位法不能抵触上位法。

在现实中,下位法与上位法相抵触的,大致有以下这些情形:

第一,下位法扩大或缩小了上位法规定的主体范围,包括权利主体和义务主体。比如,上位法规定小微企业可以依法享受退税优惠政策,但下位法将这一优惠政策的享受主体范围扩大至中小微企业。

第二,下位法扩大或缩小上位法所规定的权利(职权)内容范围,包括权利的种类、数量和幅度等。比如,上位法为教师设定了6项权利,但下位法把教师权利缩减为4项,这就缩减了法定权利的范围。

第七章　公共信用治理中的地方立法

第三，下位法扩大或缩小上位法所规定的义务（职责）内容范围，包括义务的种类、数量和幅度等。比如，上位法规定人民警察"不得泄露国家秘密、警务工作秘密"，但下位法只规定了"不得泄露国家秘密"，这就缩减了法定义务的范围。

第四，下位法扩大或缩小上位法所规定的责任内容范围，包括责任的种类、数量和幅度等。责任是指法律责任，包括行政责任、民事责任和刑事责任等。比如，上位法规定高空抛物应当依法承担民事责任、行政责任或刑事责任，但下位法只规定了民事责任，这就缩减了法律责任的范围。

第五，下位法增加或缩减取得权利、履行义务或承担责任的条件，包括条件的提高或降低，条件的增多或减少。比如，上位法规定"对于因民间纠纷引起的打架斗殴或者损毁他人财物等违反治安管理行为，情节较轻的，公安机关可以调解处理"，但下位法规定"对于因民间纠纷引起的打架斗殴或者损毁他人财物等违反治安管理行为，公安机关可以调解处理"。这里，下位法取消了上位法规定调解的适用条件，即"情节较轻的"，这显然属于"抵触"。

第六，下位法改变了上位法所规定的取得权利、履行义务或承担责任的期限。比如，上位法规定"违法行为在二年内未被发现的，不再给予行政处罚"，但下位法规定"违法行为在三年内未被发现的，不再给予行政处罚"。这属于下位法改变了上位法规定的对违法行为的追诉时效。

部分官员认为市级信用立法没有必要，其理由在于既然省级信用立法已有所规定，其条文内容和制度框架就足以覆盖所在行政区域内的地级市，倘若一味地出台市级信用立法，由于下位法受到上位法的立法限制，市级信用立法没有过多的操作空间，只是单纯地对省级信用立法复制粘贴，因此市级信用立法便没有太大的必要，属于立法资源浪费。

这一观点实际上是经不起推敲的，如若只是因为下位法受到上位法的立法限制而没有必要推动市级信用立法的出台，那么其他领域的市级立法应当如何理解?省级立法是否应当全面覆盖所在行政区域内的信用立法问题?未来中央层面的社会信用法出台后,现存省级信用立法是否应当全部推翻?行动计划何必强调在2025年之前推动省级信用立法全覆盖?因此,本书认为部分官员的这一观点是无理无据的,我们并不能以下位法不能与上位法存在抵触而反对市级信用立法工作的展开。当然,我们还需要解决市级信用立法的必要性问题:为什么需要市级信用立法?

二、市级信用立法的必要性

与上述官员的观点不同,支持市级信用立法的官员认为,中国特色社会主义法治要求依法治国和以德治国相结合,社会信用相关立法可以起到这样的作用。从国家层面来说,市级信用立法可以推进本市经济高质量发展,构建新发展格局,优化营商环境。从市级层面来说,各地级市都致力于打造低成本的创业支撑和高品质的生活支撑。优化营商环境要弘扬尊重契约、信守契约的精神,促进交易、促进繁荣的良好风尚。从"法治是最好的营商环境"的角度来讲,信用立法是有必要的。

"不抵触原则"的内涵不是地方立法条文与上位法完全保持一致,而是法权、法意与法理不抵触。[①] 我们需要充分发挥地方立法实施性、补充性和探索性功能,弥补在中央法制统一原则下可能出现的地方立法存在空缺的不足。

从立法技术上看,下位法立法的过程中难免出现与上位法部分条文重复的情形,这是不可避免的。例如,条例的总则以及归集、披露、共享、修复、应用、监管过程中出现的一些原则性规定很容易出现内容重复的情形。这属于正常的立法现象,无须过多担心。

下位法的立法使命有两点:

第一,下位法需要对地方已经实践的内容和成果进行固化,提炼出有

---

① 参见罗培新:《论地方立法与上位法"不抵触"原则》,载《法学》2024年第6期。

价值的部分,用立法的形式进行表达,并以此继续引导地方信用的立法和实践。全国范围内不少地级市在信用建设方面起步较早,尤其是东部沿海发达地区。例如,2018年国家发展和改革委员会、中国人民银行公布首批12个社会信用体系建设示范城市名单,分别是杭州市、南京市、厦门市、成都市、苏州市、宿迁市、惠州市、温州市、威海市、潍坊市、义乌市、荣成市。这些城市在信用建设方面,动员比较早,响应比较及时,创新比较多,早已构建起较为成熟的信用体系。笔者在调研过程中发现,当其他省市还没有构建起完备的信用信息互联互通系统时,这些起步较早的地级市已经能实现信息的纵向甚至横向共享。因此,实践基础较好的地级市具有市级信用立法的必要性,可以对过往经验、成果进行固化。

第二,下位法需要弥补上位法的不足,发挥地方立法的补充性、探索性等功能进行制度提升。这是立法和实践相互影响、相互作用的体现。2020年12月,国务院办公厅发布的《关于进一步完善失信约束制度 构建诚信建设长效机制的指导意见》中明确允许地方制定适用于本地的公共信用信息补充目录,释放了放权信号。从2021年至2025年,国家发展和改革委员会、中国人民银行共发布四版《全国公共信用信息基础目录》和《全国失信惩戒措施基础清单》,分别是2021年版、2022年版、2024年版和2025年版。2023年国家发展和改革委员会、中国人民银行并没有发布当年的基础目录和基础清单。同样地,地方信用制度完善、实践基础较好的地级市也在根据本市具体情况积极制订本地补充目录。例如,杭州市发改委印发的《杭州市公共信用信息补充目录(2024年版)》中将交通违章信息、文物工程领域信用评价结果信息、最美统计人以及道路停车未收费信息纳入补充目录,并明确了更新周期和分类等级,有效地弥补了国家和浙江省基础目录的不足,发挥了杭州市级信用立法的补充性和探索性功能。

综上,从立法探索和实践需求来讲,无论是上级要求、形势要求,还是地方实践的需要,信用立法都有必要。

第二节　地方信用立法的价值选择问题

明确市级信用立法的必要性后,我们再来讨论立法的定位,即,立一部什么样的法?是以惩戒为主还是服务为主?如何在信用立法的过程中,平衡惩戒与服务之间的价值选择?这也是争议较多的点。

一、现存立法多以惩戒为主

笔者在参与地方信用立法的调研时发现,目前不少地方信用立法多以惩戒为主,能体现出信用服务的地方较少。既存的条例或者办法在条文设置上主要对奖惩措施实行清单制管理,对严重失信主体的惩戒措施、信用惩戒原则、行政性约束与激励措施、社会激励和惩戒措施等内容进行明确。例如,在大多数地方立法中,失信信息包含的内容远大于守信信息包含的内容,失信惩戒措施也远多于守信激励措施。有些地方立法甚至没有单列守信信息,而将其归于其他信息等兜底性条款之中。

从立法的导向性上来看,这种立法模式似乎倾向于失信惩戒而忽视守信激励的作用。有不少地方官员提出,如果从信用主体的角度来看地方信用立法,他们是较难感受到信用服务。立法若多以惩戒为主,较少提及服务,会让信用主体误解为"信用统治",这也不利于信用治理工作的顺利开展。

如果说现存地方信用立法中没有把握好惩戒与服务的关系是因为过往立法技术存在不足,缺少对价值选择的思考,那么如今不少地方在推进信用立法的过程中没有平衡惩戒与服务的关系,则是部分地方立法官员的主观意愿不足。

举个例子,某地级市以绿色金融著称,在多年的实践过程中已经建立中小微企业的融资数据共享通道,形成了一套较为完备的信用服务体系。

具体来说,地方有关部门会主动审查本地中小微企业的信用状况,试图解决中小微企业融资难的问题。假设一家企业的信用状况良好,有关部门便会主动将企业的信息、数据推送给当地银行或者其他融资机构,让银行和融资机构主动去联系企业,打破企业和银行、融资机构之间存在的信息壁垒。这种模式下有关部门和银行、融资机构都需要主动作为,一改往常我们所知的企业主动寻找融资机会的模式,极大地体现了信用服务的精神,也是地方政府有担当、敢作为的表现。

可是,在笔者与地方官员深入探讨并且试图将上述成果固化于地方信用立法草案之中时,该条文却受到了较大阻碍。部分地方官员在对条文进行审议的过程中认为该条文有所不妥,并将有关部门主动审查本地中小微企业信用状况的义务给删除了。他们有自己的考量,认为将主动审查信用状况的义务写入立法之后就负有法定义务,如若违反义务,就要承担责任。但是如果不写入立法,对于地方政府而言是具有选择性的,可做也可不做。

实践和制度脱节的问题难以让信用立法体现服务精神,信用主体更无从得知地方政府将会对中小微企业搭建融资渠道,让银行、融资机构提供融资服务。法律具有明确性,能为受调整的对象提供可预测性。如若地方政府不将信用服务内容写入立法,是否可能存在实践中偏袒性服务的问题?是否存在道德风险?如何让信用主体更好地监督地方政府?信用治理作为一种社会动员机制,是否效力会大打折扣?基于上述考虑,笔者认为,地方官员还是应当将担当性体现到底,这既能固化过往成果,又能更好地引领本地信用治理工作的展开。

二、地方立法中体现服务精神

习近平总书记指出:"为人民服务是我们党的根本宗旨,也是各级政府的根本宗旨。"让人民满意是建设服务型政府的根本要求。法治政府与服务型政府建设的深度融合是新时代政府治理体系现代化的关键,事关行政体制改革稳步推进,事关国家治理体系和治理能力现代化全面实现,意义重大。"人民满意"被《法治政府建设实施纲要(2021—2025年)》正式确定为法治政府建设的基本要求之一。我们应当在建设人民满意的服务型政府新征程中推动法治政府建设,坚持在法治轨道上全面推进服务型政府建设。[①]

地方信用立法就是法治政府和服务型政府有效融合的重要方式之一,其能通过信用治理、信用法治的手段将地方政府打造成令人民满意的服务型政府。法治政府与服务型政府是"你中有我,我中有你"的共生关系。一方面,构建服务型政府是法治政府建设的出发点和落脚点,解决政府存在的正当性和根基问题;另一方面,法治构成引领和规范服务型政府建设的基本保障。法治政府不仅意味着行政机关应当依法行使权力,也强调行政机关要在法治轨道上提供社会管理和公共服务,寓管理于服务之中。信用治理就是很好的例子,地方政府在地方信用立法的规制下积极提供信用管理服务,贯彻落实"守信激励、失信惩戒"的运作机制。如若脱离了法治的轨道,服务型政府的建设目标难以落实;而背离了"为人民服务"的宗旨,法治政府建设也将偏离"法治的人民性"。像上述部分官员不愿意给自身增加义务的案例便是缺乏服务精神、没有担当的表现。服务型政府就是法治政府,法治政府就是服务型政府,这两方面在某种意义上是重合的。

不少部门的领导和工作人员认为,信用立法应更多发挥服务和促进作用。他们作为地方治理者,也在担忧地方信用立法是否会单向适用于信用惩戒。关键的矛盾在于,实践中不少部门在推进信用治理的工作中已经把信用立法作为惩戒的工具或标尺。这与信用治理的初衷相悖,需要及时扭转。

对此,我们应当把握地方信用治理中政府服务这个核心目的,不是为

---

① 参见马怀德:《推动法治政府和服务型政府建设深度融合》,载《学习时报》2024年1月8日第1版。

第七章　公共信用治理中的地方立法

了单纯惩戒、规制、控制、监管信用主体,而是为了更好地服务他们,是为了给民众和市场主体提供有效的信用信息,减少商事交易活动中或者人际交往过程中的信息不对称,构建诚信和谐的法治社会。从国际改革趋势上来看,世行新营商环境评估规则项目(BR)与旧营商环境评估规则(DB)有较大变化,除了具体指标和内容外,还体现在原则导向上。DB更多地关注市场主体的规制性负担,如若评估调研发现该经济体市场主体的规制性负担过重便会有相应扣分,并以此排名;BR则更侧重规制的质量和公用服务设施,其中就有政府在商事主体全生命周期里的营商环境服务功能。因此,地方信用立法在推进的过程中也要尽量减少对信息主体的管控,这是原则性的问题。

三、地方立法中加强思想引领

此外,信用立法还应当加强思想引领。多年来,我国一直倡导"以人为本"的人本主义教育,其教育理念在于把人培养成为社会主体而非社会工具。[①] 换言之,教育是为人服务的,而不是把人当作社会的工具。信用治理的推动是基于社会基础的变化,开端于信用在人际交往过程中约束力的下降,丰富于信用作为生产要素在市场经济中的活跃。信用治理服务于社会的方方面面。例如,在市场经济领域,央行征信中心可以对信用主体的履约状况进行采集。在公共管理领域,各地公共信用信息服务平台可以对信用主体的守法状况进行归集。信用治理应当服务于人,在满足人的需要之后进而服务于市场经济和公共管理信用的需求。

党的十八届四中全会明确提出了全面推进依法治国必须"坚持依法治国和以德治国相结合"的原则。"法安天下,德润人心"也是对我国治国理政最好的阐释。法治和德治都能调整社会关系、规范社会行为、维护社会

---

① 参见李召琼:《以人为本,教化育人》,载《湖南社会科学》2004年第6期。

秩序,都是国家治理的重要手段。①

德治是国家治理的上线,法治是国家治理的底线。信用治理既是德治也是法治。国家重视道德的作用从来不是空谈道德,而是希望民众能够通过道德的引导来理解生存的意义,实现人生的价值,获得生命的幸福。②道德的引导离不开教育的作用,教化育人是践行并传承道德的关键途径。③有学者认为,每个人在生存中都有着两个世界,一个是吃喝的物质世界,一个是按照自己存在方式创造和构建起来的有归属感的意义世界。而本真的教育既能教会人怎么在物质世界生存,又能教导人怎么寻找自己的意义世界。④ 价值观、世界观在本质上是人对道德的提炼,是对自己的意义世界的构建。教育在信用治理的德治层面能够教导人如何形成优良的信用价值观。

同样地,教育功能也融入法治的过程中。法律因其强制力和公平性的存在,使得法治在现代社会有着举足轻重的地位。法律能够维护社会关系,能够保障人民群众的人身安全和财产利益。作为一种社会规范,除了指引、评价、预测、强制作用之外,法律还具有教育作用。具体而言,该教育作用可分成两种:法律所调整和规制的对象因其违法行为受到法律的制裁而触发的被动型教育,以及因其合法行为受到法律的保护而形成的主动型教育。两种教育方式都能通过法律的实施,对相关主体的行为产生或直接或间接的影响。教育在信用治理的法治层面会影响信用主体的相关行为,这也是"守信激励、失信惩戒"的本质内涵。

道德是外在的,德治却可以将其内化。法律是冰冷的,法治却可以是

---

① 参见肖新平:《德治基础上的法治:中国的国家治理现代化之路》,载《决策与信息》2022年第5期。
② 参见宇文利:《德育重在教化育人》,载《中国德育》2013年第6期。
③ 参见石军:《制度德育研究十五年:历史回顾与现实反思》,载《湖南师范大学教育科学学报》2016年第1期。
④ 参见鲁洁:《教育的返本归真——德育之根基所在》,载《华东师范大学学报(教育科学版)》2001年第4期。

温暖的。信用治理中需要教育功能,两者环环相扣,逻辑互通。教育功能的存在将道德育人和法治育人充分结合,是实现依法治国和以德治国有机统一的重要措施,也是对"法安天下,德润人心"的有力回应。

在思想引领工作中以教化育人理念进行填补,可以解决信用治理中价值顺位的偏差问题,能真正落实"以人为本"的人本主义教育,通过把对人的教育放在信用治理首要位置的方式来充分尊重和保障人权。

第三节 地方信用立法的技术理性问题

立法在价值选择的基础上需要实现技术理性,如此才能保障地方信用立法法理正当、逻辑契合。在价值选择上,我们明确了对惩戒与服务、引领的价值平衡。而具体的立法体例和条文设计方面也存在不少争议。

一、"大一统"或是"小快灵"

立法宁要片面的深刻,也不要全面的风险。地方信用立法究竟是采取"大一统"还是"小快灵"的模式?是规制包括市场信用在内的社会信用还是仅以调整公共信用为目的?是以条例为先还是以管理办法为先?

有学者认为,社会信用法的立法进路可以概括为两种立法方案、四类立法模式:

第一种方案:"分别调整"立法方案。该主张认为,在信用主体方面应当区分私权利主体和公权力主体,在信用客体方面区分经济信用和公共信用,分别进行立法调整。后面所论述的"小法"模式、"中法"模式属于此种方案。

第二种方案:"整体调整"立法方案。该主张以当前的四大诚信体系建设为基础,将其整体纳入社会信用法中,确立基本规则体系。下面将要论证的"折中"立法模式,属于该类立法模式。此外,还有一种主张全面规定私权利主体信用、公权力主体信用的立法设计,可以将其概括为"大法"模式,类似于较为系统完整的社会信用法典,也属于"整体调整"立法。

结合信用主体、信用客体的形式与实质结合程度,可以细分成四类立法模式,简要叙述如下:

"小法"模式对信用采狭义界定,强调信用的可量化性,仅仅规制私权利主体履约方面的经济信用,即经济信用=私权利主体+履约状态。征信、评级等活动是最为典型的经济信用关系的体现。按照传统的征信制度,信用特指基于金融债权债务关系而产生的信用关系。按照权威定义,征信的核心要义是征集和提供经济活动中的信用信息,从而帮助市场主体判断和控制交易风险、进行信用管理。除金融领域外,部分非金融领域的经济债权债务关系(如商业机构之间的赊销行为等)也可以成为高度制度化的信用客体。按照上述界定,信用立法就应该按照经典的经济信用进行设计,对经济领域可量化的信用关系进行单独法律调整。

"中法"模式对"信用"采中义界定,认为信用主体是指私权利主体,但客体不仅仅包括经济信用中的履约状态,还包括公共信用中的守法状态。因此,信用=私权利主体+履约状态+守法状态。这种观点认为,信用立法应当以私权利主体的活动(包括经济活动和社会活动)等作为调整对象。在客体方面,首先应包括履约状态。同时,按照社会契约论的观点,违反法律就是一种违反社会契约的行为,也违反了公众对社会成员守法状态的合理期待,因此守法状态应成为信用法的重要调整内容。按照中义的观点,私权利主体的经济信用关系和公共信用关系均应纳入社会信用法的调整范围。

"大法"模式对"信用"采广义界定。在主体上,包括私权利主体和公权力主体;在客体上,包括履约状态和守法状态,即信用=私权利主体信用+公权力主体信用。该观点认为,我国的信用建设政策、实践及地方立法都已经远远超越私权利主体信用的范畴。从2014年《纲要》等相关信用建设政策来看,社会信用体系包括政务诚信、商务诚信、社会诚信、司法公信四大诚信体系。社会信用法的调整范围不应仅仅局限于私权利主体,还应当包括公权力主体。公权力主体不仅仅是信用基础设施的构建者和信用秩序的监督者,其本身还是社会诚信建设的主体之一。因此,社会信用法应当对私权利主体的信用和公权力主体的信用进行全面规定。

"折中"模式是取乎于"大法"和"中法"模式之间的一种立法选择。即重点调整私权利主体的信用问题,对公权力主体的诚信问题主要是基于价值观层面的要求而仅作原则性规定。与"大法"模式要求全面规定公权力主体的信用问题相比,"折中"模式对公权力主体的信用问题仅作原则性规制。目前,我国地方信用立法普遍采取该种模式。①

从上述立法模式和立法方案来看,"小法"模式明显不适合我国,我国信用治理同时包含市场信用和公共信用,该模式可以直接排除。而"中法"和"大法"模式之间的区别主要在于是否将公权力主体纳入调整对象。我国除了在2014年《纲要》中明确要求构建政务诚信、商务诚信、社会诚信、司法公信四大诚信体系之外,在《社会信用体系建设法(向社会公开征求意见稿)》中也将其全部纳入。我们可以看出中央对信用治理十分看重,不仅希望对商事交易主体和社会交往主体有所调整,还希望能借此在各领域构建起良好的诚信体系。因此,"中法"模式也不适合我国对信用治理的期望。

"大法"模式虽说是信用治理的最终目标,但是现阶段甚至在未来很长一段时间内是较难实现的。从立法的实效性等角度考虑,"折中"模式确实是地方信用立法较好的一种选择,将调整的重点放在私权利主体的信用问题上,对公权力主体当然也需要有所调整,但是更多在立法中体现出来的还应当是价值观的引导和一些原则性、规范性的指引。无论是综合性立法还是功能性立法,我们都应从实践成果的转化和未来发展的指引两个维度

---

① 参见王伟:《论社会信用法的立法模式选择》,载《中国法学》2021年第1期。

进行考量。对于数据不全面、争议较大的领域,地方信用立法可以暂缓纳入,待研究透彻后再行整合。

二、地方特色何以在立法中体现

笔者在与地方官员沟通过程中经常会碰到一些有意思的"要求",要求本市的信用立法必须走在全国前列,要有一定创新和引领性,要体现出本地的特色……这类希望和要求也许与地方官员的"政绩"有关,倒是无可厚非。一部新的地方立法有一定的前瞻性、创新性是应该的,这也是地方立法的重要性所在,可是一味地要求体现本地特色却值得商榷。

以笔者参与过的几项地方信用立法为例:

例如,南京是六朝古都,历史文化名城,在抗日战争时期遭受过侵略和屠杀。地方官员要求我们在起草《南京市社会信用条例》的过程中将南京的历史、文化、特色结合于其中。因此,我们在严重失信主体名单中着重强调,社会信用主体有亵渎英烈,宣扬、美化侵略战争和侵略行为,严重损害国家和民族尊严的,属于严重失信主体。[①] 对于以上严重失信主体,行政机关、司法机关、法律法规授权具有管理公共事务职能的组织等在法定权限范围内,依照国家有关规定采取下列惩戒措施:限制进入相关市场;限制进入相关行业;限制相关任职资格;限制出境,限制乘坐飞机、乘坐高等级列车和席次,限制购买不动产以及国家相关主管部门规定的高消费;法律、行政法规规定的其他措施。

又如,鞍山是英模辈出的城市,英模文化是城市文化的鲜明特征,也是新时代新征程上最为宝贵的精神财富。地方官员要求我们在起草《鞍山市社会信用管理办法》时着重体现鞍山市的英模文化、劳模文化。他们建议当信用主体不尊重英模文化、劳模文化时,予以信用减分,还建议在疫情防控期间,乘坐公共交通时不戴口罩、不听劝阻的,予以信用减分……

[①] 参见《南京市社会信用条例》第40条第5项。

第七章　公共信用治理中的地方立法

《鞍山市社会信用管理办法》的起草工作正值疫情防控期间,对于这些要求,我们也非常理解,但最终在价值判断之后,我们认为公权力不应当过多干涉。对于文化领域的建设是十分值得提倡的,通过英模文化、劳模文化等优良先进文化来弘扬信用,双方相互作用、相互影响。但对于疫情防控问题,这是特殊时期的特殊问题,并不适合以信用来进行判断和评估。因此,我们在信用重点关注对象中强调,信用主体存在破坏生态环境、文化遗产、损害英模文化,但未达到列入严重失信名单标准的,列为信用重点关注对象,由社会信用主管部门会同社会信用相关单位依法予以相应惩戒,并发布失信预警。①

总的来说,我们会在兼顾社会主义统一大市场的框架的基础上,尽可能满足地方立法的需求。但需要厘清的是,地方特色应更多地体现在具体工作中,而非制度设计上。

此外,信用主体的某些行为是否适合列为守信激励或者失信惩戒的对象,也是地方信用立法过程中经常争论的点。在信用建设中,行政手段和德治手段起着重要作用。有些问题不宜通过刚性立法解决,需要柔性措施应对。例如慈善捐赠的行为,已经出台的不少地方信用立法里其实是将捐赠行为纳入守信信息的,这样的价值判断和价值选择很容易引发道德风险。我们需要思考,是否富有的人可以通过捐赠行为让自己变成信用状况良好的人?金钱与信用之间是否存在必然的联系?难道越富有的人信用就越容易好?

举个例子,2023 年 7 月 30 日,碧桂园服务发布关于董事会主席兼控股股东捐赠股份的内幕消息公告,其董事会主席兼控股股东杨惠妍将必胜有限公司(杨惠妍全资持有)持有公司约 20% 的股份捐赠给其妹妹杨子莹创设的国强公益基金会。从证券法和公司法的角度来看,其行为本质在于利用慈善机构的特殊性质,在对股份、资金进行风险隔离的同时,保证自身

---

① 参见《鞍山市社会信用管理办法》第 28 条第 1 款第 4 项。

对企业的控制权。假设杨惠妍的行为发生在内地,并且该地信用立法认为通过慈善捐赠可以获得更好的信用,并有一系列的激励措施,那么这样的价值判断是否正确?碧桂园在债券到期后无法偿还的违约行为,难道对管理层信用而言不降反增?

还有像欠缴水电煤、电话费,这些行为是否一定要用信用立法进行规制?一是金额小,二是很难判断行为人的主观状态,三是可以另寻他法,需要对具体费用进行区别对待。社会生活中确实存在一部分信用主体恶意拖欠水电煤、电话费,但是我们是否一定要以失信惩戒的方式对其进行规制?反过来思考,准时缴纳水电煤、电话费,抑或是提前预缴,是否就意味着信用主体信用状况良好,可以进行守信激励?水电煤这种居民生活基础保障比较复杂,但是对于电话费欠缴,完全可以做到在余额即将不足之时提醒,尽到提示义务,并在余额不足之时直接强制停机。

体现地方特色在地方信用立法中是不可避免的,也是十分必要的。在设计相关条文时更应当关注条文的实用性,将地方特色融于实际工作中。此外,对于社会生活中的不良行为和值得倡导的行为也不能以偏概全,信用立法应当保持谦抑性。

本 章 小 结

本章主要围绕笔者在参与地方信用立法中碰到的几个问题展开讨论,包括:是否应当立法(必要性)?地方信用立法中如何选择相应的价值(价值判断)?在具体的立法体例和条文中如何设计(技术理性)?

对于立与不立的问题,第一,下位法需要对地方已经实践的内容和成果进行固化,提炼出有价值的部分,用立法的形式进行表达,并以此继续引导地方信用的立法和实践。第二,下位法需要弥补上位法的不足,发挥地方立法的补充性、探索性等功能进行制度提升。这是立法和实践相互影响、相互作用的体现。从立法探索和实践需求来讲,无论是上级要求、形势要求,还是地方实践的需要,信用立法都有必要。

在地方信用立法的价值选择上,目前多地信用立法多以惩戒为主。我们应当尽量脱离对信息主体过多管控的威胁,这是原则性的问题,并借此打造法治政府和服务型政府的有机结合。在思想引领工作中以教化育人理念进行填补,可以解决信用治理中价值顺位的偏差问题,能真正落实"以人为本"的人本主义教育,通过把对人的教育放在信用治理首要位置的方式来充分尊重和保障人权。

在地方立法的体例和条文设计上,现阶段应当选择"折中"模式,重点调整私权利主体,同时也将公权力主体纳入。无论是综合性立法还是功能性立法,都应从实践成果的转化和未来发展的指引两个维度进行考量。对于数据不全面、争议较大的领域,地方信用立法可以暂缓纳入,待研究透彻后再行整合。而对于地方官员提出的体现本地特色的要求,更应当关注特色的实效性,将其融于实践之中,并且随时保持谦抑性,避免信用治理的滥用。

代结语

改革开放后,我国在经济得到腾飞的同时社会结构也面临着巨大的变化,社会问题层出不穷。"东强西弱"的经济发展推动了人口迁移和社会交往方式的转变,在城市化转型升级的过程中,我国社会面临着"信用缺失"的严重问题。

"信用缺失"的表现是多方面的,由于贪腐和滥权的时常发生,公众对政府、法院等公权力部门不信任;由于违约和欺诈的存在,商主体在商业交往过程中互不信任;由于自私自利、一味地追求个人利益,公众在社会交往过程中也互不信任。"信用缺失"不仅给我国优秀传统文化、优秀思想带来了巨大冲击,还严重损害了我国公权力部门的公信力,限制了我国经济的发展程度。面对"信用缺失"问题,现有立法难以应对,贪腐滥权依旧猖獗,法院执行难以落实,社会生活中违法成本低的问题也依旧存在。立法者似乎看到法律治理机制相对薄弱的问题,开始试图将道德领域的"信用"引入法律治理机制的行列,共同对"信用缺失"现象展开治理。

"信用入法"并非我国首创,西方发达国家在经济腾飞的过程中也同样面临"信用缺失"的问题,因此信用治理早就成了现代社会中一种重要的治理模式。研究制度经济学的学者认为,符合本国国情的制度才是最好的制度,各国信用治理模式自然都是依托各国国情所建立起来的。我国在选择自己的信用治理模式时既需要借鉴各国信用治理模式的先进经验,也需要结合我国的经济、政治、社会、文化等因素,避免一味地照搬照抄。

各国信用立法大都涵盖市场信用领域和公共信用领域,具体差别主要是治理的程度以及主导部门的选择。由于我国人口素质与经济发展程度有相当大的脱节现象,我国立法者对公共信用治理的深度和广度都远超西方国家,国内部分学者也将其称为创制性立法,有较高的研究价值。虽是创制性立法,但我国公共信用立法具有合宪性基础,"信用入法"合法有据,并非公权扩张的表现,其并不损害公众的合法利益。创制性立法需要保持谦抑性,在公共信用立法的过程中需要贯彻"限制公权、保护私益"的思想。

公共信用治理的核心要义在于控制和利用公共信用信息,因此研究公共信用治理需要围绕公共信用信息展开。公共信用信息在公共信用治理过程中可以分成四大运作机制:信息归集,信息共享开放,信息奖惩,信用退出。

信息归集机制需要明晰信息归集的边界,避免信息归集过度,同时需要保障信息主体的知情权和异议权,以免公权力部门在信息归集的过程中给信息主体造成权益侵害。

信息共享开放机制主要存在边界不明晰以及标准不统一的问题,这也是限制公共信用治理实效的原因之一。共享是指公权力部门之间的信息互通、资源整合,开放则是公共信用信息平台对社会公众的单方面的信息传递。结合公共信用信息的属性和公共信用治理的目的,我们需要对信息共享和信息开放进行类别化处理,并尽早解决区域间共享开放标准不统一的问题。

信息奖惩机制在实践中主要是失信惩戒存在较多争议,其一是对其合法性的质疑,其二是对失信惩戒泛化的质疑。合法性的质疑主要是部分学者将失信惩戒和行政处罚混淆,失信惩戒泛化主要是缺乏比例原则所导致的。对此,立法者需要将比例原则融于失信惩戒机制的始终,以限制公权、保护私益。

信息退出机制对应信息归集机制,能够完善整个公共信用治理的逻辑,其中对失信主体赋予被遗忘权能够引导公众诚实守信,尽早回归社会并被社会所重新接受。

公共信用治理虽然带有强烈的公共属性,但其游走于公私两个领域。公共信用治理的逻辑严密程度和公共信用体系的完善程度,关乎着公权力部门权力行使的边界,也与信息主体自身权益的维护息息相关。在当今这个万物互联、遍布信息大数据的时代,想要让公共信用治理做到法理正当、技术理性与规范合理,就需要在法治理念的坚持下进行变革。把握公共信用的治理逻辑和内在要求,便能正确理解相关立法的动因和内涵。"信用入法"并不是公权扩张的表现,而是社会治理的又一次重大变革,是国家制度竞争的重要砝码,引导公众诚实守信,提升全社会的信任感是公共信用治理的最终目的。保护信息主体的合法权益,维持公私利益平衡,理顺公共信用信息的四大运作机制,让其相互作用、通力合作,才能让社会公众夯实诚实守信的思想理念,让公共信用治理的社会效益得到最大化。公共信用治理承载着敦促国人遵纪守法的使命,公共信用立法也将是人民的选择和法治中国的必经之路。

附　录

全国公共信用信息基础目录(2025 年版)

序号	信息类别	条目	主体性质	责任单位	纳入依据
1	登记注册基本信息	企业、个体工商户、农民专业合作社登记注册基本信息	自然人、法人和非法人组织	市场监管部门	《市场主体登记管理条例》第三十五条,《企业信息公示暂行条例》第六条,《国务院办公厅关于印发加强信用信息共享应用促进中小微企业融资实施方案的通知》(国办发〔2021〕52号)
		机关统一社会信用代码赋码信息	法人	机构编制管理部门	《国务院关于批准发展改革委等部门法人和其他组织统一社会信用代码制度建设总体方案的通知》(国发〔2015〕33号)
		事业单位登记信息	法人	事业单位登记管理机关	《事业单位登记管理暂行条例》、《国务院办公厅关于印发加强信用信息共享应用促进中小微企业融资实施方案的通知》(国办发〔2021〕52号)

(续表)

序号	信息类别	条目	主体性质	责任单位	纳入依据
1	登记注册基本信息	社会组织登记信息	法人和非法人组织	民政部门	《社会团体登记管理条例》《民办非企业单位登记管理暂行条例》《基金会管理条例》《外国商会管理暂行条例》《国务院办公厅关于印发加强信用信息共享应用促进中小微企业融资实施方案的通知》(国办发〔2021〕52号)
		企业在海关注册登记或者备案信息	法人和非法人组织(含个体工商户、农民专业合作社)	海关部门	《企业信息公示暂行条例》第五条、第七条,《国务院办公厅关于印发加强信用信息共享应用促进中小微企业融资实施方案的通知》(国办发〔2021〕52号)
		宗教活动场所登记信息	法人和非法人组织	宗教事务部门、民政部门	《国务院关于印发促进大数据发展行动纲要的通知》(国发〔2015〕50号),《国务院办公厅关于印发加强信用信息共享应用促进中小微企业融资实施方案的通知》(国办发〔2021〕52号),《宗教事务条例》
		未登记为法人的宗教院校登记信息	非法人组织	宗教事务部门	《国务院关于印发促进大数据发展行动纲要的通知》(国发〔2015〕50号),《国务院办公厅关于印发加强信用信息共享应用促进中小微企业融资实施方案的通知》(国办发〔2021〕52号)
		海域使用论证编制主体登记注册信息	法人和非法人组织	自然资源部门	《企业信息公示暂行条例》第六条,《国务院办公厅关于印发加强信用信息共享应用促进中小微企业融资实施方案的通知》(国办发〔2021〕52号)

附 录

（续表）

序号	信息类别	条目	主体性质	责任单位	纳入依据
1	登记注册基本信息	建设工程领域企业、人员注册信息	自然人、法人和非法人组织	住房和城乡建设部门、水利部门、交通运输部门	《建筑法》第十三条、第十四条，《国务院办公厅关于印发加强信用信息共享应用促进中小微企业融资实施方案的通知》（国办发〔2021〕52号）
		其他法人和非法人组织依法办理注册登记的信息	法人和非法人组织	司法部门、工会管理部门等单位	《民法典》《工会法》《企业信息公示暂行条例》第六条，《市场主体登记管理条例》第三十五条，《国务院关于印发促进大数据发展行动纲要的通知》（国发〔2015〕50号），《国务院办公厅关于政府部门涉企信息统一归集公示工作实施方案的复函》（国办函〔2016〕74号），《国务院办公厅关于印发加强信用信息共享应用促进中小微企业融资实施方案的通知》（国办发〔2021〕52号）
2	司法裁判及执行信息	仲裁案件信息	自然人、法人和非法人组织	仲裁管理部门	《仲裁法》第四十条，《国务院关于建立完善守信联合激励和失信联合惩戒制度加快推进社会诚信建设的指导意见》（国发〔2016〕33号）
		纳入失信被执行人名单及限制消费信息	自然人、法人和非法人组织	人民法院	《最高人民法院关于公布失信被执行人名单信息的若干规定》（法释〔2017〕7号），《最高人民法院关于限制被执行人高消费及有关消费的若干规定》（法释〔2015〕17号）
		破产案件审判流程节点信息、破产程序中人民法院发布的各类公告、人民法院制作的破产程序法律文书、人民法院认为应当公开的其他信息	法人和非法人组织	人民法院	《最高人民法院关于企业破产案件信息公开的规定（试行）》（法发〔2016〕19号）

(续表)

序号	信息类别	条目	主体性质	责任单位	纳入依据
3	行政管理信息	行政许可	自然人、法人和非法人组织	国家有关部门	《行政许可法》第四十条,《行政处罚法》第五、第四十八条,《行政强制法》第十八条、第四十四条,《企业信息公示暂行条例》第六条、第七条、第十条,《政府信息公开条例》第十九条、第二十条,《反不正当竞争法》第二十六条,《反垄断法》第六十四条,《会计法》第四十七条,《食品安全法》第三十五条,《食品安全法实施条例》第二十五条,《安全生产法》第四十条,《港口法》第二十五条,《道路运输条例》第三十九条、四十九条,《国际海运条例》第十三条、第十四条、第十五条、第十六条,《市场主体登记管理条例》第三十条,《国务院办公厅关于加快推进社会信用体系建设构建以信用为基础的新型监管机制的指导意见》(国办发〔2019〕35号)
		行政处罚			
		行政强制			
		行政确认			
		行政征收			
		行政给付			
		行政裁决			
		行政补偿			
		行政奖励			
		行政监督检查			
		行政备案			
4	职称和职业信息	专业技术人员职称信息	自然人	国家有关部门	中共中央办公厅、国务院办公厅印发的《关于深化职称制度改革的意见》
		职业资格信息	自然人	国家有关部门	《国务院办公厅关于加强个人诚信体系建设的指导意见》(国办发〔2016〕98号)
		专业技术人员职业资格考试信息	自然人	人力资源社会保障部门	中共中央办公厅、国务院办公厅印发的《关于深化职称制度改革的意见》

附　录

(续表)

序号	信息类别	条目	主体性质	责任单位	纳入依据
5	经营（活动）异常名录（状态）信息	经营主体被依法纳入或移出经营异常名录（状态）等信息	法人和非法人组织	市场监管部门	《企业信息公示暂行条例》第十八条，《企业名称登记管理规定》第二十三条，《国务院办公厅关于政府部门涉企信息统一归集公示工作实施方案的复函》（国办函〔2016〕74号）
		社会组织被依法纳入或移出活动异常名录等信息	法人和非法人组织	民政部门	中共中央办公厅、国务院办公厅印发的《关于改革社会组织管理制度促进社会组织健康有序发展的意见》
		矿业权人被依法纳入或移出矿业权人异常名录等信息	自然人、法人和非法人组织	自然资源部门	中共中央、国务院印发的《生态文明体制改革总体方案》
		经营主体在海域使用论证报告质量检查中列入或移除信用约束名单等信息	自然人、法人和非法人组织	自然资源部门	《国务院关于取消和下放一批行政许可事项的决定》（国发〔2019〕6号）
		社会组织在海域使用论证报告质量检查中列入或移除信用约束名单等信息	法人和非法人组织	自然资源部门	《国务院关于取消和下放一批行政许可事项的决定》（国发〔2019〕6号）
6	严重失信主体名单信息	失信被执行人名单	自然人、法人和非法人组织	人民法院	《最高人民法院关于公布失信被执行人名单信息的若干规定》（法释〔2017〕7号）第一条，中共中央办公厅、国务院办公厅印发的《关于加快推进失信被执行人信用监督、警示和惩戒机制建设的意见》

(续表)

序号	信息类别	条目	主体性质	责任单位	纳入依据
6	严重失信主体名单信息	政府采购严重违法失信行为记录名单	自然人、法人和非法人组织	财政部门	《政府采购法》第七十七条、第七十八条,《政府采购法实施条例》第七十二条、第七十三条、第七十五条
		履行国防义务严重失信主体名单	自然人	兵役机关	《兵役法》第五十七条、第五十八条
		拖欠农民工工资失信联合惩戒对象名单	自然人、法人和非法人组织	人力资源社会保障部门	《保障农民工工资支付条例》第四十八条,《国务院办公厅关于全面治理拖欠农民工工资问题的意见》(国办发〔2016〕1号)
		市场监督管理严重违法失信名单	自然人、法人和非法人组织	市场监管部门	《企业信息公示暂行条例》第十八条,《食品安全法实施条例》第六十六条,中共中央、国务院印发的《关于深化改革加强食品安全工作的意见》,《国务院关于"先照后证"改革后加强事中事后监管的意见》(国发〔2015〕62号),《国务院关于建立完善守信联合激励和失信联合惩戒制度加快推进社会诚信建设的指导意见》(国发〔2016〕33号),《国务院办公厅关于进一步完善失信约束制度构建诚信建设长效机制的指导意见》(国办发〔2020〕49号)
		市场监督管理严重违法失信名单(食品安全严重违法生产经营者黑名单)	法人	市场监管部门	《食品安全法实施条例》第六十六条,《国务院办公厅关于推进奶业振兴保障乳品质量安全的意见》(国办发〔2018〕43号)
		运输物流行业严重失信黑名单	自然人、法人	发展改革部门、交通运输部门	《国务院办公厅关于进一步推进物流降本增效促进实体经济发展的意见》(国办发〔2017〕73号)

附 录

(续表)

序号	信息类别	条目	主体性质	责任单位	纳入依据
6	严重失信主体名单信息	危害残疾儿童康复救助权益严重失信主体名单	自然人、法人	残联组织、教育部门、民政部门、卫生健康部门、市场监管部门	《国务院关于建立残疾儿童康复救助制度的意见》(国发〔2018〕20号)
		重大税收违法失信主体名单	自然人、法人和非法人组织	税务部门	《国务院关于印发社会信用体系建设规划纲要(2014—2020年)的通知》(国发〔2014〕21号),中共中央办公厅、国务院办公厅印发的《关于进一步深化税收征管改革的意见》
		统计严重失信企业名单	法人和非法人组织	统计部门	《国务院关于印发社会信用体系建设规划纲要(2014—2020年)的通知》(国发〔2014〕21号),中共中央办公厅、国务院办公厅印发的《关于更加有效发挥统计监督职能作用的意见》
		社会救助领域信用黑名单	自然人、法人和非法人组织	民政部门、应急管理部门、教育部门、卫生健康部门、医疗保障部门	《国务院关于印发社会信用体系建设规划纲要(2014—2020年)的通知》(国发〔2014〕21号)
		保障性住房(公租房)使用领域信用黑名单	自然人	住房和城乡建设部门	《国务院关于印发社会信用体系建设规划纲要(2014—2020年)的通知》(国发〔2014〕21号)

(续表)

序号	信息类别	条目	主体性质	责任单位	纳入依据
6	严重失信主体名单信息	互联网严重失信名单	自然人、法人和非法人组织	网信部门、工业和信息化部门、公安部门、新闻出版部门	《国务院关于印发社会信用体系建设规划纲要（2014—2020年）的通知》（国发〔2014〕21号）
		电信网络诈骗严重失信主体名单	自然人、法人和非法人组织	工业和信息化部门、网信部门、公安部门、中国人民银行、国家金融监督管理部门、最高人民法院	《反电信网络诈骗法》，中共中央办公厅、国务院办公厅印发的《关于加强打击治理电信网络诈骗违法犯罪工作的意见》
		文化和旅游市场严重失信主体名单	自然人、法人和非法人组织	文化和旅游部门	《国务院办公厅关于进一步激发文化和旅游消费潜力的意见》（国办发〔2019〕41号）
		建筑市场主体黑名单	自然人、法人和非法人组织	住房和城乡建设部门	《国务院办公厅关于促进建筑业持续健康发展的意见》（国办发〔2017〕19号）
		工程建设领域黑名单	自然人、法人和非法人组织	住房和城乡建设部门、交通运输部门、水利部门、农业农村部门、铁路部门、工业和信息化部门	《国务院办公厅关于全面开展工程建设项目审批制度改革的实施意见》（国办发〔2019〕11号），《国务院办公厅关于转发住房城乡建设部关于完善质量保障体系提升建筑工程品质指导意见的通知》（国办函〔2019〕92号）

附 录

(续表)

序号	信息类别	条目	主体性质	责任单位	纳入依据
6	严重失信主体名单信息	物业服务企业黑名单	自然人、法人和非法人组织	住房和城乡建设部门	《国务院关于取消一批行政许可事项的决定》(国发〔2017〕46号)、《物业管理条例》第三十二条
		信息消费领域企业黑名单	自然人、法人和非法人组织	工业和信息化部门	《国务院关于进一步扩大和升级信息消费持续释放内需潜力的指导意见》(国发〔2017〕40号)
		城市轨道交通规划建设领域黑名单	自然人、法人和非法人组织	发展改革部门、住房和城乡建设部门	《国务院办公厅关于进一步加强城市轨道交通规划建设管理的意见》(国办发〔2018〕52号)
		交通运输领域严重失信主体名单	自然人、法人和非法人组织	交通运输部门	中共中央办公厅、国务院办公厅印发的《关于加快建设统一开放的交通运输市场的意见》
		环境违法企业黑名单	法人和非法人组织	生态环境部门	中共中央办公厅、国务院办公厅印发的《关于构建现代环境治理体系的指导意见》、《国务院办公厅关于加强环境监管执法的通知》(国办发〔2014〕56号)
		医疗保障领域失信联合惩戒对象名单	自然人、法人和非法人组织	医疗保障部门	《国务院办公厅关于推进医疗保障基金监管制度体系改革的指导意见》(国办发〔2020〕20号)、《医疗保障基金使用监督管理条例》第三十三条、《社会保险经办条例》第四十五条
		医疗卫生行业黑名单	自然人、法人和非法人组织	卫生健康部门	《国务院办公厅关于改革完善医疗卫生行业综合监管制度的指导意见》(国办发〔2018〕63号)

(续表)

序号	信息类别	条目	主体性质	责任单位	纳入依据
6	严重失信主体名单信息	医药行业失信企业黑名单	法人和非法人组织	卫生健康部门、药品监督管理部门	《国务院办公厅关于促进医药产业健康发展的指导意见》(国办发〔2016〕11号)
		社会组织严重违法失信名单	法人和非法人组织	民政部门	中共中央办公厅、国务院办公厅印发的《关于改革社会组织管理制度促进社会组织健康有序发展的意见》
		知识产权领域严重违法失信名单	自然人、法人和非法人组织	知识产权部门、市场监管部门、著作权主管部门	《国务院办公厅关于印发全国深化"放管服"改革优化营商环境电视电话会议重点任务分工方案的通知》(国办发〔2019〕39号)
		职称申报评审失信黑名单	自然人	人力资源社会保障部门	中共中央办公厅、国务院办公厅印发的《关于深化职称制度改革的意见》
		安全生产严重失信主体名单	自然人、法人和非法人组织	应急管理部门、其他负有安全生产监督管理职责的部门	《中华人民共和国安全生产法》第七十八条,中共中央、国务院印发的《关于推进安全生产领域改革发展的意见》,《国务院关于印发社会信用体系建设规划纲要(2014—2020年)的通知》(国发〔2014〕21号),中共中央办公厅、国务院办公厅印发的《关于全面加强危险化学品安全生产工作的意见》
		消防安全领域黑名单	自然人、法人和非法人组织	消防救援机构	中共中央办公厅、国务院办公厅印发的《关于深化消防执法改革的意见》
		校外培训机构黑名单	法人和非法人组织	教育部门	《国务院办公厅关于规范校外培训机构发展的意见》(国办发〔2018〕80号),中共中央办公厅、国务院办公厅印发的《关于进一步减轻义务教育阶段学生作业负担和校外培训负担的意见》

附　录

（续表）

序号	信息类别	条目	主体性质	责任单位	纳入依据
6	严重失信主体名单信息	公共资源配置黑名单	自然人、法人和非法人组织	管理或实施公共资源配置的国家机关	《国务院办公厅关于推进公共资源配置领域政府信息公开的意见》（国办发〔2017〕97号）
		矿业权人勘查开采严重失信主体名单	自然人、法人和非法人组织	自然资源部门	中共中央、国务院印发的《生态文明体制改革总体方案》
		地质勘查单位黑名单	法人和非法人组织	自然资源部门	《国务院关于取消一批行政许可事项的决定》（国发〔2017〕46号）
		注册会计师行业严重失信主体名单	自然人、法人和非法人组织	财政部门	《国务院办公厅关于进一步规范财务审计秩序促进注册会计师行业健康发展的意见》（国办发〔2021〕30号）
		社会保险领域严重失信主体名单	自然人、法人和非法人组织	人力资源社会保障部门、医疗保障部门	中共中央办公厅、国务院办公厅印发的《关于推进社会信用体系建设高质量发展促进形成新发展格局的意见》、《社会保险经办条例》第四十五条
		快递领域违法失信主体"黑名单"	自然人、法人和非法人组织	邮政管理部门	《国务院关于促进快递业发展的若干意见》（国发〔2015〕61号）
		进出口海关监管领域严重失信主体名单	自然人、法人和非法人组织	海关部门	《企业信息公示暂行条例》第五条、第七条，中共中央办公厅、国务院办公厅印发的《关于推进社会信用体系建设高质量发展促进形成新发展格局的意见》
		境外投资黑名单	自然人、法人和非法人组织	发展改革部门、商务部门	《国务院办公厅转发国家发展改革委商务部人民银行外交部关于进一步引导和规范境外投资方向指导意见的通知》（国办发〔2017〕74号）
		养老服务领域失信联合惩戒对象名单	自然人、法人和非法人组织	民政部	《国务院办公厅关于推进养老服务发展的意见》（国办发〔2019〕5号）
		地震安全性评价领域黑名单	自然人、法人和非法人组织	地震部门	《国务院关于取消一批行政许可事项的决定》（国发〔2017〕46号）

(续表)

序号	信息类别	条目	主体性质	责任单位	纳入依据
7	合同履行信息	对外劳务合作领域不履行合同约定、侵害劳务人员合法权益的行为信息	法人	商务部门	《对外劳务合作管理条例》第三十七条
		农村订单定向医学生违约信息	自然人	国家有关部门	《基本医疗卫生与健康促进法》第九十三条,《医师法》第四十一条,《国务院办公厅关于深化医药卫生体制改革2021年重点工作任务的通知》(国办发〔2021〕20号)
		教育部直属师范大学公费教育师范生违约信息	自然人	教育行政部门	《国务院办公厅关于转发教育部等部门教育部直属师范大学师范生公费教育实施办法的通知》(国办发〔2018〕75号)
		工程建设项目合同订立及履行信息	自然人、法人和非法人组织	交通运输部门、住房和城乡建设部门、水利部门、农业农村部门	《国务院办公厅关于推进公共资源配置领域政府信息公开的意见》(国办发〔2017〕97号)
8	信用承诺及履行情况信息	企业在填报统计报表、信用修复作出的信用承诺及履行情况信息	法人和非法人组织	统计部门	《国务院办公厅关于加快推进社会信用体系建设构建以信用为基础的新型监管机制的指导意见》(国办发〔2019〕35号)
		办理电力业务许可和承装(修、试)电力设施许可的信用承诺及履行情况信息	法人	能源部门	《国务院关于深化"证照分离"改革进一步激发市场主体发展活力的通知》(国发〔2021〕7号),《国务院办公厅关于全面推行证明事项和涉企经营许可事项告知承诺制的指导意见》(国办发〔2020〕42号)

附 录

(续表)

序号	信息类别	条目	主体性质	责任单位	纳入依据
8	信用承诺及履行情况信息	办理公共场所卫生许可的信用承诺及履行情况信息	自然人、法人和非法人组织	卫生健康部门	《国务院办公厅关于改革完善医疗卫生行业综合监管制度的指导意见》(国办发〔2018〕63号),《国务院办公厅关于全面推行证明事项和涉企经营许可事项告知承诺制的指导意见》(国办发〔2020〕42号),《国务院关于深化"证照分离"改革进一步激发市场主体发展活力的通知》(国发〔2021〕7号)
		被中国证监会及其派出机构调查的当事人因自身原因未履行承诺的情况信息	自然人、法人和非法人组织	证监部门	《证券法》第一百七十一条、第二百一十五条,《期货和衍生品法》第一百一十二条、第一百一十三条,《证券期货行政执法当事人承诺制度实施办法》(国务院令第749号)第十九条,《国务院办公厅关于加快推进社会信用体系建设构建以信用为基础的新型监管机制的指导意见》(国办发〔2019〕35号)
		快递企业信用承诺及履行情况信息	法人	邮政管理部门	《国务院办公厅关于加快推进社会信用体系建设构建以信用为基础的新型监管机制的指导意见》(国办发〔2019〕35号),《国务院办公厅关于全面推行证明事项和涉企经营许可事项告知承诺制的指导意见》(国办发〔2020〕42号)
		民航领域实施告知承诺制证明事项信用承诺及履行情况信息	自然人、法人和非法人组织	民用航空部门	《国务院办公厅关于全面推行证明事项和涉企经营许可事项告知承诺制的指导意见》(国办发〔2020〕42号)

(续表)

序号	信息类别	条目	主体性质	责任单位	纳入依据
8	信用承诺及履行情况信息	知识产权领域信用承诺不实或未履行信息	自然人、法人和非法人组织	知识产权部门	《国务院办公厅关于全面推行证明事项和涉企经营许可事项告知承诺制的指导意见》(国办发〔2020〕42号)
		海域使用论证报告编制信用承诺及履行情况信息	自然人、法人和非法人组织	自然资源部门	《国务院关于取消和下放一批行政许可事项的决定》(国发〔2019〕6号)
		劳务派遣单位信用承诺及履行情况信息	法人	人力资源社会保障部门	《国务院办公厅关于加快推进社会信用体系建设构建以信用为基础的新型监管机制的指导意见》(国办发〔2019〕35号),《国务院办公厅关于全面推行证明事项和涉企经营许可事项告知承诺制的指导意见》(国办发〔2020〕42号),《国务院关于深化"证照分离"改革进一步激发市场主体发展活力的通知》(国发〔2021〕7号)
		交通运输领域信用承诺及其履行情况信息	自然人、法人和非法人组织	交通运输部门	中共中央、国务院印发的《关于加快建设全国统一大市场的意见》,中共中央办公厅、国务院办公厅印发的《关于推进社会信用体系建设高质量发展促进形成新发展格局的意见》,《国务院关于进一步贯彻实施〈中华人民共和国行政处罚法〉的通知》(国发〔2021〕26号),《国务院办公厅关于全面推行证明事项和涉企经营许可事项告知承诺制的指导意见》(国发〔2020〕42号)

附　录

(续表)

序号	信息类别	条目	主体性质	责任单位	纳入依据
8	信用承诺及履行情况信息	医保基金监管告知承诺及履行情况信息	自然人、法人和非法人组织	国家医疗保障局	《国务院办公厅关于加强医疗保障基金使用常态化监管的实施意见》(国办发〔2023〕17号)
		农产品承诺达标合格证制度履行情况信息	自然人、法人	农业农村部门	《农产品质量安全法》《国务院办公厅关于加快推进社会信用体系建设构建以信用为基础的新型监管机制的指导意见》(国办发〔2019〕35号)
		企业执行标准公开情况信息	法人	市场监管部门	《标准化法》第二十七条,《企业标准化促进办法》第十四条
		入海排污口备案、废弃物海洋倾倒船舶、海洋生态环境治理和服务的信用承诺不实或不履行情况	自然人、法人和非法人组织	生态环境部门	《海洋环境保护法》第三十二条
		其他适用告知承诺制的证明事项、行政许可、信用修复等活动中所产生的信用承诺及履约情况信息	自然人、法人和非法人组织	有关部门	《国务院办公厅关于全面推行证明事项和涉企经营许可事项告知承诺制的指导意见》(国办发〔2020〕42号)
		软件和信息技术服务领域信息承诺不实或未履行信息	自然人、法人和非法人组织	工业和信息化部门、知识产权部门、市场监管部门、著作权主管部门	《国务院办公厅关于全面推行证明事项和涉企经营许可事项告知承诺制的指导意见》(国办发〔2020〕42号)

(续表)

序号	信息类别	条目	主体性质	责任单位	纳入依据
9	信用评价结果信息	纳税缴费信用评价信息	自然人、法人和非法人组织	税务部门	《个人所得税法》第十五条，《税收征收管理法实施细则》，《国务院关于印发社会信用体系建设规划纲要（2014—2020年）的通知》（国发〔2014〕21号），《国务院办公厅关于加快推进社会信用体系建设构建以信用为基础的新型监管机制的指导意见》（国办发〔2019〕35号），中共中央办公厅、国务院办公厅印发的《关于进一步深化税收征管改革的意见》第十八条
		涉税专业服务机构信用积分及信用等级	法人和非法人组织	税务部门	《国务院关于印发社会信用体系建设规划纲要（2014—2020年）的通知》（国发〔2014〕21号），《国务院办公厅关于加快推进社会信用体系建设构建以信用为基础的新型监管机制的指导意见》（国办发〔2019〕35号），《国务院关于加快推进政务服务标准化规范化便利化的指导意见》（国发〔2022〕5号）
		从事涉税服务人员个人信用积分	自然人	税务部门	《国务院办公厅关于加强个人诚信体系建设的指导意见》（国办发〔2016〕98号），《国务院办公厅关于加快推进社会信用体系建设构建以信用为基础的新型监机制的指导意见》（国办发〔2019〕35号）

附 录

(续表)

序号	信息类别	条目	主体性质	责任单位	纳入依据
9	信用评价结果信息	交通运输领域信用评价结果	自然人、法人和非法人组织	交通运输部门	《国务院关于印发社会信用体系建设规划纲要（2014—2020年）的通知》（国发〔2014〕21号）、《国务院办公厅关于加快推进社会信用体系建设构建以信用为基础的新型监管机制的指导意见》（国办发〔2019〕35号）
		统计信用评价结果	法人和非法人组织	统计部门	《国务院办公厅关于加快推进社会信用体系建设构建以信用为基础的新型监管机制的指导意见》（国办发〔2019〕35号）
		能源行业信用评价结果	自然人、法人	能源部门	《国务院关于印发社会信用体系建设规划纲要（2014—2020年）的通知》（国发〔2014〕21号）、《国务院办公厅关于加快推进社会信用体系建设构建以信用为基础的新型监管机制的指导意见》（国办发〔2019〕35号）
		快递市场法人主体信用评价结果	法人	邮政管理部门	《国务院办公厅关于加快推进社会信用体系建设构建以信用为基础的新型监管机制的指导意见》（国办发〔2019〕35号）、《快递暂行条例》
		专利代理行业信用评价信息	自然人、法人	知识产权部门	《国务院办公厅关于加快推进社会信用体系建设构建以信用为基础的新型监管机制的指导意见》（国办发〔2019〕35号）、《国务院关于印发"十四五"国家知识产权保护和运用规划的通知》（国发〔2021〕20号）

(续表)

序号	信息类别	条目	主体性质	责任单位	纳入依据
9	信用评价结果信息	商标代理行业信用评价信息	自然人、法人	知识产权部门	《国务院办公厅关于加快推进社会信用体系建设构建以信用为基础的新型监管机制的指导意见》(国办发〔2019〕35号),《国务院关于印发"十四五"国家知识产权保护和运用规划的通知》(国发〔2021〕20号)
		环境影响评价领域的信用基础信息和评价结果信息	自然人、法人和非法人组织	生态环境部门	《国务院关于印发社会信用体系建设规划纲要（2014—2020年）的通知》(国发〔2014〕21号),《国务院办公厅关于加快推进社会信用体系建设构建以信用为基础的新型监管机制的指导意见》(国办发〔2019〕35号)
		环保信用评价结果	法人和非法人组织	生态环境部门	《国务院关于印发社会信用体系建设规划纲要（2014—2020年）的通知》(国发〔2014〕21号),《国务院办公厅关于加快推进社会信用体系建设构建以信用为基础的新型监管机制的指导意见》(国办发〔2019〕35号),中共中央办公厅、国务院办公厅印发的《关于推进社会信用体系建设高质量发展促进形成新发展格局的意见》
		水土保持领域信用评价结果	法人和非法人组织	水利部门	中共中央办公厅、国务院办公厅印发的《关于推进社会信用体系建设高质量发展促进形成新发展格局的意见》,中共中央办公厅、国务院办公厅印发的《关于加强新时代水土保持工作的意见》

附 录

(续表)

序号	信息类别	条目	主体性质	责任单位	纳入依据
9	信用评价结果信息	劳务派遣单位信用评价结果	法人	人力资源社会保障部门	《劳动合同法》第九十二条,《国务院关于印发社会信用体系建设规划纲要(2014—2020年)的通知》(国发〔2014〕21号),《国务院办公厅关于加快推进社会信用体系建设构建以信用为基础的新型监管机制的指导意见》(国办发〔2019〕35号)
		建设工程领域信用评价结果	自然人、法人和非法人组织	住房和城乡建设部门、水利部门、交通运输部门、铁路部门、工业和信息化部门	《国务院办公厅关于加强个人诚信体系建设的指导意见》(国办发〔2016〕98号),《国务院办公厅关于加快推进社会信用体系建设构建以信用为基础的新型监管机制的指导意见》(国办发〔2019〕35号)
		房地产领域信用评价结果	自然人、法人和非法人组织	住房和城乡建设部门	《国务院办公厅关于加强个人诚信体系建设的指导意见》(国办发〔2016〕98号),《国务院办公厅关于加快推进社会信用体系建设构建以信用为基础的新型监管机制的指导意见》(国办发〔2019〕35号)
		家政领域信用评价结果	自然人、法人和非法人组织	发展改革部门、商务部门	《国务院办公厅关于促进家政服务业提质扩容的意见》(国办发〔2019〕30号)
		海关企业信用评价结果	法人和非法人组织	海关部门	《国务院办公厅关于加快推进社会信用体系建设构建以信用为基础的新型监管机制的指导意见》(国办发〔2019〕35号)
		消防安全信用评价结果	自然人、法人和非法人组织	消防救援机构	《国务院办公厅关于印发消防安全责任制实施办法的通知》(国办发〔2017〕87号)

(续表)

序号	信息类别	条目	主体性质	责任单位	纳入依据
9	信用评价结果信息	海域使用论证信用评价结果	自然人、法人和非法人组织	自然资源部门	《国务院关于取消和下放一批行政许可事项的决定》(国发〔2019〕6号),《国务院办公厅关于加快推进社会信用体系建设构建以信用为基础的新型监管机制的指导意见》(国办发〔2019〕35号)
		电信和互联网行业信用评价信息	法人	工业和信息化部门	《国务院关于印发社会信用体系建设规划纲要(2014—2020年)的通知》(国发〔2014〕21号),《国务院办公厅关于加快推进社会信用体系建设构建以信用为基础的新型监管机制的指导意见》(国办发〔2019〕35号)
		固定资产投资项目节能审查领域的信用基础信息和评价结果信息	自然人、法人和非法人组织	节能主管部门	《国务院关于印发社会信用体系建设规划纲要(2014—2020年)的通知》(国发〔2014〕21号)
		取用水领域信用评价结果	自然人、法人和非法人组织	水利部门	《国务院关于印发社会信用体系建设规划纲要(2014—2020年)的通知》(国发〔2014〕21号),《国务院办公厅关于加快推进社会信用体系建设构建以信用为基础的新型监管机制的指导意见》(国办发〔2019〕35号)
		河湖健康评价领域信用评价结果	自然人、法人和非法人组织	水利部门	中共中央办公厅、国务院办公厅印发的《关于推行河长制的意见》(厅字〔2016〕42号),《国务院办公厅关于加快推进社会信用体系建设构建以信用为基础的新型监管机制的指导意见》(国办发〔2019〕35号)

附　录

（续表）

序号	信息类别	条目	主体性质	责任单位	纳入依据
9	信用评价结果信息	洪水影响评价领域信用评价结果	自然人、法人和非法人组织	水利部门	《国务院办公厅关于加快推进社会信用体系建设构建以信用为基础的新型监管机制的指导意见》（国办发〔2019〕35号）
		其他开展信用分级分类监管而对相关经营主体进行信用评价的结果信息	自然人、法人和非法人组织	有关部门	《国务院办公厅关于加快推进社会信用体系建设构建以信用为基础的新型监管机制的指导意见》（国办发〔2019〕35号）
10	遵守法律法规情况信息	证券期货市场诚信档案信息	自然人、法人	证监部门	《证券法》第二百一十五条，《期货和衍生品法》第一百一十三条，《私募投资基金监督管理条例》第四十三条，《国务院关于印发社会信用体系建设规划纲要（2014—2020年）的通知》（国发〔2014〕21号），《国务院办公厅关于加快推进社会信用体系建设构建以信用为基础的新型监管机制的指导意见》（国办发〔2019〕35号）
		民航行业违法行为信息	自然人、法人和非法人组织	民用航空部门	《国务院关于印发社会信用体系建设规划纲要（2014—2020年）的通知》（国发〔2014〕21号）
		从事土壤污染状况调查和土壤污染风险评估、风险管控、修复、风险管控效果评估、修复效果评估、后期管理等活动的单位和个人的执业情况及遵守有关法律法规情况信息	自然人、法人和非法人组织	生态环境部门	《土壤污染防治法》第八十条

(续表)

序号	信息类别	条目	主体性质	责任单位	纳入依据
10	遵守法律法规情况信息	建设用地市场交易和供后开发利用违法违规违约信息	自然人、法人和非法人组织	自然资源部门	《土地管理法实施条例》第五十条,《国务院办公厅关于继续做好房地产市场调控工作的通知》(国办发〔2013〕17号),《国务院办公厅关于促进房地产市场平稳健康发展的通知》(国办发〔2010〕4号)
		工程建设领域违法违规行为信息	自然人、法人和非法人组织	住房和城乡建设部门、交通运输部门、工业和信息化部门、水利部门	《建设工程抗震管理条例》第三十七条,《国务院办公厅关于促进建筑业持续健康发展的意见》(国办发〔2017〕19号),《国务院办公厅关于全面开展工程建设项目审批制度改革的实施意见》(国办发〔2019〕11号),《国务院办公厅转发住房城乡建设部关于完善质量保障体系提升建筑工程品质指导意见的通知》(国办函〔2019〕92号)
		住房公积金领域违规信息	自然人、法人和非法人组织	住房和城乡建设部门	《国务院办公厅关于印发加强信用信息共享应用促进中小微企业融资实施方案的通知》(国办发〔2021〕52号)
		社会保险费缴纳情况及欠缴信息	企业	人力资源社会保障部门、医疗保障部门	《国务院办公厅关于印发加强信用信息共享应用促进中小微企业融资实施方案的通知》(国办发〔2021〕52号),《社会保险经办条例》第三十二条
		非正常纳税户信息、欠税信息	自然人、法人和非法人组织	税务部门	《国务院办公厅关于印发加强信用信息共享应用促进中小微企业融资实施方案的通知》(国办发〔2021〕52号)

附　录

（续表）

序号	信息类别	条目	主体性质	责任单位	纳入依据
10	遵守法律法规情况信息	网络安全违法行为信息	自然人、法人和非法人组织	网信部门、其他有关部门	《网络安全法》第七十一条
		个人信息保护违法行为信息	自然人、法人和非法人组织	网信部门、其他有关部门	《个人信息保护法》第六十七条
		出口管制领域违法信息	自然人、法人和非法人组织	国家出口管制管理部门	《出口管制法》第三十九条第二款
		强制性标准违法信息	自然人、法人和非法人组织	市场监管部门	《标准化法》第三十七条
		性侵害、虐待、拐卖、暴力伤害等违法犯罪信息	自然人	密切接触未成年人的单位、公安部门、人民检察院	《未成年人保护法》第六十二条
		重点排放单位等交易主体、技术服务机构在碳排放权交易及相关活动领域存在违法违规行为并受到行政处罚的信息	法人和非法人组织	生态环境部门、有关部门	《碳排放权交易管理暂行条例》第十四条、第二十一条、第二十二条、第二十三条、第二十四条、第二十七条
		接受审批部门委托的排污许可技术机构弄虚作假行为信息	法人和非法人组织	生态环境部门	《排污许可管理条例》第四十二条

(续表)

序号	信息类别	条目	主体性质	责任单位	纳入依据
10	遵守法律法规情况信息	排污单位和第三方治理、运维、检测机构弄虚作假行为信息	法人和非法人组织	生态环境部门	《空气质量持续改善行动计划》（国发〔2023〕24号）
		资本登记领域特别标注信息	法人	市场监管部门	《国务院关于实施〈中华人民共和国公司法〉注册资本登记管理制度的规定》（国务院令第784号）第六条、第七条、第八条
		科研诚信严重失信行为数据信息	自然人、法人和非法人组织	有关部门	《科学技术进步法》第一百零四条、第一百零七条
11	诚实守信相关荣誉信息	交通运输领域诚实守信相关荣誉信息	自然人、法人和非法人组织	交通运输部门	《国务院关于印发社会信用体系建设规划纲要（2014—2020年）的通知》（国发〔2014〕21号），《国务院关于建立完善守信联合激励和失信联合惩戒制度加快推进社会诚信建设的指导意见》（国发〔2016〕33号）
		优秀青年志愿者及相关信息	自然人	共青团部门	《国务院关于建立完善守信联合激励和失信联合惩戒制度加快推进社会诚信建设的指导意见》（国发〔2016〕33号）
		统计诚信管理名单信息	法人和非法人组织	统计部门	《国务院关于建立完善守信联合激励和失信联合惩戒制度加快推进社会诚信建设的指导意见》（国发〔2016〕33号）
		生态环境领域诚实守信相关荣誉信息	法人和非法人组织	生态环境部门	《国务院关于印发社会信用体系建设规划纲要（2014—2020年）的通知》（国发〔2014〕21号），《国务院关于建立完善守信联合激励和失信联合惩戒制度加快推进社会诚信建设的指导意见》（国发〔2016〕33号）

附 录

(续表)

序号	信息类别	条目	主体性质	责任单位	纳入依据
11	诚实守信相关荣誉信息	最美志愿者、最佳志愿服务组织及相关信息	自然人、法人和非法人组织	社会工作部门	中共中央办公厅、国务院办公厅印发的《关于健全新时代志愿服务体系的意见》(中办发〔2024〕36号)
		住房和城乡建设领域诚实守信相关荣誉信息	自然人、法人和非法人组织	住房和城乡建设部门	《国务院关于印发社会信用体系建设规划纲要(2014—2020年)的通知》(国发〔2014〕21号),《国务院关于建立完善守信联合激励和失信联合惩戒制度加快推进社会诚信建设的指导意见》(国发〔2016〕33号)
		A级纳税人名单信息	法人和非法人组织	税务部门	《国务院关于建立完善守信联合激励和失信联合惩戒制度加快推进社会诚信建设的指导意见》(国发〔2016〕33号)
		铁路工程建设诚实守信相关荣誉信息	自然人、法人和非法人组织	铁路部门	《国务院关于印发社会信用体系建设规划纲要(2014—2020年)的通知》(国发〔2014〕21号),《国务院关于建立完善守信联合激励和失信联合惩戒制度加快推进社会诚信建设的指导意见》(国发〔2016〕33号)
		中国证监会和证券期货交易场所、证券期货市场行业协会、证券登记结算机构等全国性证券期货市场行业组织作出的表彰、奖励、评比信息	自然人、法人和非法人组织	证监部门	《国务院关于印发社会信用体系建设规划纲要(2014—2020年)的通知》(国发〔2014〕21号),《国务院关于建立完善守信联合激励和失信联合惩戒制度加快推进社会诚信建设的指导意见》(国发〔2016〕33号)
		邮政快递企业获得的表彰、奖励等能反映其信用状况的信息	法人	邮政管理部门	《国务院关于建立完善守信联合激励和失信联合惩戒制度加快推进社会诚信建设的指导意见》(国发〔2016〕33号)

(续表)

序号	信息类别	条目	主体性质	责任单位	纳入依据
11	诚实守信相关荣誉信息	海关高级认证企业	法人和非法人组织	海关部门	《国务院关于印发社会信用体系建设规划纲要（2014—2020年）的通知》（国发〔2014〕21号）
12	知识产权信息	商标质押登记信息	法人和非法人组织	知识产权部门	《国务院办公厅关于印发加强信用信息共享应用促进中小微企业融资实施方案的通知》（国办发〔2021〕52号）
		专利质押登记信息	法人和非法人组织	知识产权部门	《国务院办公厅关于印发加强信用信息共享应用促进中小微企业融资实施方案的通知》（国办发〔2021〕52号）
		软件著作权信息	法人和非法人组织	著作权主管部门	《国务院办公厅关于印发加强信用信息共享应用促进中小微企业融资实施方案的通知》（国办发〔2021〕52号）
13	经营主体自愿提供的信用信息	经营主体主动向有关部门提供或授权有关部门纳入公共信用信息的纳税、社会保险费和住房公积金、不动产登记和抵押、科技研发、水电煤气、仓储物流、合同履约、碳排放、新型农业经营主体、涉农类清单、公共资源交易、资质、医保定点、婚姻状况，以及有关财务、经营业绩等信息	自然人、法人和非法人组织	相关经营主体	中共中央办公厅、国务院办公厅印发的《关于促进中小企业健康发展的指导意见》，《国务院办公厅关于加快推进社会信用体系建设构建以信用为基础的新型监管机制的指导意见》（国办发〔2019〕35号），《国务院办公厅关于印发加强信用信息共享应用促进中小微企业融资实施方案的通知》（国办发〔2021〕52号），《关于统筹融资信用服务平台建设提升中小微企业融资便利水平实施方案》（国办发〔2024〕15号），《企业信息公示暂行条例》第九条

附 录

全国失信惩戒措施基础清单(2025年版)

序号	惩戒措施	惩戒内容	惩戒对象	法规政策依据	实施主体
1	依法依规实施市场或行业禁入(退出)	在一定期限内依法禁止取得特定的直接关系公共安全、人身健康、生命财产安全的行政许可	申请属于直接关系公共安全、人身健康、生命财产安全的行政许可时隐瞒有关情况或者提供虚假材料的行政许可申请人;以欺骗、贿赂等不正当手段取得属于直接关系公共安全、人身健康、生命财产安全的行政许可的被许可人	《行政许可法》第七十八条、第七十九条	相关行政许可的受理或决定单位
		在一定期限内依法取消参加依法必须进行招标的项目的投标资格	串通投标或以行贿的手段谋取中标,且情节严重的投标人;以他人名义投标或者以其他方式弄虚作假,骗取中标,且情节严重的投标人;不按照与招标人订立的合同履行义务,且情节严重的中标人;被列入拖欠农民工工资失信联合惩戒对象名单的主体	《招标投标法》第五十三条、第五十四条、第六十条,《招标投标法实施条例》第六十七条、第六十八条,《保障农民工工资支付条例》第四十八条,《国务院办公厅关于全面治理拖欠农民工工资问题的意见》(国办发〔2016〕1号)	有关行政监督部门

(续表)

序号	惩戒措施	惩戒内容	惩戒对象	法规政策依据	实施主体
1	依法依规实施市场或行业禁入（退出）	在一定期限内依法禁止代理依法必须进行招标的项目	泄露应当保密的与招标投标活动有关的情况和资料的，或者与招标人、投标人串通损害国家利益、社会公共利益或者他人合法权益，情节严重的招标代理机构	《招标投标法》第五十条	有关行政监督部门
		在一定期限内依法禁止参加政府采购活动	在经营活动中因违法经营受到刑事处罚或者责令停产停业、吊销许可证或者执照、较大数额罚款等行政处罚的；被列入政府采购严重违法失信行为记录名单的；被列入重大税收违法案件当事人名单的；被列入拖欠农民工工资失信联合惩戒对象名单的主体；失信被执行人	《政府采购法》第二十二条、第七十七条，《政府采购法实施条例》第十九条、第二十一条、第七十三条，《保障农民工工资支付条例》第四十八条，《国务院办公厅关于全面治理拖欠农民工工资问题的意见》（国办发〔2016〕1号），中共中央办公厅、国务院办公厅印发的《关于加快推进失信被执行人信用监督、警示和惩戒机制建设的意见》	财政部门、采购人

附 录

(续表)

序号	惩戒措施	惩戒内容	惩戒对象	法规政策依据	实施主体
1	依法依规实施市场或行业禁入(退出)	在一定期限内依法禁止从事有关对外贸易经营活动	擅自超出批准、许可的范围进口或者出口属于限制进出口的货物的;伪造、变造、买卖或者以欺骗或者其他不正当手段获取货物进出口配额、批准文件、许可证或者自动进口许可证明的;擅自从事实行国营贸易管理或者指定经营管理的货物进出口贸易,扰乱市场秩序,情节严重的;违反《货物进出口管理条例》第四十八条、第五十二条规定,且情节严重的主体;违反《技术进出口管理条例》第四十三条至第四十七条规定,且情节严重的技术进出口经营者	《对外贸易法》第五十九条、第六十条、第六十一条、第六十二条、《货物进出口管理条例》第四十八条、第五十二条、第六十五条、第六十六条、第六十七条、第六十八条、第六十九条、《技术进出口管理条例》第四十三条至第四十七条	对外贸易主管部门
		在一定期限内依法不予受理出口许可申请	违反《出口管制法》规定受到处罚的出口经营者	《出口管制法》第三十九条	国家出口管制管理部门
		在一定期限内依法禁止对外承包新的工程项目	有《对外承包工程管理条例》第二十条、第二十一条、第二十三条规定的有关情形的对外承包工程的单位	《对外承包工程管理条例》第二十条、第二十一条、第二十三条	商务部门
		永久依法禁止成为直销企业	通过欺骗、贿赂等取得许可的申请人	《直销管理条例》第四十条	商务部门
		在一定期限内依法禁止成为直销企业	近5年内存在重大违法经营记录的主体	《直销管理条例》第七条	商务部门

(续表)

序号	惩戒措施	惩戒内容	惩戒对象	法规政策依据	实施主体
1	依法依规实施市场或行业禁入（退出）	吊销对外劳务合作经营资格	有《对外劳务合作管理条例》第四十条、第四十一条、第四十三条规定的有关情形的对外劳务合作企业	《对外劳务合作管理条例》第四十条、第四十一条、第四十三条	商务部门
		依法禁止从事报关活动	向海关工作人员行贿的进出口货物收发货人、报关企业；非法代理他人报关，情节严重的报关企业；构成走私犯罪或者1年内有2次以上走私行为的报关企业、报关人员	《海关法》第八十九条、第九十条，《海关行政处罚实施条例》第十一条	海关部门
		在一定期限内依法禁止作为主要股东设立经营个人征信业务的征信机构	近3年存在重大违法违规记录的主体	《征信业管理条例》第六条	中国人民银行
		在一定期限内依法禁止在证券交易所、国务院批准的其他全国性证券交易场所交易证券	违反法律、行政法规或者国务院证券监督管理机构的有关规定，情节严重的有关责任人员	《证券法》第二百二十一条，《证券投资基金法》第一百四十八条	证监部门
		在一定期限内依法禁止在期货交易所交易	违反《期货和衍生品法》规定，情节严重的个人、单位或者单位的直接责任人员	《期货和衍生品法》第一百五十条	证监部门
		依法禁止从事证券业务或者证券服务业务	违反法律、行政法规或者国务院证券监督管理机构的有关规定，且情节严重的有关责任人员	《证券法》第二百二十一条，《证券投资基金法》第一百四十八条	证监部门

附　录

（续表）

序号	惩戒措施	惩戒内容	惩戒对象	法规政策依据	实施主体
1	依法依规实施市场或行业禁入（退出）	依法禁止从事期货业务或者期货服务业务	违反法律、行政法规或者国务院证券监督管理机构的有关规定，且情节严重的有关责任人员	《期货和衍生品法》第一百五十条	证监部门
		在一定期限内依法禁止参加药品采购投标	以低于成本的报价竞标，或者以欺诈、串通投标、滥用市场支配地位等方式竞标，且情节严重的主体	《基本医疗卫生与健康促进法》第一百零三条	医疗保障部门
		在一定期限内依法禁止药品进口，或者不受理临床试验许可、药品生产许可、药品经营许可、医疗机构制剂许可、药品注册许可等申请，或者禁止开展药物非临床安全性评价研究、药物临床试验	有《药品管理法》第一百一十六条、第一百二十三条、第一百二十六条规定情形的经营主体	《药品管理法》第一百一十六条、第一百二十三条、第一百二十六条	药品监管部门
		在一定期限内依法不受理医疗器械许可、大型医用设备配置许可，或者禁止开展相关专业医疗器械临床试验，或者禁止医疗器械进口	有《医疗器械监督管理条例》第八十一条、第八十二条、第八十三条、第九十三条、第九十四条、第九十五条、第九十八条规定情形的主体	《医疗器械监督管理条例》第八十一条、第八十二条、第八十三条、第九十三条、第九十四条、第九十五条、第九十八条	药品监管部门、卫生健康部门、海关部门

（续表）

序号	惩戒措施	惩戒内容	惩戒对象	法规政策依据	实施主体
1	依法依规实施市场或行业禁入（退出）	在一定期限内依法不予办理化妆品备案或者受理化妆品行政许可申请，或者在一定期限内依法禁止其化妆品进口，或者在一定期限内依法不受理其资质认定申请	有《化妆品监督管理条例》第五十九条规定情形之一，且情节严重的单位，或者违反《化妆品监督管理条例》第六十四条、第六十五条规定的单位；有《化妆品监督管理条例》第七十条规定情形的单位；出具虚假检验报告的化妆品检验机构	《化妆品监督管理条例》第五十九条、第六十四条、第六十五条、第七十条、第七十一条	药品监管部门、市场监管部门
		在一定期限内依法禁止直至永久禁止从事采集、保藏、利用、对外提供我国人类遗传资源的活动	有《人类遗传资源管理条例》第三十六条、第三十九条、第四十一条、第四十二条规定的违法行为，且情节严重或特别严重的单位	《人类遗传资源管理条例》第三十六条、第三十九条、第四十一条、第四十二条、第四十三条	人类遗传资源管理行政主管部门
		在一定期限内依法禁止直至永久禁止新成为民办学校举办者或实际控制人	有《民办教育促进法实施条例》第六十二条规定情形之一，且情节严重或者特别严重的民办学校举办者及实际控制人、决策机构或者监督机构组成人员	《民办教育促进法实施条例》第六十二条	教育部门
		在一定期限内依法禁止举办新的民办学校	违反《民办教育促进法实施条例》规定，对所举办或者实际控制的民办学校疏于管理，造成恶劣影响且拒不整改或者整改后仍发生同类问题或情节严重的，同时举办或者实际控制多所民办学校的举办者或者实际控制人	《民办教育促进法实施条例》第六十四条	教育部门
		在一定期限内依法禁止申请经营快递业务	违反《邮政法》规定被吊销快递业务经营许可证的主体	《邮政法》第八十一条	邮政管理部门

（续表）

序号	惩戒措施	惩戒内容	惩戒对象	法规政策依据	实施主体
1	依法依规实施市场或行业禁入（退出）	在一定期限内依法停止受理直至永久停止受理其办理商标代理业务	存在《商标法》第六十八条、《商标法实施条例》第八十八条规定行为且情节严重的主体	《商标法》第六十八条，《商标法实施条例》第八十八条	知识产权部门
		停止承接新的专利代理业务6个月至12个月，直至吊销专利代理机构执业许可证	有《专利代理条例》第二十五条规定行为且情节严重或者逾期未改正的专利代理机构	《专利代理条例》第二十五条	知识产权部门
		依法撤销军品出口经营权	未如实提交与其军品出口经营活动有关的文件及资料，且逾期不改正的；违反《军品出口管理条例》第二十一条和第二十二条规定的主体	《军品出口管理条例》第十一条、第二十一条、第二十二条、第二十四条、第二十五条	国家军品出口管理部门
		依法禁止从事营业性演出或者营业性演出的居间、代理、经纪活动	因有《营业性演出管理条例》第二十五条禁止情形被文化主管部门吊销营业性演出许可证，或者被市场监管部门吊销营业执照或者责令变更登记的主体	《营业性演出管理条例》第二十五条、第五十三条	文化和旅游部门
		在一定期限内依法暂停船员服务	在提供船员服务时，提供虚假信息、欺诈船员的船员服务机构	《船员条例》第五十八条	海事管理机构或者劳动保障行政部门
		依法禁止从事环境影响报告书、环境影响报告表编制工作	违反国家有关环境影响评价标准和技术规范等规定，致使其编制的建设项目环境影响报告书、环境影响报告表存在基础资料明显不实、内容存在重大缺陷、遗漏或者虚假，环境影响评价结论不正确或者不合理等严重质量问题，且情节严重的接受委托编制建设项目环境影响报告书、环境影响报告表的技术单位	《环境影响评价法》第三十二条	生态环境部门

(续表)

序号	惩戒措施	惩戒内容	惩戒对象	法规政策依据	实施主体
1	依法依规实施市场或行业禁入（退出）	依法禁止从事土壤污染状况调查和土壤污染风险评估、风险管控效果评估、修复效果评估业务	违反《土壤污染防治法》规定，受委托从事土壤污染状况调查和土壤污染风险评估、风险管控效果评估、修复效果评估活动，出具虚假调查报告、风险评估报告、风险管控效果评估报告、修复效果评估报告，情节严重的单位	《土壤污染防治法》第九十条	生态环境部门
		在一定期限内依法禁止申请排污许可证	违反《排污许可管理条例》规定，欺骗、贿赂、伪造、变造、转让排污许可证的主体	《排污许可管理条例》第四十条、第四十一条	生态环境部门
		依法禁止从事排污许可技术服务	违反《排污许可管理条例》规定，弄虚作假且情节严重的接受审批部门委托的排污许可技术机构	《排污许可管理条例》第四十二条	生态环境部门
		在一定期限内依法禁止申请领取辐射安全许可证	违反《放射性同位素与射线装置安全和防护条例》规定，被依法吊销许可证或者伪造、变造许可证的单位	《放射性同位素与射线装置安全和防护条例》第六十三条	生态环境部门
		在一定期限内依法禁止申请领取民用核安全设备许可证	违反《民用核安全设备监督管理条例》规定，被依法吊销许可证的单位	《民用核安全设备监督管理条例》第五十九条	生态环境部门
		在一定期限内依法禁止申请新的探矿权、采矿权和承担国家出资的地质工作项目	未依照《地质资料管理条例》规定的期限汇交地质资料的；伪造地质资料或者在地质资料汇交中弄虚作假且逾期不改正的主体	《地质资料管理条例》第二十条、第二十一条	自然资源部门
		依法依规禁止参加土地竞买	存在闲置土地和炒地、捂盘惜售、哄抬房价等违法违规行为的房地产开发企业	《国务院办公厅关于继续做好房地产市场调控工作的通知》（国办发〔2013〕17号）	自然资源部门、住房和城乡建设部门

附　录

(续表)

序号	惩戒措施	惩戒内容	惩戒对象	法规政策依据	实施主体
1	依法依规实施市场或行业禁入(退出)	依法依规限制参与土地出让活动	拖欠土地价款、违反合同约定的单位和个人	《国务院办公厅关于促进房地产市场平稳健康发展的通知》(国办发〔2010〕4号)	自然资源部门、住房和城乡建设部门
		依法暂停项目审批	安全生产领域存在失信行为的生产经营单位及其有关从业人员	《安全生产法》第七十八条	有关部门和机构
		在一定期限内依法禁止直至终身禁止从事相关行业生产经营活动	违反《安全生产法》第九十二条规定,租借资质、挂靠、出具虚假报告的承担安全评价、认证、检测、检验职责的机构	《安全生产法》第七十八条、第九十二条	市场监管部门、负有安全生产监督管理职责的部门
		在一定期限内依法禁止直至终身禁止从事相关行业生产经营活动	安全生产领域存在失信行为的生产经营单位及其有关从业人员	《安全生产法》第七十八条	有关部门和机构
		在一定期限内依法禁止申请食品生产经营许可	被吊销许可证的食品生产经营者及其法定代表人、直接负责的主管人员和其他直接责任人员	《食品安全法》第一百三十五条	市场监管部门
		在一定期限内依法不予受理其新的特种设备许可申请	违反《特种设备安全法》规定,被依法吊销许可证的主体	《特种设备安全法》第九十六条	市场监管部门
		在一定期限内依法禁止从事音像制品零售业务	从事音像制品零售业务,被处以吊销许可证行政处罚的个体工商户	《音像制品管理条例》第四十六条	市场监管部门
		在一定期限内依法禁止作为广告代言人	在虚假广告中作推荐、证明受到行政处罚未满三年的自然人、法人或者其他组织	《广告法》第三十八条	市场监管部门

(续表)

序号	惩戒措施	惩戒内容	惩戒对象	法规政策依据	实施主体
1	依法依规实施市场或行业禁入（退出）	在一定期限内依法不受理广告审查申请或暂停广告发布业务	违反《广告法》第五十五条、第五十七条、第五十八条、第六十四条规定的广告主、广告经营者、广告发布者	《广告法》第五十五条、第五十七条、第五十八条、第六十四条，《中医药法》第五十七条	广告审查机关、市场监管等有关部门
		在一定期限内依法禁止再次申请同一列入目录产品的工业产品生产许可证	被吊销工业产品生产许可证的企业	《工业产品生产许可证管理条例》第五十五条	市场监管部门
		吊销劳务派遣经营资格	违反《劳动合同法》第九十二条规定的劳务派遣机构	《劳动合同法》第九十二条	人力资源社会保障部门
		在一定期限内依法禁止从事电影相关业务活动	违反《电影产业促进法》被吊销许可证的单位的法人、其他组织或者个体工商户，未经许可擅自在境内举办涉外电影节（展）的法人或者其他组织	《电影产业促进法》第五十二条、第五十三条	电影主管部门
		在一定期限内依法不得申请在中国境内设立代表机构	被依法吊销境外律师事务所驻华（内地）代表机构执业执照的境外律师事务所	《外国律师事务所驻华代表机构管理条例》第三十一条，《香港、澳门特别行政区律师事务所驻内地代表机构管理办法》第三十一条	司法行政部门
		依法永久不得在中国境内申请设立代表机构	因危害中国国家安全、公共安全或者社会管理秩序被依法判处刑罚的代表所在的境外律师事务所	《外国律师事务所驻华代表机构管理条例》第三十一条，《香港、澳门特别行政区律师事务所驻内地代表机构管理办法》第三十一条	司法行政部门

附　录

（续表）

序号	惩戒措施	惩戒内容	惩戒对象	法规政策依据	实施主体
1	依法依规实施市场或行业禁入（退出）	由原发证机关吊销资质证书，10年内不受理其相应申请	有《水下文物保护管理条例》第二十二条情形之一，情节严重的考古发掘单位、建设单位	《水下文物保护管理条例》第二十二条	县级以上人民政府文物主管部门或原发证机关
		在一定期限内依法禁止从事原备案的业务	从事道路货物运输站（场）经营、机动车维修经营和机动车驾驶员培训业务，在备案时提供虚假材料且情节严重的，其直接负责的主管人员和其他直接责任人员	《道路运输条例》第六十五条	交通运输部门
		限制失信被执行人设立金融类公司、社会组织、发行债券、股权激励、从事危险化学品等行业、海关认证、从事国有资产交易、使用国有林地以及利用其他国有自然资源、参与政府投资项目	失信被执行人	中共中央办公厅、国务院办公厅印发的《关于加快推进失信被执行人信用监督、警示和惩戒机制建设的意见》	人民法院作出，有关部门和机构具体落实
		依法暂停数据处理相关业务	拒不改正或者造成重大数据泄露等严重后果的组织、个人；违反国家核心数据管理制度，危害国家主权、安全和发展利益的组织、个人；违反《数据安全法》第三十一条规定，向境外提供重要数据，情节严重的组织、个人；未履行《数据安全法》第三十三条规定义务的从事数据交易中介服务的机构；违反《数据安全法》第三十六条规定，未经主管机关批准向外国司法或者执法机构提供数据，造成严重后果的组织、个人	《数据安全法》第四十五条、第四十六条、第四十七条、第四十八条	有关主管部门

(续表)

序号	惩戒措施	惩戒内容	惩戒对象	法规政策依据	实施主体
1	依法依规实施市场或行业禁入（退出）	依法暂停相关业务或者停业整顿、通报有关主管部门吊销相关业务许可或者吊销营业执照	违反《个人信息保护法》规定处置个人信息，或者处理个人信息未履行《个人信息保护法》规定的个人信息保护义务，情节严重的个人信息处理者	《个人信息保护法》第六十六条	省级以上履行个人信息保护职责的部门
		依法依规责令停业整顿、降低资质等级、吊销资质证书	有《建设工程质量管理条例》第六十条、第六十一条、第六十二条、第六十三条、第六十四条、第六十五条和《建设工程安全生产管理条例》第五十六条、第五十七条规定的有关情形的勘察、设计、施工、工程监理单位；有《安全生产许可证条例》第二条、第二十条规定的有关情形的建筑施工企业	《建设工程质量管理条例》第六十条、第六十一条、第六十二条、第六十三条、第六十四条、第六十五条、《建设工程安全生产管理条例》第五十六条、第五十七条、《安全生产许可证条例》第二条、第二十条	住房和城乡建设部门
		依法采取限制有关卡、账户、账号等功能和停止非柜面业务、暂停新业务、限制入网等措施；责令暂停相关业务、停业整顿、吊销相关业务许可证或者吊销营业执照	非法买卖、出租、出借电话卡、物联网卡、电信线路、短信端口、银行账户、支付账户、互联网账号等，提供实名核验帮助，假冒他人身份或者虚构代理关系开立上述卡、账户、账号等单位、个人和相关组织者，以及因从事电信网络诈骗活动或者关联犯罪受过刑事处罚的人员；违反《反电信网络诈骗法》第三十九条规定，情节严重的电信业务经营者	《反电信网络诈骗法》第三十一条第二款、第三十九条	公安部门、工业和信息化部门及有关行业主管部门

附 录

(续表)

序号	惩戒措施	惩戒内容	惩戒对象	法规政策依据	实施主体
1	依法依规实施市场或行业禁入(退出)	责令修改有关协议、限制班轮航班数量、中止运价本或者暂停受理运价备案、责令定期报送有关资料等禁止性、限制性措施	经营国际班轮运输业务的国际船舶运输经营者之间订立的涉及中国港口的班轮工会协议、运营协议、运价协议等,对公平竞争造成损害的;经营国际班轮运输业务的国际船舶运输经营者通过协议产生的各类联营体,其服务涉及中国港口某一航线的承运份额,持续1年超过该航线总运量的30%,对公平竞争造成损害的;经营国际船舶运输业务和无船承运业务,以低于正常、合理水平的运价提供服务,妨碍公平竞争,在会计账簿之外暗中给予托运人回扣,承揽货物,滥用优势地位,以歧视性价格或者其他限制性条件给交易对方造成损害,或者有其他损害交易对方或者国际海上运输市场秩序的行为的;有其他损害国际海运市场公平竞争行为的国际船舶运输业务经营者	《国际海运条例》第十八条、第二十五条、第三十条	交通运输部门、市场监管部门
		在一定期限内依法暂停电信业务经营者、互联网服务提供者相关服务	存在违反《反间谍法》第三十六条规定行为的电信业务经营者、互联网服务提供者	《反间谍法》第三十六条	国家安全机关及有关主管部门

公共信用治理：法律逻辑和中国方案

（续表）

序号	惩戒措施	惩戒内容	惩戒对象	法规政策依据	实施主体
1	依法依规实施市场或行业禁入（退出）	依法责令停止从事相关业务、提供相关服务或责令停产停业、吊销有关证照、撤销登记	存在《反间谍法》第五十四条规定行为的组织、个人	《反间谍法》第五十四条	国家安全机关及有关主管部门
		依法责令停止建设或者使用、暂扣或者吊销许可证件	存在违反《反间谍法》第二十一条规定，经国家安全机关责令改正后拒不改正或情节严重的组织、个人	《反间谍法》第五十七条	国家安全机关及有关主管部门
		在一定期限内禁止申请入河排污口设置审批	申请入河排污口设置审批时，隐瞒本单位有关生态环境行政许可情况或者提供虚假材料的行政许可申请人，以及以欺骗、贿赂等不正当手段取得入河排污口设置审批同意的被许可人	《行政许可法》第七十八条、第七十九条、第八十条，《水污染防治法》第十九条，《水法》第三十四条，《国务院办公厅关于加强入河入海排污口监督管理工作的实施意见》	生态环境部门
		在一定期限内依法禁止从事食品生产经营活动	被吊销许可证的食品生产经营者及其法定代表人、直接负责的主管人员和其他直接责任人员	《食品安全法》第一百三十五条	市场监管部门
		依法取消检验检测资质	开展温室气体排放相关检验检测，出具不实或者虚假的检验检测报告且情节严重的技术服务机构	《碳排放权交易管理暂行条例》第二十三条、第二十七条	有关资质认定部门

附　录

(续表)

序号	惩戒措施	惩戒内容	惩戒对象	法规政策依据	实施主体
1	依法依规实施市场或行业禁入(退出)	依法禁止从事年度排放报告编制和技术审核业务	接受重点排放单位委托编制年度碳排放报告或接受省级人民政府生态环境主管部门委托开展年度碳排放报告技术审核时,出具的年度排放报告或者技术审核意见存在重大缺陷或者遗漏,在年度排放报告编制或者对年度排放报告进行技术审核过程中篡改、伪造数据资料,使用虚假的数据资料或者实施其他弄虚作假行为且情节严重的技术服务机构	《碳排放权交易管理暂行条例》第二十三条、第二十七条	生态环境部门
		一定期限内依法禁止从事废弃物海洋倾倒活动	因未取得倾倒许可证,向海洋倾倒废弃物,或因在海上焚烧废弃物或者处置放射性废物及其他放射性物质,两年内受到行政处罚三次以上的船舶的所有人、经营人或者管理人、船长、责任船员或者其他责任人员;因未按照倾倒许可证的规定倾倒废弃物,被吊销倾倒许可证的主体	《海洋环境保护法》第一百零六条、第一百零七条	国务院生态环境主管部门及其海域派出机构
		一定期限内依法禁止申请倾倒许可证	因提供虚假申请材料、欺骗、贿赂等不正当手段申请取得倾倒许可证,被依法撤销倾倒许可证并处罚款的主体	《海洋环境保护法》第一百零七条	国务院生态环境主管部门及其海域派出机构
		依法暂停相关业务、停业整顿、吊销相关业务许可证或者吊销营业执照	违反《网络数据安全管理条例》处理网络数据,或未按照《网络数据安全管理条例》的规定履行网络数据安全保护义务,拒不改正或者情节严重的网络数据处理者	《网络数据安全管理条例》第五十五条、第五十六条、第五十七条	网信、电信、公安、国家安全等主管部门

(续表)

序号	惩戒措施	惩戒内容	惩戒对象	法规政策依据	实施主体
1	依法依规实施市场或行业禁入(退出)	5年内不得从事同类网络产品和服务业务	违反《未成年人网络保护条例》,受到关闭网站、吊销相关业务许可证或者吊销营业执照处罚的网络产品和服务提供者直接负责的主管人员和其他直接责任人员	《未成年人网络保护条例》第五十七条	有关主管部门
		5年内不得重新申请相关许可	违反《未成年人网络保护条例》,受到关闭网站、吊销相关业务许可证或者吊销营业执照处罚的网络产品和服务提供者	《未成年人网络保护条例》第五十七条	有关主管部门
		在一定期限内禁止被撤销的市场主体直接责任人再次申请市场主体登记	因提交虚假材料或者采取其他欺诈手段隐瞒重要事实取得市场主体登记被撤销的直接责任人	《市场主体登记管理条例》第四十条	市场监管部门
		在一定期限内禁止从事人体器官获取或者申请从事人体器官移植	有《人体器官捐献和移植条例》第三十七条、第三十八条、第三十九条、第四十条、第四十一条、第四十二条、第四十三条规定情形的主体	《人体器官捐献和移植条例》第三十七条、第三十八条、第三十九条、第四十条、第四十一条、第四十二条、第四十三条	卫生健康部门
		依法吊销有关证照、责令停止执业活动	有《人体器官捐献和移植条例》第三十六条规定情形且被依法追究刑事责任的,第三十七条规定情形的,第三十八条、第三十九条、第四十条、第四十一条、第四十二条、第四十三条规定情形且情节严重的主体	《人体器官捐献和移植条例》第三十六条、第三十七条、第三十八条、第三十九条、第四十条、第四十一条、第四十二条、第四十三条	卫生健康部门

附　录

(续表)

序号	惩戒措施	惩戒内容	惩戒对象	法规政策依据	实施主体
1	依法依规实施市场或行业禁入(退出)	依法警告、责令改正、停止违法行为、罚款、没收违法所得、停业整顿、降低测绘资质等级或者吊销测绘资质证书、追究刑事责任	未对属于国家秘密的地理信息的获取、持有、提供、利用情况进行登记、长期保存的,违法获取、持有、提供、利用属于国家秘密的地理信息的地理信息生产、保管、利用单位	《测绘法》第四十七条、第六十五条	自然资源部门
		吊销相关许可证件	虚构、伪造科研成果,发布、传播虚假科研成果,或者从事学术论文及其实验研究数据、科学技术计划项目申报验收材料等的买卖、代写、代投服务,情节严重的主体	《科学技术进步法》第一百一十二条,中共中央办公厅、国务院办公厅印发的《关于进一步加强科研诚信建设的若干意见》	有关主管部门
		一定期限内依法禁止申请消耗臭氧层物质进出口配额、进出口审批单、进出口许可证	以欺骗、贿赂等不正当手段取得消耗臭氧层物质进出口配额、进出口审批单、进出口许可证的单位	《消耗臭氧层物质管理条例》第三十九条	国家消耗臭氧层物质进出口管理机构、国务院商务主管部门
		依法责令停产整治	有《碳排放权交易管理暂行条例》第二十一条、第二十二条、第二十四条规定情形的主体且拒不改正的全国碳排放权交易市场的温室气体重点排放单位	《碳排放权交易管理暂行条例》第十一条、第十四条、第二十一条、第二十二条、第二十四条、第二十七条	生态环境部门
		责令停止招生、吊销办学许可证	有《学前教育法》第七十九条规定情形且情节严重的单位	《学前教育法》第七十九条	县级以上地方人民政府教育等有关部门

(续表)

序号	惩戒措施	惩戒内容	惩戒对象	法规政策依据	实施主体
2	依法依规实施职业禁入或从业限制	在一定期限内依法禁止从事相关职业	因利用职业便利实施犯罪，或者实施违背职业要求的特定义务的犯罪被判处刑罚，人民法院禁止其从事相关职业的人员	《刑法》第三十七条之一	人民法院作出，有关部门和机构具体落实
		依法在一定期限内禁止直至终身禁止从事安全生产领域相关职业	安全生产领域存在失信行为的生产经营单位的有关从业人员	《安全生产法》第七十八条	有关部门和机构
		禁止在一定期限内担任相关企业的董事、监事、高级管理人员和未成年人保护负责人	违反《未成年人网络保护条例》第二十条第一款第一项和第五项规定，情节严重的网络平台服务提供者的直接负责的主管人员和其他责任人员	《未成年人网络保护条例》第二十条、第五十四条	省级以上网信、新闻出版、电信、公安、文化和旅游、广播电视等部门
		在一定期限内依法禁止获得特定的直接关系公共安全、人身健康、生命财产安全的职业从业行政许可	申请属于直接关系公共安全、人身健康、生命财产安全的行政许可时隐瞒有关情况或者提供虚假材料的行政许可申请人；以欺骗、贿赂等不正当手段取得属于直接关系公共安全、人身健康、生命财产安全的行政许可的被许可人	《行政许可法》第七十八条、第七十九条	相关行政许可的受理或决定单位

附 录

(续表)

序号	惩戒措施	惩戒内容	惩戒对象	法规政策依据	实施主体
2	依法依规实施职业禁入或从业限制	依法禁止被招录、聘任(聘用)为公务员、参照公务员法管理机关(单位)工作人员、国有企业和事业单位工作人员	符合公务员法第二十六条和《聘任制公务员管理规定(试行)》第十一条规定情形的人员;拒绝、逃避征集服现役且拒不改正的应征公民;以逃避服兵役为目的,拒绝履行职责或者逃离部队且被军队除名、开除军籍或者被依法追究刑事责任的军人;失信被执行人	《公务员法》第二十六条、《聘任制公务员管理规定(试行)》第十一条、《兵役法》第五十七条、第五十八条,中共中央办公厅、国务院办公厅印发的《关于加快推进失信被执行人信用监督、警示和惩戒机制建设的意见》	公务员主管部门,国有企业、事业单位人事综合管理部门和主管部门
		依法禁止担任监察官	有《监察官法》第十三条规定情形之一的人员	《监察官法》第十三条	监察机关
		在一定期限内依法禁止取得直至终身禁止取得教师资格	受到剥夺政治权利或者故意犯罪受到有期徒刑以上刑事处罚的人员;弄虚作假、骗取教师资格或者品行不良、侮辱学生,影响恶劣,被撤销教师资格的人员	《教师法》第十四条、《教师资格条例》第十九条	教育部门
		依法依规终身禁止办学、从教或执教	出现严重师德师风问题的教师;违反职业行为规范、影响恶劣的教师;存在伤害儿童、违规收费等行为并造成恶劣影响的有关责任人员	中共中央、国务院印发的《深化新时代教育评价改革总体方案》,中共中央、国务院印发的《关于学前教育深化改革规范发展的若干意见》	教育部门

(续表)

序号	惩戒措施	惩戒内容	惩戒对象	法规政策依据	实施主体
2	依法依规实施职业禁入或从业限制	依法禁止录用为密切接触未成年人的单位工作人员	有性侵害、虐待、拐卖、暴力伤害等违法犯罪记录的人员或实施相关犯罪的教职员工	《未成年人保护法》第六十二条	人民法院判决,教育行政部门具体落实
		在一定期限内依法禁止从事直至终身禁止从事食品生产经营管理或食品检验工作	被吊销许可证的食品生产经营者法定代表人、直接负责的主管人员和其他直接责任人员;因食品安全犯罪被判处有期徒刑以上刑罚的人员;违反《食品安全法》规定,受到刑事处罚或者开除处分的食品检验机构人员	《食品安全法》第一百三十五条、第一百三十八条,中共中央、国务院印发的《关于深化改革加强食品安全工作的意见》	市场监管部门
		在一定期限内依法禁止直至永久禁止从事采集、保藏、利用、对外提供我国人类遗传资源的活动	有《人类遗传资源管理条例》第三十六条至第三十九条、第四十一条、第四十二条规定违法行为且情节严重或特别严重的单位法定代表人、主要负责人、直接负责的主管人员以及其他责任人员	《人类遗传资源管理条例》第三十六条至第三十九条、第四十条、第四十一条、第四十二条、第四十三条	人类遗传资源管理行政主管部门
		在一定期限内依法禁止注册为医师	受刑事处罚,刑罚执行完毕不满二年或者被依法禁止从事医师职业的期限未满的人员;被吊销医师执业证书不满二年的人员	《医师法》第十六条	卫生健康部门

（续表）

序号	惩戒措施	惩戒内容	惩戒对象	法规政策依据	实施主体
2	依法依规实施职业禁入或从业限制	在一定期限内依法禁止从事直至终身禁止从事药品生产经营活动	有《药品管理法》第一百一十八条、第一百二十二条、第一百二十三条、第一百二十四条、第一百二十五条、第一百二十六条、第一百四十一条、第一百四十二条规定情形的经营主体有关责任人员；有《疫苗管理法》第八十条、第八十一条、第八十二条、第八十五条规定情形的经营主体有关责任人员	《药品管理法》第一百一十八条、第一百二十二条、第一百二十三条、第一百二十四条、第一百二十五条、第一百二十六条、第一百四十一条、第一百四十二条，《疫苗管理法》第八十条、第八十一条、第八十二条、第八十五条	药品监管部门
		在一定期限内依法禁止从事中医药相关活动	举办中医诊所、炮制中药饮片、委托配制中药制剂应当备案而未备案，或者备案时提供虚假材料的，且拒不改正的直接责任人员	《中医药法》第五十六条	中医药主管部门、药品监管部门
		在一定期限内依法禁止在医疗机构内从事管理工作	违反《中医药法》规定，被责令停止执业活动的中医诊所直接负责的主管人员	《中医药法》第五十四条	中医药主管部门、卫生健康部门
		在一定期限内依法禁止从事化妆品生产经营或检验活动	有《化妆品监督管理条例》第五十九条、第六十条、第六十一条、第六十四条、第六十五条、第七十条规定情形的经营主体有关责任人员；出具虚假检验报告并因此受到开除处分的化妆品检验机构有关责任人员	《化妆品监督管理条例》第五十九条、第六十条、第六十一条、第六十四条、第六十五条、第七十条、第七十一条	药品监管部门

(续表)

序号	惩戒措施	惩戒内容	惩戒对象	法规政策依据	实施主体
2	依法依规实施职业禁入或从业限制	在一定期限内依法禁止从事直至终身禁止从事土壤污染状况调查和土壤污染风险评估、风险管控效果评估、修复效果评估相关业务	违反《土壤污染防治法》规定,受委托从事土壤污染状况调查和土壤污染风险评估、风险管控效果评估、修复效果评估活动,出具虚假调查报告、风险评估报告、风险管控效果评估报告、修复效果评估报告,情节严重的单位直接负责的主管人员和其他直接责任人员	《土壤污染防治法》第九十条	生态环境部门
		在一定期限内依法禁止直至终身禁止从事环境影响报告书、环境影响报告表编制工作	有《环境影响评价法》第三十二条规定违法行为的编制单位的编制主持人和主要编制人员	《环境影响评价法》第三十二条	生态环境部门
		在一定期限内依法禁止担任文物管理人员或者从事文物经营活动	有《文物保护法》第七十六条禁止的情形之一,情节严重,并因此被开除公职或者被吊销从业资格的人员	《文物保护法》第七十六条	文物行政部门
		在一定期限内依法禁止从事涉及医疗保障基金使用的医药服务或从事定点医药机构管理活动	违反《医疗保障基金使用监督管理条例》规定,造成医疗保障基金重大损失或者其他严重不良社会影响的定点医药机构法定代表人或者主要负责人	《医疗保障基金使用监督管理条例》第四十三条	医疗保障部门
		依法禁止参加政府采购评审活动	被列入政府采购严重违法失信行为记录名单的评审专家	《政府采购法实施条例》第七十五条	财政部门

附 录

(续表)

序号	惩戒措施	惩戒内容	惩戒对象	法规政策依据	实施主体
2	依法依规实施职业禁入或从业限制	依法取消担任评标委员会成员的资格,禁止参加依法必须进行招标的项目的评标	收受投标人的财物或其他好处,或向他人透露对投标文件的评审和比较、中标候选人的推荐以及与评标有关其他情况的评标委员会成员	《招标投标法》第五十六条	有关行政监督部门
		在一定期限内依法禁止从事会计工作	有《会计法》第四十条所列行为之一且情节严重的会计人员;伪造、变造会计凭证、会计账簿,编制虚假财务会计报告,隐匿或者故意销毁依法应当保存的会计凭证、会计账簿、财务会计报告的会计人员	《会计法》第四十条、第四十一条	财政部门
		在一定期限内依法禁止注册成为注册会计师或者暂停执行业务	有《注册会计师法》第十条情形之一的人员;违反《注册会计师法》第二十条、第二十一条规定且情节严重的注册会计师	《注册会计师法》第十条、第二十条、第二十一条、第三十九条	财政部门、注册会计师协会
		依法禁止从事会计工作	因有提供虚假财务会计报告,做假账,隐匿或者故意销毁会计凭证、会计账簿、财务会计报告,贪污,挪用公款,职务侵占等与会计职务有关的违法行为被依法追究刑事责任的人员	《会计法》第三十八条	财政部门
		在一定期限内依法禁止从事资产评估工作	有《资产评估法》第四十四条规定情形之一的评估专业人员;签署虚假评估报告的评估专业人员	《资产评估法》第四十四条、第四十五条	评估行政管理部门

(续表)

序号	惩戒措施	惩戒内容	惩戒对象	法规政策依据	实施主体
2	依法依规实施职业禁入或从业限制	在一定期限内依法禁止注册直至终身禁止注册成为工程建设领域相关注册执业人员	违反《建设工程质量管理条例》规定,因过错造成重大质量事故的注册建筑师、注册结构工程师、监理工程师等注册执业人员;违反《建设工程安全生产管理条例》,未执行法律、法规和工程建设强制性标准,情节严重的或者造成重大安全事故的相关注册执业人员;违反《行政许可法》相关规定,隐瞒有关情况、提供虚假材料,以不正当手段申请或取得行政许可的造价工程师	《建设工程质量管理条例》第七十二条,《建设工程安全生产管理条例》第五十八条,《行政许可法》第七十八条、七十九条	住房和城乡建设部门、交通运输部门、水利部门
		依法终身禁止从事工程质量检测业务	有《建设工程抗震管理条例》第四十四条规定的违法情形,且情节严重的工程质量检测机构直接负责的主管人员和其他直接责任人员	《建设工程抗震管理条例》第四十四条	住房和城乡建设部门、其他负有有关专业建设工程抗震管理职责的部门
		依法终身禁止从事抗震性能鉴定业务	有《建设工程抗震管理条例》第四十五条规定的违法情形,且情节严重的抗震性能鉴定机构直接负责的主管人员和其他直接责任人员	《建设工程抗震管理条例》第四十五条	住房和城乡建设部门、其他负有有关专业建设工程抗震管理职责的部门

附　录

（续表）

序号	惩戒措施	惩戒内容	惩戒对象	法规政策依据	实施主体
2	依法依规实施职业禁入或从业限制	在一定期限内依法禁止从事直至终身禁止从事体育管理工作和运动员辅助工作	向运动员提供兴奋剂或者组织、强迫、欺骗运动员在体育运动中使用兴奋剂的体育社会团体、运动员管理单位有关责任人员；未履行《反兴奋剂条例》规定的相关义务且造成严重后果的体育社会团体、运动员管理单位有关责任人员	《反兴奋剂条例》第三十九条，《中华人民共和国体育法》第一百一十八条	体育部门
		依法禁止开办娱乐场所或者在娱乐场所内从业	有《娱乐场所管理条例》第五条情形之一的人员	《娱乐场所管理条例》第五条	文化和旅游部门、市场监管部门
		在一定期限内依法禁止从事导游或旅行社业务	违反《旅游法》规定被吊销导游证的导游、领队；受到吊销旅行社业务经营许可证处罚的旅行社的有关管理人员；因妨害国（边）境管理受到刑事处罚的人员	《旅游法》第一百零三条，《旅行社条例》第六十四条	文化和旅游部门、市场监管部门
		在一定期限内依法禁止直至终身禁止从事相关职业	违反《安全生产法》第九十二条规定，租借资质、挂靠、出具虚假报告的承担安全评价、认证、检测、检验职责的机构直接责任人员	《安全生产法》第七十八条、第九十二条	市场监管部门、负有安全生产监督管理职责的部门
		依法实施终身市场禁入	违反《消防法》第六十九条规定，造成重大损失的消防设施维护保养检测、消防安全评估等消防技术服务机构有关责任人员	《消防法》第六十九条	市场监管部门、消防救援机构

(续表)

序号	惩戒措施	惩戒内容	惩戒对象	法规政策依据	实施主体
2	依法依规实施职业禁入或从业限制	依法终身禁止重新申请船员适任证书	发生海上交通事故后逃逸的船长、责任船员	《海上交通安全法》第一百一十一条	海事管理机构
		在一定期限内依法禁止从事电子认证服务	不遵守认证业务规则、未妥善保存与认证相关的信息,或者有其他违法行为,逾期未改正的电子认证服务提供者的直接负责的主管人员和其他直接责任人员	《电子签名法》第三十一条	工业和信息化部门
		在一定期限内依法禁止从事农药生产、经营活动	违反《农药管理条例》第六十三条规定,未取得农药生产许可证生产农药,未取得农药经营许可证经营农药,或者被吊销农药登记证、农药生产许可证、农药经营许可证的,其直接负责的主管人员	《农药管理条例》第六十三条	农业农村部门、市场监管部门
		在一定期限内依法禁止从事饲料、饲料添加剂生产、经营活动	违反《饲料和饲料添加剂管理条例》第三十八条、第三十九条规定,情节严重的饲料、饲料添加剂生产企业的主要负责人和直接负责的主管人员	《饲料和饲料添加剂管理条例》第三十八条、第三十九条	农业农村部门、市场监管部门
		依法终身禁止从事兽药的生产、经营和进出口活动	无兽药生产许可证、兽药经营许可证生产、经营兽药的,或者虽有兽药生产许可证、兽药经营许可证,生产、经营假、劣兽药的,或者兽药经营企业经营人用药品的,提供虚假的资料、样品或者采取其他欺骗手段取得兽药生产许可证、兽药经营许可证或者兽药批准证明文件的企业主要负责人和直接负责的主管人员	《兽药管理条例》第五十六条、第五十七条	农业农村部门、市场监管部门

附 录

(续表)

序号	惩戒措施	惩戒内容	惩戒对象	法规政策依据	实施主体
2	依法依规实施职业禁入或从业限制	依法在一定期限内禁止直至终身禁止从事屠宰管理活动,在一定期限内禁止申请生猪定点屠宰证	被吊销许可证的生猪定点屠宰厂(场)法定代表人(负责人)、直接负责的主管人员和其他直接负责人员,因食品安全犯罪被判处有期徒刑以上刑罚的人员	《生猪屠宰管理条例》第三十八条	农业农村部门、市场监管部门
		在一定期限内或终身禁止从事有关出口经营活动	违反《出口管制法》规定受到处罚或刑事处罚的出口经营者的直接负责的主管人员和其他直接责任人员	《出口管制法》第三十九条	国家出口管制管理部门
		在一定期限内依法禁止从事印刷经营活动	被处以吊销印刷经营活动许可证行政处罚的个人	《印刷业管理条例》第四十五条	市场监管部门
		在一定期限内依法禁止从事相关电影业务	未经批准擅自从事电影片的制片、进口、发行业务,或者擅自举办中外电影展、国际电影节或者擅自提供电影片参加境外电影展、电影节的个人	《电影管理条例》第六十四条	电影主管部门
		在一定期限内依法禁止从事医疗器械检验或者医疗器械生产经营活动	有《医疗器械监督管理条例》第八十一条、第八十三条、第八十四条、第八十五条、第八十六条、第八十八条、第九十六条、第九十八条情形的违法单位的法定代表人、主要负责人、直接负责的主管人员和其他责任人员	《医疗器械监督管理条例》第八十一条、第八十三条、第八十四条、第八十五条、第八十六条、第八十八条、第九十六条、第九十八条	市场监管部门、药品监管部门

(续表)

序号	惩戒措施	惩戒内容	惩戒对象	法规政策依据	实施主体
2	依法依规实施职业禁入或从业限制	在一定期限内依法禁止从事认证认可活动或不予受理认证人员职业资格注册申请	不在认证机构执业或者同时在两个以上认证机构执业的认证人员；有《认证认可条例》第六十七条情形之一，情节严重且被撤职或者解聘的认可机构主要负责人和负有责任的人员；被撤销执业资格的认证人员	《认证认可条例》第六十二条、第六十七条、第七十二条	市场监管部门
		在一定期限内依法禁止直至终身禁止从事网络安全管理和网络运营关键岗位的工作	违反《关键信息基础设施安全保护条例》第五条第二款和第三十一条规定，受到治安管理处罚的人员	《关键信息基础设施安全保护条例》第五条、第三十一条、第四十三条	关键信息基础设施保护工作部门
		停止承办新的专利代理业务6个月至12个月，直至吊销专利代理师资格证	有《专利代理条例》第二十六条规定行为且情节严重或者逾期未改正的专利代理师	《专利代理条例》第二十六条	知识产权部门
		依法依规禁止从事养老服务行业	欺老、虐老等侵害老年人合法权益的养老服务机构相关责任人	《国务院办公厅关于建立健全养老服务综合监管制度促进养老服务高质量发展的意见》（国办发〔2020〕48号）	民政部门
		依法禁止担任公证员	因故意犯罪或者职务过失犯罪受过刑事处罚，或者被开除公职，或者被吊销公证员、律师执业证书的人员	《公证法》第二十条	司法行政部门

(续表)

序号	惩戒措施	惩戒内容	惩戒对象	法规政策依据	实施主体
2	依法依规实施职业禁入或从业限制	依法禁止从事律师职业	受过刑事处罚的人员,但过失犯罪的除外;被开除公职或者被吊销律师、公证员执业证书的人员	《律师法》第七条	司法行政部门
		依法在一定期限内不得担任境外律师事务所驻华(内地)代表机构的代表	被依法吊销执业证书的代表	《外国律师事务所驻华代表机构管理条例》第三十一条,《香港、澳门特别行政区律师事务所驻内地代表机构管理办法》第三十一条	司法行政部门
		依法永久不得在中国境内担任境外律师事务所驻华(内地)代表机构的代表	因危害中国国家安全、公共安全或者社会管理秩序被依法判处刑罚的代表	《外国律师事务所驻华代表机构管理条例》第三十一条,《香港、澳门特别行政区律师事务所驻内地代表机构管理办法》第三十一条	司法行政部门
		依法禁止从事司法鉴定业务	违反《全国人民代表大会常务委员会关于司法鉴定管理问题的决定》第四条第二款规定:因故意犯罪或者职务过失犯罪受过刑事处罚的,受过开除公职处分的,以及被撤销鉴定人登记的人员	《全国人民代表大会常务委员会关于司法鉴定管理问题的决定》第四条	司法行政部门
		依法禁止进入证券期货市场	违反《私募投资基金监督管理条例》或者国务院证券监督管理机构的有关规定,情节严重的有关负责人员	《私募投资基金监督管理条例》第五十八条	国务院证券管理机构

(续表)

序号	惩戒措施	惩戒内容	惩戒对象	法规政策依据	实施主体
2	依法依规实施职业禁入或从业限制	依法禁止担任检察官	有《检察官法》第十三条规定情形之一的人员	《检察官法》第十三条	检察机关
		依法在一定期限内禁止至终身禁止从事保险业工作	违反《保险法》等相关法律法规规定,情节严重的保险业从业人员	《保险法》第一百七十七条	保险监督管理机构
		依法终身不得从事食品生产经营管理工作,也不得担任食品生产经营企业食品安全管理人员	因食品安全犯罪被判处有期徒刑以上刑罚的人员	《食品安全法》第一百三十五条	市场监管部门
		在一定期限内禁止注册为护士	被吊销护士执业证书不满2年的人员	《护士条例》第三十二条	卫生健康部门
		依法终身禁止从事温室气体排放相关检验检测、年度排放报告编制和技术审核业务	有《碳排放权交易管理暂行条例》第二十三条第一款、第二款规定的违法行为受到处罚的且情节严重的技术服务机构直接负责的主管人员和其他责任人员	《碳排放权交易管理暂行条例》第二十三条、第二十七条	生态环境部门
		依法禁止在一定期限内担任慈善组织的管理人员	有《中华人民共和国慈善法》第一百零九条、第一百一十条、第一百一十一条规定的违法情形,且情节严重的慈善组织直接负责的主管人员和其他直接责任人员	《中华人民共和国慈善法》第一百一十二条	民政部门和慈善组织的行业主管单位
		终身不得从事婴幼儿照护服务	有虐待婴幼儿行为托育机构的直接负责主管人员和其他直接责任人员	《人口与计划生育法》第四十一条	卫生健康部门

(续表)

序号	惩戒措施	惩戒内容	惩戒对象	法规政策依据	实施主体
2	依法依规实施职业禁入或从业限制	在一定期限内暂停执业活动直至吊销医师执业证书	有《医师法》第五十五条、第五十六条、第五十七条规定情形且情节严重的人员	《医师法》第五十五条、第五十六条、第五十七条	卫生健康部门
		五年直至终身禁止从事医疗卫生服务或者医学临床研究	有《医师法》第五十八条规定情形的人员	《医师法》第五十八条	卫生健康部门
		终身禁止从事医疗卫生服务或终身不得担任人体器官捐献协调员	有《人体器官捐献和移植条例》第三十六条规定情形且被依法追究刑事责任的,第四十七条规定情形的人员	《人体器官捐献和移植条例》第三十六条、第四十七条	卫生健康部门
		依法禁止在一定期限直至终身从事银行业工作	违反《银行业监督管理法》《商业银行法》等相关法律法规规定,情节严重的银行金融机构有关从业人员	《中华人民共和国银行业监督管理法》第四十八条,《中华人民共和国商业银行法》第八十九条	银行业监督管理机构
		根据情节轻重,五至十年内不受理其举办幼儿园或者其他教育机构的申请	有《学前教育法》第七十八条规定情形的非法举办幼儿园的单位和个人	《学前教育法》第七十八条	县级以上地方人民政府教育等有关部门
		禁止一定期限内直至终身从事学前教育工作或者举办幼儿园	有《学前教育法》第八十条规定情形之一的人员	《学前教育法》第八十条	所在幼儿园或者县级人民政府教育等有关部门

(续表)

序号	惩戒措施	惩戒内容	惩戒对象	法规政策依据	实施主体
3	依法依规限制任职	依法限制登记为事业单位法定代表人	失信被执行人	中共中央办公厅、国务院办公厅印发的《关于加快推进失信被执行人信用监督、警示和惩戒机制建设的意见》	事业单位登记管理机关
		依法限制登记或备案为社会组织负责人	失信被执行人	中共中央办公厅、国务院办公厅印发的《关于加快推进失信被执行人信用监督、警示和惩戒机制建设的意见》	社会组织登记管理机关
		依法限制担任国企高管、金融机构高管、危险化学品等行业高管	失信被执行人	中共中央办公厅、国务院办公厅印发的《关于加快推进失信被执行人信用监督、警示和惩戒机制建设的意见》	有关管理部门
		在一定期限内依法禁止直至永久禁止新成为民办学校(含校外培训机构)决策机构或者监督机构组成人员	有《民办教育促进法实施条例》第六十二条规定情形之一,且情节严重或者特别严重的民办学校举办者或实际控制人、决策机构或者监督机构组成人员	《民办教育促进法实施条例》第六十二条	教育部门
		在一定期限内依法禁止直至永久禁止新成为民办学校(含校外培训机构)决策机构负责人或者校长	有《民办教育促进法》第六十二条或者《民办教育促进法实施条例》第六十三条规定的违法情形,且情节严重或者情节特别严重、社会影响恶劣的民办学校决策机构负责人、校长及直接责任人	《民办教育促进法》第六十二条,《民办教育促进法实施条例》第六十三条、第六十四条	教育部门

附　录

(续表)

序号	惩戒措施	惩戒内容	惩戒对象	法规政策依据	实施主体
3	依法依规限制任职	在一定期限内依法禁止担任公司、企业的法定代表人、董事、监事、高级管理人员	有《公司法》第一百七十八条禁止情形之一的自然人；因公示信息隐瞒真实情况、弄虚作假被列入市场监督管理严重违法失信名单的企业的法定代表人、负责人；因发布虚假广告等《广告法》规定的违法行为,被吊销营业执照的公司、企业对违法行为负有个人责任的法定代表人；有《市场主体登记管理条例》第十二条禁止情形之一的自然人	《公司法》第一百七十八条,《广告法》第六十九条,《企业信息公示暂行条例》第十八条,《市场主体登记管理条例》第十二条	市场监管部门
		在一定期限内依法禁止担任直至终身禁止担任本行业生产经营单位的主要负责人	未履行《安全生产法》规定的安全生产管理职责,导致发生生产安全事故,受刑事处罚或者撤职处分的以及对重大、特别重大生产安全事故负有责任的生产经营单位主要负责人；有《安全生产法》第一百一十三条规定情形之一,被依法予以关闭且被吊销有关证照的生产经营单位的主要负责人	《安全生产法》第九十四条、第一百一十三条	市场监管部门、负有安全生产监督管理职责的部门
		在一定期限内依法禁止担任施工单位的主要负责人、项目负责人	未履行安全生产管理职责造成重大安全事故、重大伤亡事故或者其他严重后果,被依法追究刑事责任或者受撤职处分的施工单位的主要负责人、项目负责人	《建设工程安全生产管理条例》第六十六条	市场监管部门、负有安全生产监督管理职责的部门

(续表)

序号	惩戒措施	惩戒内容	惩戒对象	法规政策依据	实施主体
3	依法依规限制任职	在一定期限内依法禁止担任种子企业的法定代表人、高级管理人员	因生产经营假种子、劣种子犯罪被判处有期徒刑以上刑罚的种子企业或其他单位的法定代表人、直接负责的主管人员；因有《种子法》第三十二条、第三十三条、第三十四条规定，被吊销种子生产经营许可证的单位的法定代表人、直接负责的主管人员	《种子法》第三十二条、第三十三条、第三十四条、第七十四条、第七十五条、第七十六条	农业农村部门、市场监管部门
		在一定期限内依法禁止直至终身禁止担任证券发行人的董事、监事、高级管理人员	违反法律、行政法规或者国务院证券监督管理机构的有关规定，情节严重的有关责任人员	《证券法》第二百二十一条，《证券投资基金法》第一百四十八条	证监会
		在一定期限内依法禁止担任经营个人征信业务的征信机构的董事、监事和高级管理人员	近3年存在重大违法违规记录的人员	《征信业管理条例》第八条	中国人民银行
		在一定期限内依法禁止担任娱乐场所的法定代表人、负责人	因擅自从事娱乐场所经营活动被依法取缔的娱乐场所的投资人员和负责人；因违反《娱乐场所管理条例》规定，被吊销或者撤销娱乐经营许可证的娱乐场所的法定代表人、负责人	《娱乐场所管理条例》第五十三条	文化和旅游部门、市场监管部门
		在一定期限内依法禁止担任出版、印刷或者复制、进口、发行单位的法定代表人或者主要负责人	违反《出版管理条例》被处以吊销许可证行政处罚的单位的法定代表人或者主要负责人	《出版管理条例》第七十条	新闻出版管理部门

附 录

(续表)

序号	惩戒措施	惩戒内容	惩戒对象	法规政策依据	实施主体
3	依法依规限制任职	在一定期限内依法禁止担任电影活动的法人、其他组织的法定代表人或者主要负责人	违反《电影产业促进法》或《电影管理条例》被吊销许可证的单位的法定代表人或者主要负责人	《电影产业促进法》第五十三条,《电影管理条例》第六十四条	电影主管部门、市场监管部门
		在一定期限内依法禁止担任音像制品出版、制作、复制、进口、批发、零售单位的法定代表人或者主要负责人	违反《音像制品管理条例》被处以吊销许可证行政处罚的单位的法定代表人或者主要负责人	《音像制品管理条例》第四十六条	市场监管部门
		在一定期限内依法禁止担任直至终身禁止担任国有企业董事、监事、高级管理人员	违反《企业国有资产法》造成国有资产重大损失,被免职的;造成国有资产特别重大损失,或者因贪污、贿赂、侵占财产、挪用财产或者破坏社会主义市场经济秩序被判处刑罚的国有企业的董事、监事、高级管理人员	《企业国有资产法》第七十三条	国有资产监督管理机构、市场监管部门
		在一定期限内依法禁止担任互联网上网服务营业场所经营单位的法定代表人或者主要负责人	被吊销《网络文化经营许可证》的互联网上网服务营业场所经营单位法定代表人或者主要负责人;擅自设立、被依法取缔的互联网上网服务营业场所经营单位主要负责人	《互联网上网服务营业场所管理条例》第三十六条	文化和旅游部门、市场监管部门
		在一定期限内依法禁止担任印刷企业的法定代表人或者负责人	被处以吊销许可证行政处罚的印刷企业法定代表人或者负责人	《印刷业管理条例》第四十五条	市场监管部门

(续表)

序号	惩戒措施	惩戒内容	惩戒对象	法规政策依据	实施主体
3	依法依规限制任职	在一定期限内依法禁止担任直至终身禁止担任食品生产经营企业食品安全管理人员	被吊销许可证的食品生产经营者及其法定代表人、直接负责的主管人员和其他直接责任人员;因食品安全犯罪被判处有期徒刑以上刑罚的人员	《食品安全法》第一百三十五条	市场监管部门
		在一定期限内依法禁止担任旅行社的主要负责人	被吊销旅行社业务经营许可的旅行社主要负责人	《旅行社条例》第六十四条	文化和旅游部门、市场监管部门
		依法终身禁止担任第一类易制毒化学品生产经营单位的法定代表人和技术、销售、管理人员	有毒品犯罪记录人员	《易制毒化学品管理条例》第七条、第九条	药品监管部门、应急管理部门
		在一定期限内依法禁止担任相关企业的董事、监事、高级管理人员和个人信息保护负责人	违反《个人信息保护法》规定处理个人信息,或者处理个人信息未履行《个人信息保护法》规定的个人信息保护义务,情节严重的,其直接负责的主管人员和其他直接责任人员	《个人信息保护法》第六十六条	省级以上履行个人信息保护职责的部门
		依法依规不得担任私募基金管理人,不得成为私募基金管理人的控股股东、实际控制人或者普通合伙人	出现《私募投资基金监督管理条例》第八条所列示情形的人员	《私募投资基金监督管理条例》第八条	证监部门
		依法依规不得担任私募基金管理人的董事、监事、高级管理人员、执行事务合伙人或者委派代表	出现《私募投资基金监督管理条例》第九条所列示情形的人员	《私募投资基金监督管理条例》第九条	证监部门

(续表)

序号	惩戒措施	惩戒内容	惩戒对象	法规政策依据	实施主体
3	依法依规限制任职	在一定期限内依法禁止担任或者终身禁止担任非银行支付机构的董事、监事、高级管理人员	违反《非银行支付机构监督管理条例》相关规定,情节严重的,负有直接责任的董事、监事、高级管理人员	《非银行支付机构监督管理条例》第五十五条	中国人民银行
4	依法依规限制相关消费行为	依法限制乘坐飞机	失信被执行人及失信被执行人的法定代表人、主要负责人、实际控制人、影响债务履行的直接责任人员	《民事诉讼法》第二百六十六条,《最高人民法院关于限制被执行人高消费及有关消费的若干规定》(法释〔2015〕17号)第三条,中共中央办公厅、国务院办公厅印发的《关于加快推进失信被执行人信用监督、警示和惩戒机制建设的意见》	民航局
		依法限制乘坐列车软卧、G字头动车组列车全部座位,其他动车组列车一等以上座位			国铁集团
		在实行实名售票的航线,依法限制乘坐轮船二等以上舱位			交通运输部门
		依法限制在星级以上宾馆、酒店、夜总会、高尔夫球场等场所进行高消费			文化和旅游部门及负有相关监管职责的部门
		依法限制购买不动产或者新建、扩建、高档装修房屋			自然资源部门、住房和城乡建设部门
		依法限制旅游、度假			文化和旅游部门、移民管理机构
		依法限制子女就读高收费私立学校			教育部门

(续表)

序号	惩戒措施	惩戒内容	惩戒对象	法规政策依据	实施主体
4	依法依规限制相关消费行为	依法限制支付高额保费购买保险理财产品	失信被执行人及失信被执行人的法定代表人、主要负责人、实际控制人、影响债务履行的直接责任人员	《民事诉讼法》第二百六十六条,《最高人民法院关于限制被执行人高消费及有关消费的若干规定》(法释〔2015〕17号)第三条,中共中央办公厅、国务院办公厅印发的《关于加快推进失信被执行人信用监督、警示和惩戒机制建设的意见》	金融监管总局
		依法依规限制公务消费、办公用房、经费安排	拒绝或者延迟支付中小企业款项的机关、事业单位	《保障中小企业款项支付条例》第十九条	有关主管部门
5	依法依规不准出境	依法依规限制或阻止出境	不履行法律文书确定义务的被执行人;未结清税款、滞纳金且不提供担保的纳税人及其法定代表人;受海关处罚未缴清相关款项且不提供担保的当事人或者其法定代表人、主要负责人;拒绝、逃避征集服现役且拒不改正的应征公民;以逃避服兵役为目的,拒绝履行职责或者逃离部队且被军队除名、开除军籍或者被依法追究刑事责任的军人;经国务院相关部门批准的违法金融企业高管;有《出境入境管理法》规定的不准出境情形的人员;对前往电信网络诈骗犯罪活动严重地区的人员,出境活动存在重大涉电信网络诈骗活动嫌疑;因从事电信网络诈骗活动受过刑事处罚的人员	《民事诉讼法》第二百六十六条,《税收征收管理法》第四十四条,《兵役法》第五十七条、第五十八条,《出境入境管理法》第十二条、第二十八条,《税收征收管理法实施细则》第七十四条,《海关行政处罚实施条例》第五十九条,《证券法》第一百四十四条,《保险法》第一百五十三条,《证券投资基金法》第二十七条,《期货和衍生品法》第七十四条,《反电信网络诈骗法》第三十六条	有关主管部门及移民管理机构

附　录

（续表）

序号	惩戒措施	惩戒内容	惩戒对象	法规政策依据	实施主体
6	依法依规限制升学复学	一定期限内依法依规限制升学复学	拒绝、逃避征集服现役且拒不改正的应征公民；以逃避服兵役为目的，拒绝履行职责或者逃离部队且被军队除名、开除军籍或者被依法追究刑事责任的军人	《兵役法》第五十七条、第五十八条	教育部门
7	依法依规限制申请财政性资金项目	限制申请财政性资金项目	依法依规被列入严重失信主体名单的经营主体	《保障农民工工资支付条例》第四十八条，《国务院关于建立完善守信联合激励和失信联合惩戒制度加快推进社会诚信建设的指导意见》（国发〔2016〕33号），《国务院办公厅关于运用大数据加强对市场主体服务和监管的若干意见》（国办发〔2015〕51号），《国务院办公厅关于加快推进社会信用体系建设构建以信用为基础的新型监管机制的指导意见》（国办发〔2019〕35号）	政府性资金审批部门

(续表)

序号	惩戒措施	惩戒内容	惩戒对象	法规政策依据	实施主体
7	依法依规限制申请财政性资金项目	一定期限内依法禁止承担或者参与财政性资金支持的科学技术活动	虚报、冒领、贪污、挪用、截留用于科学技术进步的财政性资金或者社会捐赠资金,进行危害国家安全、损害社会公共利益、危害人体健康、违背科研诚信和科技伦理的科学技术研究开发和应用活动,违反科学技术活动管理规范,情节严重的人员、单位	《科学技术进步法》第一百一十条、第一百一十二条、第一百一十三条	有关部门
8	依法依规限制享受优惠政策和便利措施	限制适用政府财政性支持措施等优惠政策	依法依规被列入严重失信主体名单的经营主体	《保障农民工工资支付条例》第四十八条,《国务院关于建立完善守信联合激励和失信联合惩戒制度加快推进社会诚信建设的指导意见》(国发〔2016〕33号),《国务院办公厅关于运用大数据加强对市场主体服务和监管的若干意见》(国办发〔2015〕51号),《国务院办公厅关于加快推进社会信用体系建设构建以信用为基础的新型监管机制的指导意见》(国办发〔2019〕35号)	各有关部门

附 录

(续表)

序号	惩戒措施	惩戒内容	惩戒对象	法规政策依据	实施主体
8	依法依规限制享受优惠政策和便利措施	在一定期限内取消申请购买或租赁保障性住房的资格	有以虚假资料骗购、骗租保障性住房行为的自然人	《国务院办公厅关于保障性安居工程建设和管理的指导意见》(国办发〔2011〕45号)	住房和城乡建设部门
		上调有关保险费率	安全生产领域存在失信行为的生产经营单位及其有关从业人员	《安全生产法》第七十八条	有关部门和机构
		不适用告知承诺、容缺受理	有较严重的不良信用记录或者存在曾作出虚假承诺等情形的申请人	《国务院办公厅关于全面推行证明事项和涉企经营许可事项告知承诺制的指导意见》(国办发〔2020〕42号),《国务院办公厅关于加快推进社会信用体系建设构建以信用为基础的新型监管机制的指导意见》(国办发〔2019〕35号)	有关行政部门
		不得再依照《种子法》第十七条的规定申请品种审定	品种审定试验数据有造假行为的实行选育生产经营相结合,符合国务院农业农村、林业草原主管部门规定条件的种子企业	《种子法》第八十三条	农业农村、林业草原主管部门或品种审定申请受理部门

(续表)

序号	惩戒措施	惩戒内容	惩戒对象	法规政策依据	实施主体
9	依法依规限制参加评先评优	撤销所获荣誉，在一定时限内取消参加评先评优资格	依法依规被列入严重失信主体名单的经营主体	《保障农民工工资支付条例》第四十八条，中共中央印发的《关于建立健全党和国家功勋荣誉表彰制度的意见》，《国务院关于建立完善守信联合激励和失信联合惩戒制度加快推进社会诚信建设的指导意见》（国发〔2016〕33号）	评先评优实施部门
		依法撤销奖励；依法依规暂停或者取消参加国家科学技术奖提名、评审活动的资格	剽窃、侵占他人科学技术成果，或者以其他不正当手段骗取国家科学技术奖的获奖者；提供虚假数据、材料，协助他人骗取国家科学技术奖的提名者；以及其他进行影响国家科学技术奖提名和评审公平、公正的活动，情节严重的个人、组织	《科学技术进步法》第一百一十四条，《国家科学技术奖励条例》第二十八条至第三十一条、第三十三条	科学技术部门
10	依法依规纳入严重失信主体名单	依法依规纳入失信被执行人名单	有履行能力而拒不履行生效法律文书确定义务的；以伪造证据、暴力、威胁等方法妨碍、抗拒执行的；以虚假诉讼、虚假仲裁或者隐匿、转移财产等方法规避执行的；违反财产报告制度的；违反限制消费令的；无正当理由拒不履行执行和解协议的被执行人	《最高人民法院关于公布失信被执行人名单信息的若干规定》（法释〔2017〕7号）第一条	人民法院

附　录

(续表)

序号	惩戒措施	惩戒内容	惩戒对象	法规政策依据	实施主体
10	依法依规纳入严重失信主体名单	依法依规纳入政府采购严重违法失信行为记录名单	存在政府采购相关违法违规行为情形的主体	《政府采购法》第七十七条、第七十八条,《政府采购法实施条例》第七十二条、第七十三条、第七十五条	财政部门
		依法依规纳入履行国防义务严重失信主体名单	拒绝、逃避征集服现役且拒不改正的应征公民;以逃避服兵役为目的,拒绝履行职责或者逃离部队且被军队除名、开除军籍或者被依法追究刑事责任的军人	《兵役法》第五十七条、第五十八条	兵役机关
		依法依规纳入拖欠农民工工资失信联合惩戒对象名单	拖欠农民工工资,情节严重或者造成严重不良社会影响的用人单位及其有关责任人员	《保障农民工工资支付条例》第四十八条,《国务院办公厅关于全面治理拖欠农民工工资问题的意见》(国办发〔2016〕1号)	人力资源社会保障部门
		依法依规纳入市场监督管理严重违法失信名单	公示信息隐瞒真实情况、弄虚作假,情节严重的企业;《市场监督管理严重违法失信名单管理办法》(国家市场监督管理总局令第44号)规定的有关当事人	《企业信息公示暂行条例》第十八条,《食品安全法实施条例》第六十六条,中共中央、国务院印发的《关于深化改革加强食品安全工作的意见》	市场监管部门

(续表)

序号	惩戒措施	惩戒内容	惩戒对象	法规政策依据	实施主体
10	依法依规纳入严重失信主体名单	依法依规纳入市场监督管理严重违法失信名单（食品安全严重违法生产经营者黑名单）	有特定严重失信行为的食品企业	《食品安全法实施条例》第六十六条，《国务院办公厅关于推进奶业振兴保障乳品质量安全的意见》（国办发〔2018〕43号）	市场监管部门
		依法依规纳入运输物流行业严重失信黑名单	有运输物流领域（行业）特定严重失信行为的经营主体	《国务院办公厅关于进一步推进物流降本增效促进实体经济发展的意见》（国办发〔2017〕73号）	发展改革部门、交通运输部门
		依法依规纳入危害残疾儿童康复救助权益严重失信主体名单	有残疾儿童康复领域（行业）特定严重失信行为的康复机构及其从业人员、救助对象家庭	《国务院关于建立残疾儿童康复救助制度的意见》（国发〔2018〕20号）	残联组织、教育部门、民政部门、卫生健康部门、市场监管部门
		依法依规纳入重大税收违法失信主体名单	有税收领域（行业）重大税收违法失信行为的自然人、法人和非法人组织	《国务院关于印发社会信用体系建设规划纲要（2014—2020年）的通知》（国发〔2014〕21号），中共中央办公厅、国务院办公厅印发的《关于进一步深化税收征管改革的意见》	税务部门

附　录

(续表)

序号	惩戒措施	惩戒内容	惩戒对象	法规政策依据	实施主体
10	依法依规纳入严重失信主体名单	依法依规纳入统计严重失信企业名单	有统计领域（行业）特定严重失信行为的经营主体	《国务院关于印发社会信用体系建设规划纲要（2014—2020年）的通知》（国发〔2014〕21号），中共中央办公厅、国务院办公厅印发的《关于更加有效发挥统计监督职能作用的意见》	统计部门
		依法依规纳入社会救助领域信用黑名单	在社会救助政策实施中有特定严重失信行为的个人	《国务院关于印发社会信用体系建设规划纲要（2014—2020年）的通知》（国发〔2014〕21号）	民政部门、应急管理部门、教育部门、卫生健康部门、医疗保障部门
		依法依规纳入保障性住房（公租房）使用领域信用黑名单	在保障性住房（公租房）政策实施中有特定严重失信行为的个人	《国务院关于印发社会信用体系建设规划纲要（2014—2020年）的通知》（国发〔2014〕21号）	住房和城乡建设部门
		依法依规纳入互联网严重失信名单	存在严重违反《网络安全法》第十二条第二款行为的个人或组织	《网络安全法》第十二条、第七十一条，《国务院关于印发社会信用体系建设规划纲要（2014—2020年）的通知》（国发〔2014〕21号）	网信部门、工业和信息化部门、公安部门

(续表)

序号	惩戒措施	惩戒内容	惩戒对象	法规政策依据	实施主体
10	依法依规纳入严重失信主体名单	依法依规纳入电信网络诈骗严重失信主体名单	从事电信网络诈骗活动或者关联犯罪受过刑事处罚的人员；为电信网络诈骗活动提供产品、服务等帮助的单位或个人	《反电信网络诈骗法》第三十一条，中共中央办公厅、国务院办公厅印发的《关于加强打击治理电信网络诈骗违法犯罪工作的意见》	工业和信息化部门、网信部门、公安部门、中国人民银行、国家金融监督管理部门、最高人民法院
		依法依规纳入文化和旅游市场严重失信主体名单	有文化和旅游市场领域（行业）特定严重失信行为的经营主体	《国务院办公厅关于进一步激发文化和旅游消费潜力的意见》（国办发〔2019〕41号）	文化和旅游部门
		依法依规纳入建筑市场主体黑名单	有建筑领域（行业）特定严重失信行为的经营主体	《国务院办公厅关于促进建筑业持续健康发展的意见》（国办发〔2017〕19号）	住房和城乡建设部门
		依法依规纳入工程建设领域黑名单	有工程建设领域（行业）特定严重失信行为的经营主体	《国务院办公厅关于全面开展工程建设项目审批制度改革的实施意见》（国办发〔2019〕11号）、《国务院办公厅关于转发住房城乡建设部关于完善质量保障体系提升建筑工程品质指导意见的通知》（国办函〔2019〕92号）	住房和城乡建设部门、交通运输部门、水利部门、铁路部门、工业和信息化部门

附 录

（续表）

序号	惩戒措施	惩戒内容	惩戒对象	法规政策依据	实施主体
10	依法依规纳入严重失信主体名单	依法依规纳入物业服务企业黑名单	有物业服务领域（行业）特定严重失信行为的经营主体	《国务院关于取消一批行政许可事项的决定》（国发〔2017〕46号），《物业管理条例》第三十二条	住房和城乡建设部门
		依法依规纳入信息消费领域企业黑名单	有信息消费领域（行业）特定严重失信行为的经营主体	《国务院关于进一步扩大和升级信息消费持续释放内需潜力的指导意见》（国发〔2017〕40号）	工业和信息化部门
		依法依规纳入城市轨道交通规划建设领域黑名单	有城市轨道交通领域（行业）特定严重失信行为的经营主体	《国务院办公厅关于进一步加强城市轨道交通规划建设管理的意见》（国办发〔2018〕52号）	发展改革部门、住房和城乡建设部门
		依法依规纳入交通运输领域严重失信主体名单	有交通运输领域（行业）相关严重失信行为的经营主体	中共中央办公厅、国务院办公厅印发的《关于加快建设统一开放的交通运输市场的意见》	交通运输部门
		依法依规纳入环境违法企业黑名单	有环境治理领域（行业）违法排污相关特定严重失信行为的经营主体	中共中央办公厅、国务院办公厅印发的《关于构建现代环境治理体系的指导意见》，《国务院办公厅关于加强环境监管执法的通知》（国办发〔2014〕56号）	生态环境部门

(续表)

序号	惩戒措施	惩戒内容	惩戒对象	法规政策依据	实施主体
10	依法依规纳入严重失信主体名单	依法依规纳入医疗保障领域失信联合惩戒对象名单	欺诈骗保情节严重的定点医药机构和个人	《国务院办公厅关于推进医疗保障基金监管制度体系改革的指导意见》(国办发〔2020〕20号)、《医疗保障基金使用监督管理条例》第三十三条、《社会保险经办条例》第四十五条	医疗保障部门
		依法依规纳入医疗卫生行业黑名单	有医疗卫生领域(行业)特定严重失信行为的经营主体	《国务院办公厅关于改革完善医疗卫生行业综合监管制度的指导意见》(国办发〔2018〕63号)	卫生健康部门
		依法依规纳入医药行业失信企业黑名单	有医药领域(行业)特定严重失信行为的经营主体	《国务院办公厅关于促进医药产业健康发展的指导意见》(国办发〔2016〕11号)	卫生健康部门、药品监管部门
		依法依规纳入社会组织严重违法失信名单	有特定严重失信行为的社会组织	中共中央办公厅、国务院办公厅印发的《关于改革社会组织管理制度促进社会组织健康有序发展的意见》	民政部门

附　录

(续表)

序号	惩戒措施	惩戒内容	惩戒对象	法规政策依据	实施主体
10	依法依规纳入严重失信主体名单	依法依规纳入知识产权领域严重违法失信名单	有知识产权领域(行业)特定严重失信行为的经营主体	《国务院办公厅关于印发全国深化"放管服"改革优化营商环境电视电话会议重点任务分工方案的通知》(国办发〔2019〕39号)	知识产权部门、市场监管部门、著作权管理部门
		依法依规纳入职称申报评审失信黑名单	有职称申报评审相关特定严重失信行为的经营主体	中共中央办公厅、国务院办公厅印发的《关于深化职称制度改革的意见》	人力资源社会保障部门
		依法依规纳入安全生产严重失信主体名单	有安全生产领域(行业)特定严重失信行为的机构及其人员	中共中央、国务院印发的《关于推进安全生产领域改革发展的意见》,《国务院关于印发社会信用体系建设规划纲要(2014—2020年)的通知》(国发〔2014〕21号),《国务院办公厅关于印发危险化学品安全综合治理方案的通知》(国办发〔2016〕88号),中共中央办公厅、国务院办公厅印发的《关于全面加强危险化学品安全生产工作的意见》	应急管理部门、其他负有安全生产监督管理职责的部门
		依法依规纳入消防安全领域黑名单	在造成人员死亡或重大社会影响的火灾中严重违法失信的经营主体	中共中央办公厅、国务院办公厅印发的《关于深化消防执法改革的意见》	消防相关主管部门

285

(续表)

序号	惩戒措施	惩戒内容	惩戒对象	法规政策依据	实施主体
10	依法依规纳入严重失信主体名单	依法依规纳入校外培训机构黑名单	已经审批登记,但有负面清单所列行为的校外培训机构;未经批准登记、违法违规举办的校外培训机构	《国务院办公厅关于规范校外培训机构发展的意见》(国办发〔2018〕80号),中共中央办公厅、国务院办公厅印发的《关于进一步减轻义务教育阶段学生作业负担和校外培训负担的意见》	教育部门
		依法依规纳入公共资源配置黑名单	骗取公共资源等不良行为主体	《国务院办公厅关于推进公共资源配置领域政府信息公开的意见》(国办发〔2017〕97号)	管理或实施公共资源配置的国家机关
		依法依规纳入矿业权人勘查开采严重失信主体名单	有矿产领域(行业)特定严重失信行为的经营主体	中共中央、国务院印发的《生态文明体制改革总体方案》	自然资源部门
		依法依规纳入地质勘查单位黑名单	有地质勘查领域特定严重失信行为的单位	《国务院关于取消一批行政许可事项的决定》(国发〔2017〕46号)	自然资源部门
		依法依规纳入注册会计师行业严重失信主体名单	有注册会计师行业特定严重失信行为的主体	《国务院办公厅关于进一步规范财务审计秩序促进注册会计师行业健康发展的意见》(国办发〔2021〕30号)	财政部门

附 录

(续表)

序号	惩戒措施	惩戒内容	惩戒对象	法规政策依据	实施主体
10	依法依规纳入严重失信主体名单	依法依规纳入社会保险领域严重失信主体名单	社会保险领域严重失信主体	中共中央办公厅、国务院办公厅印发的《关于推进社会信用体系建设高质量发展促进形成新发展格局的意见》,《社会保险经办条例》第四十五条	人力资源社会保障部门、医疗保障部门
		依法依规纳入快递领域违法失信主体"黑名单"	有严重违法失信行为的快递经营主体	《国务院关于促进快递业发展的若干意见》(国发〔2015〕61号)	邮政管理部门
		依法依规纳入进出口海关监管领域严重失信主体名单	有进出口海关监管领域特定严重失信行为的经营主体	中共中央办公厅、国务院办公厅印发的《关于推进社会信用体系建设高质量发展促进形成新发展格局的意见》	海关部门
		依法依规纳入境外投资黑名单	有境外投资领域(行业)特定严重失信行为的经营主体	《国务院办公厅转发国家发展改革委商务部人民银行外交部关于进一步引导和规范境外投资方向指导意见的通知》(国办发〔2017〕74号)	发展改革部门、商务部门

(续表)

序号	惩戒措施	惩戒内容	惩戒对象	法规政策依据	实施主体
10	依法依规纳入严重失信主体名单	依法依规纳入养老服务领域失信联合惩戒对象名单	存在严重失信行为的养老服务机构(含养老机构、居家社区养老服务机构,以及经营范围和组织章程中包含养老服务内容的其他企业、事业单位和社会组织)及个人	《国务院办公厅关于推进养老服务发展的意见》(国办发〔2019〕5号)	民政部门
		依法依规纳入地震安全性评价领域黑名单	有地震安全性评价领域(行业)特定严重失信行为的经营主体	《国务院关于取消一批行政许可事项的决定》(国发〔2017〕46号)	地震部门
11	依法依规共享公示失信信息	依法依规共享公示失信信息	存在不良信用记录的经营主体	《民事诉讼法》第二百六十六条,《反不正当竞争法》第二十六条,《政府信息公开条例》第二十条,《企业信息公示暂行条例》第六条、第七条、第十四条、第十五条、第十八条,《国务院关于建立完善守信联合激励和失信联合惩戒制度加快推进社会诚信建设的指导意见》(国发〔2016〕33号),《国务院办公厅关于加快推进社会信用体系建设构建以信用为基础的新型监管机制的指导意见》(国办发〔2019〕35号),《空气质量持续改善行动计划》(国发〔2023〕24号)第三十七条,《消费者权益保护法实施条例》第二十九条	有关政府部门

附 录

(续表)

序号	惩戒措施	惩戒内容	惩戒对象	法规政策依据	实施主体
12	纳入重点监管范围	列为重点监管对象	存在不良信用记录的经营主体	中共中央办公厅、国务院办公厅印发的《关于改革社会组织管理制度促进社会组织健康有序发展的意见》,《国务院关于建立完善守信联合激励和失信联合惩戒制度加快推进社会诚信建设的指导意见》(国发〔2016〕33号),《国务院办公厅关于加快推进社会信用体系建设构建以信用为基础的新型监管机制的指导意见》(国办发〔2019〕35号),《国务院办公厅关于印发"十四五"中医药发展规划的通知》(国办发〔2022〕5号),《国务院办公厅关于改革完善医疗卫生行业综合监管制度的指导意见》(国办发〔2018〕63号),《消费者权益保护法实施条例》第二十九条	负有监管职责的部门

289

（续表）

序号	惩戒措施	惩戒内容	惩戒对象	法规政策依据	实施主体
12	纳入重点监管范围	适当提高抽查比例和频次	存在不良信用记录的经营主体	《国务院关于加强和规范事中事后监管的指导意见》（国发〔2019〕18号），《国务院办公厅关于加快推进社会信用体系建设构建以信用为基础的新型监管机制的指导意见》（国办发〔2019〕35号）	负有监管职责的部门
13	推送政府部门自主参考	有关政府部门在行政管理和公共服务中参考使用信用信息	存在不良信用记录的经营主体	《国务院关于建立完善守信联合激励和失信联合惩戒制度加快推进社会诚信建设的指导意见》（国发〔2016〕33号），《国务院办公厅关于加快推进社会信用体系建设构建以信用为基础的新型监管机制的指导意见》（国办发〔2019〕35号）	有关政府部门

(续表)

序号	惩戒措施	惩戒内容	惩戒对象	法规政策依据	实施主体
14	推送经营主体自主参考	征信机构采集相关失信信息，纳入信用记录和信用报告；评级机构在信用评级中参考使用相关失信信息	存在不良信用记录的经营主体	《国务院关于建立完善守信联合激励和失信联合惩戒制度加快推进社会诚信建设的指导意见》（国发〔2016〕33号）	征信机构、评级机构
		金融机构查询相关失信信息，在投融资、授信、贷款、保荐、承销、保险等服务中参考使用	存在不良信用记录的经营主体	《安全生产法》第七十八条，《国务院关于建立完善守信联合激励和失信联合惩戒制度加快推进社会诚信建设的指导意见》（国发〔2016〕33号）	金融机构
		各类经营主体依法依规查询相关失信信息，在市场活动中参考使用	存在不良信用记录的经营主体	《国务院关于建立完善守信联合激励和失信联合惩戒制度加快推进社会诚信建设的指导意见》（国发〔2016〕33号），《国务院办公厅关于加快推进社会信用体系建设构建以信用为基础的新型监管机制的指导意见》（国办发〔2019〕35号）	各类经营主体